Josef Mörwald
Feuerbereit

Museum 1915-18 Kötschach-Mauthen (Hrsg.)

Josef Mörwald

Feuerbereit

Kriegstagebuch aus den Karnischen Alpen 1915-1917

morisel

Museum 1915-18 Kötschach-Mauthen (Hrsg.)

Josef Mörwald
Feuerbereit
Kriegstagebuch aus den Karnischen Alpen 1915-1917

ISBN: 978-3-943915-06-8

©2014 morisel Verlag, München
mail@morisel.de
www.morisel.de

Die Deutsche Nationalbibliothek verzeichnet diese Publikation in der Deutschen Nationalbibliografie; detaillierte bibliografische Daten sind im Internet über http://dnb.de abrufbar.

Transkription: Andreas Ostadal, Prof. Erika Kanduth
Manuskriptgestaltung, Fotoauswahl:
Gabriele Schaumann, Karin Schmid
Bildbearbeitung: Robert Edelmayer
Textrechte: Helmut Mörwald
Bildnachweis: Archiv Dolomitenfreunde
Vorwort: Helmut Mörwald
Geschichtliche Einführung: Prof. Dr. Peter Schubert

Umschlaggestaltung: Christin Albert
Satz: Arnold Bruns
Druck: fgb, Freiburg

Inhalt

Vorwort

Meine ersten Eindrücke, die ich als Kind von meinem Großvater bekam, waren ein Foto, das im Wohn/Schlafzimmer der Eltern hing. Später dann seine Bücher, wie etwa die Klassiker (Goethe, Schiller) ein Leitfaden der Kunstgeschichte (1903), Putzgers Historischer Schulatlas (1910) und ein Altes Testament als Foliant. In diesen Büchern blätterte ich immer wieder, sie faszinierten mich und prägten mein Bild vom Großvater. Aus den Erzählungen meines Vaters wußte ich, dass er in der NSDAP war. Als Kind war es für mich ein schwer verständlicher Widerspruch, dass mein Großvater einerseits ein kunst- und musikinteressierter Mensch war und andererseits der NSDAP angehörte. Irgendwann entdeckte mein Vater die Kriegstagebücher aus dem 1. Weltkrieg, begann sie zu lesen und fuhr mit meiner Mutter nach Kötschach-Mauthen um die Orte und Stellungen zu besuchen, wo mein Großvater Dienst an der Front tat und diese Tagebücher niederschrieb. Dabei hätte er sich wohl nie gedacht, dass diese eines Tages veröffentlicht und ein bleibendes Dokument über die Gräuel des 1. Weltkriegs werden. Ich danke den Dolomitenfreunden, die die Tagebücher transkribiert haben und sie dadurch für alle »lesbar« machen.

Helmut Mörwald

Das Kriegstagebuch des Josef Mörwald

Einführung

Mit Mörwalds Tagebuch ist fast hundert Jahre nach dem Geschehen ein ziemlich einzigartiges Dokument aufgetaucht: Das Tagebuch eines einfachen Soldaten, das zum größten Teil den Alltag an einem Frontabschnitt der Karnischen Alpen beschreibt.

Tagebücher und Memoirenwerke erschienen sehr rasch nach Kriegsende: Viele der höchsten Offiziere wollten ihren Anteil an den Ereignissen entsprechend gewürdigt und der Nachwelt überliefert wissen. Viele mußten versuchen sich von möglicher Schuld an einer Niederlage zu befreien, andere wollten ihren Anteil an der Schaffung der neuen Nationalstaaten betonen. Einige versuchten sich durch eine schriftliche Fixierung von den traumatischen Erlebnissen zu befreien. Praktisch alle Verfasser dieser Kriegserinnerungen von literarisch unterschiedlichster Qualität und unterschiedlicher Bedeutung für die Geschichtsschreibung waren aber im Offiziersrang vom Fähnrich aufwärts.

Einfache Soldaten pflegten nicht zu schreiben und oft konnten sie es auch gar nicht: Im bäuerlichen Umfeld wie auch in den städtischen Arbeiterkreisen waren die Kinder sehr rasch als Arbeitskräfte im Einsatz, um ihren Anteil zum Familieneinkommen beizutragen, die Schulpflicht kam erst an zweiter Stelle und wurde oft durch stundenlange Fußmärsche zur Schule weiter behindert. Das Erlernte beschränkte sich meist auf das Schreiben des eigenen Namens und eine grobe Kenntnis der Grundrechnungsarten.

Für die Soldaten bedeutete dies oft, dass der Ortspfarrer die Briefe für die Frau an die Front schrieb, die dann ein Unteroffizier oder Offizier dem Mann vorlas und auf Diktat die Antwort verfasste, die dann wieder der Ortspfarrer vorzulesen hatte.

Für ein Tagebuch blieb da kaum Platz. Der Gärtner Josef Mörwald, geboren am 18. Feber 1894 in Lebing bei Perg im oberösterreichischen Mühlviertel ist da eine ganz große Ausnahme. Wobei sein Tagebuch nicht zuletzt dadurch besticht, dass unwahrscheinlich viele Kleinigkeiten einfließen, die das tägliche Leben ausmachten, die jedoch bei den

Erinnerungen der höheren Chargen nie oder kaum vorkommen: Hier erscheint aber das Leben wirklich ganz von unten. Außerdem war es eben ein Tagebuch – und kein Memoirenwerk, das später für eine Publikation korrigiert wurde: Hoffnungen und irrige Annahmen die Zukunft betreffend sind genauso Bestandteil des Tagebuches wie die Unkenntnis der militärischen und politischen »Großwetterlage«, die eben ein einfacher Soldat nicht wissen konnte.

Gerade dadurch wird das Tagebuch aber auch authentisch: Man merkt etwa die Wirkung der Propaganda oder auch den Nationalitätenhader innerhalb der Monarchie und das Misstrauen gegenüber Soldaten und Offizieren tschechischer Nationalität.

Der zweite wichtige Punkt für die Herausgabe dieses Tagebuches ist die Tatsache, dass Mörwald im Bereich des Plöckenpasses zum Einsatz kam: Der Karnische Kamm galt als ruhiger Teil der Südwestfront der Donaumonarchie gegen Italien, praktisch lediglich ein notwendiges Verbindungsstück zwischen den furchtbaren Schlachten am Isonzo und der spektakulären Dolomitenfront. Wenn man die Literatur über den Ersten Weltkrieg betrachtet, nimmt die Karnische Front nur eine ganz unbedeutende Nebenrolle ein. Einzig im Roman »Landsturm« von Hugo Scholz spielen einige Episoden am Plöckenpass.

Der Bereich der Karnischen Alpen ist der einzige ehemalige Frontabschnitt im heutigen Österreich und er ist seit Jahrzehnten das Arbeitsgebiet der Dolomitenfreunde, die unter der Anleitung von Walther Schaumann die ehemaligen Frontwege zu Friedenswegen der Völkerverständigung machten und das Freilichtmuseum auf dem Plöckenpass und das Museum »1915-18 Vom Ortler bis zur Adria« in Kötschach-Mauthen schufen.

Verbunden mit der Arbeit im Gelände, der Anlage und Erhaltung von hochalpinen Weganlagen und vor allem der Rekonstruktion alter Stellungen war auch eine umfangreiche Dokumentation dieses Frontabschnittes. Und dabei fand auch die 47mm-Marinebatterie des Oblt. Schmid Erwähnung. Und genau dort machte Josef Mörwald Dienst.

Insofern ist dieses Buch nicht nur eine wertvolle Ergänzung zur Weltkriegs-Literatur sondern auch und ganz besonders eine einmalige Dokumentation der Geschichte des Plöckenpasses und der Gemeinden am Fuße der Karnischen Alpen in den Jahren des Ersten Weltkrieges.

Das Plöckengebiet mit Blickrichtung gegen Italien

In den folgenden Texten sollen die Tagebuchaufzeichnungen Mörwalds in das Kriegsgeschehen eingeordnet und nur auf einige besonders bemerkenswerte Aspekte hingewiesen werden.

1915

Mörwalds Tagebuch beginnt im Frühsommer 1915, mit dem 12. Juni, als Mörwald von Budweis aus an die Front abkommandiert wurde. Zu diesem Zeitpunkt war Mörwald 21 Jahre alt, wie er die bisherigen Kriegsmonate verbracht hatte, ist unbekannt.

Aus einem – quasi – Beiblatt zum Tagebuch, das eine genaue Beschreibung der 8-cm-Feldkanone M 5-8, verfasst von Josef Mörwald, »Feldkanonenregiment 40/5. Zug« enthält, kann man jedoch schließen, dass Mörwald eine fundierte Ausbildung an diesem Geschütz erfahren hat. Die Beschreibung zeigt in manchen Bereichen einen sehr einfachen Stil – ganz typisch für einen Autor, der noch wenig Erfahrung in diesem Metier hat.

Die Fahrt geht zunächst über Wien in Richtung Ostfront: Noch immer werden die Soldaten überall freundlich empfangen, noch fällt Mörwald kein Mangel auf – doch die Höhe der Preise störte ihn.

Josef Mörwald, Feldkanonenregiment N. 40, 5. Zug

Bestandteile unserer 8 cm Feldkanone Muster 5-8

Das Rohr ruht auf der Oberlafette und Unterlafette. Man unterscheidet beim Rohr das eigentliche Rohr und den Rohrkopf. In dem Rohr befinden sich Züge und Felder und zwar je 30 an der Zahl. Züge und Felder zusammen nennt man Drall. Und am Rohrkopfe sehen wir vorne das stählerne Rohrauge, weiters befindet sich im Rohrkopf noch der horizontale Flachkeilverschluß mit Repetierabzug, zu diesem gehört der Abzugshebel, Abzugsfeder, Stützplatte, Patronenauswerfer, Auswerfzange, Verschlußkurbel, Drehbolzen.

Dies sind die Bestandteile des Verschlusses. An den Lafetten sehen wir 1. Die Lafettensitze, das Schulterschutzschild, die beiden Gleitschienen auf denen sich der Rücklauf des Rohres vollzieht. In der Oberlafette befindet sich die Glyzerinbremse mit der Rohrrücklauffeder, die Seitenrichtmaschine, die Höhenrichtmaschine mit der Höhenrichtschraube, die Rohrzurre mit der Sperrklappe. An der Lafette befindet sich auch der Aufsatzarm mit der Aufsatzkonsole u. Aufsatzgehäuse in welches wieder der Aufsatz mit Fernrohr hineingeschoben wird. Dann kommt noch die Querlibelle zur Korrigierung des Radstands. Der Lafettenkasten dient zur Aufbewahrung des Fernrohres, einer Ölkanne M5, ein kompletter Schraubenzieher M5, eine komplette Schlagbolze, die Abzugsschnur.

Es kommen noch die Handhaben. Das hintere Teil der Lafette heißt man den Protzstock, zu diesem gehört der Erdsporn, der Eissporn, das Protzöhr und der Richthebel. Zu den übrigen Bestandteilen des Geschützes gehört dann noch das Schutzschild, die beiden Bremszapfen, das Visierkorn, die beiden Achssitze, dann die beiden Räder mit der Achse und zum Schluß die Bremse mit den Bremsschuhen und dem Bremsrad.

Das sind die Bestandteile unserer Feldkanone Muster 5. Die Geschoße haben eine Flugweite von bis zu 7200 m. Der Unterschied zwischen der Feldkanone M5 und der M5-8 ist der, daß die Kanone M5-8 zerlegbar ist und auch für Gebirgsdienst verwendet werden kann.

Zur Geschützprotze gehören die beiden Räder, Achse, Protzhaken, Deichsel, die Zugklöppel und der Protzkasten, in diesem befinden sich 12 Fächer von denen 11 für die Geschosse benützt werden und zwar 24 Schrapnells und 9 Granaten. In dem Munitionswagen befinden sich im Hinterwagen 20 Fächer mit 48 Schrapnells und 12 Granaten. In der Protze befinden sich 12 Fächer mit 33 Geschoßen davon 24 Schrapnells und 9 Granaten. Das ganze Geschütz mit Protze voll ausgerüstet hat ein Gewicht von 1800 kg, ein Geschoß hat 6½ kg. Die Geleisweite des Geschützes ist 153 cm. Die Munitionshinterwagen stehen 6½ m links seitwärts d. Geschütze. Die Geschoße, die wir bei unserer Feldkanone verwenden, sind 1.) das Schrapnell, dieses ist mit gewöhnlichem Pulver gefüllt. In einem Schrapnell sind 260 Bleikugeln enthalten, das Schrapnell explodiert in der Luft und streut so die darin sich befindlichen Kugeln 500m weit im Halbkreis nach vorne. Es wird nur gegen einen ungedeckten Gegner verwendet.

Die Granate ist mit Ekrasit gefüllt, dem stärksten Sprengstoff. In der Granate befinden sich 12 gußeiserne Ringe, die in lauter kleine viereckige Stücke geteilt sind, doch so, daß diese Stücke nicht auseinanderfallen können. Beim Explodieren des Geschoßes zerreißt es nun diese Ringe und diese kleinen kantigen Stücke richten die größte Verheerung an. Man verwendet sie bei befestigten Bauten, gegen Schanzgräben, überhaupt gegen einen in starker Stellung sich befindlichen Gegner. Von außen kennzeichnet sich die Granate durch einen roten Strich vom Schrapnell, welches auf eine gewisse Distanz vor dem Ziele in der Luft explodiert und die Kugeln und Sprengstücke in einem Streukegel nach vorne schleudert. Die Distanz kann durch den Zünder, welcher im Schrapnell in der Geschoßspitze angebracht ist, vor dem Laden eingestellt, „lanciert" werden, das Schrapnell kann aber auch so geschossen werden, daß es erst nach Aufschlag auf dem Boden explodiert.

Die Granate sieht ganz ähnlich aus wie das Schrapnell und hat auch das gleiche Gewicht. Der Unterschied beruht in der Wirkung. Die Granate kann durch Tempierung geradeso wie das Schrapnell in der Luft zum Explodieren gebracht werden.

Die 10 cm Feldhaubitze M99 unterscheidet sich von der Feldkanone hauptsächlich dadurch, daß die Flugbahn eine gekrümmte ist. Das Rohr ist kürzer wie bei der Feldkanone. Die Haubitze hat keinen Schutzschild und ist leichter als die Feldkanone. Die Feuerschnelligkeit ist aber viel geringer.

Diese Beschreibung fand sich auf einem losen Blatt dem Tagebuch beigelegt.

Die Reise ging über Wien – Pressburg – Budapest nach Miskolcz bzw. wahrscheinlich nach Satoralja-Uhely, wo Mörwalds Gruppe der Ersatzmannschaften für die 5. Batterie des 4. Korps auf das Regiment, das gerade in Richtung zur neuen Italienfront unterwegs war, stieß.

Diese neue Front war erst wenige Wochen davor entstanden: Italien, ursprünglich mit Österreich-Ungarn und Deutschland im Dreibund verbündet, hatte im Sommer 1914 seine Neutralität erklärt, nachdem die beiden Verbündeten Italien über das Ultimatum an Serbien nicht vorinformiert hatten. In der Folge verhandelte Italien mit der Donaumonarchie quasi über eine Bezahlung dieser neutralen Haltung – wobei sowohl die Neutralität als auch eine Beteiligung an Veränderungen am Balkan durch den Bündnisvertrag gedeckt wurden – und als Österreich sich nicht zu den geforderten Gebietsabtretungen bereit zeigte, auch mit England und Frankreich. Am 24. April 1915 unterzeichneten dann italienische Vertreter das Londoner Abkommen, das binnen Monatsfrist den italienischen Kriegseintritt vorsah.

Das k.u.k. Armeeoberkommando (AOK) hatte bereits am 13. August 1914 General Franz Rohr mit der Sicherung der italienischen Grenze beauftragt – gleichzeitig jedoch immer weniger Truppen an dieser Grenze belassen. Trotzdem standen im Frühjahr 1915 fünf neue, zum Großteil aus Freiwilligen gebildete Divisionen an dieser Grenze.

In Anbetracht der Schwäche der eigenen Truppen wurde von der Führung eine möglichst kurze Frontlinie ausgesucht – was allerdings zur Aufgabe zahlreicher wichtiger Positionen führte und z.B. im Bereich des Karnischen Kammes zu Stellungen geführt hätte, die nicht zu verteidigen gewesen wären.

Wenige Tage nach Unterzeichnung des Londoner Abkommens war dieses neue Bündnis in Österreichs Führung bekannt. Sofort begann der österreichische Nachrichtendienst mit gewaltigen Täuschungsmanövern, die Truppenverschiebungen in Richtung Süden vorgaukelten, die tatsächlich erst nach dem italienischen Kriegseintritt am 23. Mai 1915 und in wesentlich geringerem Ausmaße erfolgten…

Mörwald wurde also gerade in der Phase an die Front beordert, als die Verstärkung der Italienfront einsetzte: Als sie am 17. Juni 1915 in Laibach eintrafen, hatte – von den österreichisch-ungarischen Stellen noch nicht erkannt – gerade die 1. Isonzo-Schlacht mit italienischen Angriffen begonnen. Trotzdem blieb Mörwalds Einheit in Reserve hinter der Front und die Tage vergingen mit Üben und Exerzieren und einer Inspektion durch den für die Isonzo-Front zuständigen Armeekommandanten Generaloberst Svetozar Boroevic von Bojna.

Am 29. Juni begann eine neuerliche Verlegung mit dem Zug nach Arnoldstein und von dort nach Hohenthurn im Gailtal, für Mörwald »hoch droben im Gebirge«. Begeistert schreibt Mörwald, was dort alles noch käuflich zu erwerben war. Das Verhältnis zur mehrheitlich slowenischen Bevölkerung war gut, mehrmals wird erwähnt, dass die Soldaten gegen gute Verköstigung, Branntwein und Most den Bauern bei der Heumahd halfen.

Interessant die Vorurteile gegenüber den verschiedenen Nationen: Die Italiener werden mehrmals mit Attributen wie »schuftig« oder »tückisch« bezeichnet. Kaum eine bessere Meinung hatte Mörwald von den Tschechen. Durchaus positiv hingegen seine Meinung von den Slowenen, die er zunächst am Isonzo kennengelernt hatte und die damals im Gailtal noch eine wesentlich stärkere Bevölkerungsgruppe darstellten.

Mitte Juli erhielt die Gruppe ihre neuen Geschütze: 47mm Marinekanonen. Die Hoffnung, damit irgendwo an die Küste versetzt zu werden, erfüllte sich nicht: Sie sollten damit ins Hochgebirge…

Damit sind zunächst zwei Punkte zu erklären: Was sind die 47mm-Kanonen? Und zweitens: Warum solche ungewöhnlichen Waffen?

Die Suche nach den 47mm-Marinekanonen scheint zunächst einfach, wird aber im Laufe der Recherche immer schwieriger: Mit dieser Kanone scheint fast jedes Schiff der k.u.k. Kriegsmarine ausgerüstet gewesen zu sein. Die Tegetthoff-Klasse erhielt während des Krieges je zwei Stück auf Flugabwehrlafetten, die Linienschiffe Ehg. Ferdinand Max, Ehg. Friedrich, Ehg. Karl und die Babenberg-Klasse hatte je 8 Stück, Wien, Budapest, Monarch je 12, Panzerkreuzer Sankt Georg 10, ebenso die Kreuzer Szigetvar, Aspern, Zenta. Bei allen diesen Schiffen sollten diese Kanonen die Nahabwehr von kleinen schnellen Schiffen übernehmen. Bei den älteren Torpedobootzerstörern, bei den Hochseetorpedobooten 50-73, bei den Torpedobooten 1-17, bei einigen U-Booten, Jachten, Minenlegern und Minensuchfahrzeugen bildeten sie außer Torpedorohren oder Minen die Hauptbewaffnung.

Tatsächlich stimmt dies so jedoch nicht: Denn die Angaben aus dem Taschenbuch der Kriegsflotten 1918 geben uns zwar lapidar diese Auskunft, weisen jedoch bei der Auflistung der Artillerie der einzelnen Staaten darauf hin, dass es zwei Versionen dieser Kanone von Skoda/Hotchkiss gab, mit Rohrlängen von L/44 und L/36, also von 2068 mm und 1692 mm, während andere Literaturangaben von L/44 und L/33, also nur 1551 mm Rohrlänge für das kürzere Geschütz sprechen. Das Rohrgewicht der längeren Version hätte 300 kg betragen, das der kürzeren aber nur 100 kg, verfeuert wurden Granaten von 1,5 bzw. 1,1 kg mir den unterschiedlichen Rohren…

Bei der weiteren Nachforschung löst sich dann dieses Rätsel wieder: Es handelt sich offenbar um zwei Kanonen, die nur das Kaliber gemeinsam hatten: Die kürzere L/33 Kanone ist eine Entwicklung von Hotchkiss und wurde ab 1890 gebaut, die L/44 eine Skoda-Kanone, die ab 1897 hergestellt wurde.

Diese Skoda-Kanone taucht auch noch an anderen Stellen in der Geschichte auf: 1913/14 wurde sie auf einer Räderlafette dem Kriegsministerium als Flugabwehrkanone angeboten und vom Feldkanonenregiment 6 auch tatsächlich getestet und positiv beurteilt. Allerdings entsprach sie von Anfang an nicht den Ausschreibungen: Durch die Räderlafette war eine Seitenrichtung nur sehr beschränkt möglich, ein Verfolgen eines seitlich anfliegenden Flugzeuges – oder Ballons – konnte damit nicht durchgeführt werden.

Bereits kurz nach Kriegsbeginn hatte man erkannt, dass die Infanterie eine schwerere Waffe zur Bekämpfung von Punktzielen benötigte, daher wurde 1915 ein 3,7-cm-Infanteriegeschütz eingeführt, das bis 1918 weite Verbreitung fand.

Parallel dazu wurden aber auch andere Kaliber zu ähnlichen Aufgaben eingesetzt – darunter eben auch die 4,7-cm-Skoda-Marinekanone, was gar nicht so selten passierte. Nachgewiesen ist u.a. ihr Einsatz an der Isonzo-Front. Dazu findet sich im Internet sogar ein aktueller Modellbausatz mit Schutzschild.

Das weitere Schicksal dieser Waffe ist bemerkenswert: Nach dem Krieg entwickelten die österreichischen Böhlerwerke und auch Skoda in der Tschechoslowakischen Republik die 4,7-cm-Kanone weiter. Das österreichische Bundesheer normierte die Böhler-Kanone 1935, die tschechoslowakische Armee die Skoda-Kanone 1936. Waffenspezialisten sind der Meinung, dass Hitlers Panzer 1938 im Falle eines Widerstandes des österreichischen Bundesheeres und dann der Tschechen billige Opfer dieser Kanonen gewesen wären. Eine Meinung, an der etwas Wahres sein muss, denn die deutsche Wehrmacht übernahm die Kanonen sofort als Pak und als Panzergeschütz…

Die zweite Frage warum eine solche Waffe zum Einsatz kam, ist einfach zu beantworten: Weil Bedarf war. Man benötigte Waffen und die Fabriken konnten nicht in ausreichendem Maße liefern. So griff man auf alles zurück, was brauchbar war: Ältere Bestände – wie etwa das sogenannte »Ortlergeschütz« –, und ursprünglich für andere Länder produzierte Waffen (am Karnischen Kamm stand eine »China-Batterie« = von Skoda für China produzierte Geschütze, die nicht mehr ausgeliefert worden waren) und Beutewaffen, wie etwa russische Kanonen, wobei teilweise die Rohre auf k.u.k. Kaliber aufgebohrt wurden.

Zu erwähnen ist in diesem Zusammenhang, dass auf der Köderhöhe nur wenige Kilometer von Mörwalds Batterie entfernt, zeitweise eine weitere »Marinebatterie« stationiert war. Und: Marinegeschütze unterschiedlicher Kaliber kamen damals mehrfach am Land zum Einsatz. Sie waren vorhanden, weil praktisch keine neuen Schiffe gebaut wurden und auch die vorhandenen Schiffe so wenig zum Einsatz kamen, dass die Rohre nicht ausgetauscht werden mußten.

Der Einsatz all dieser Waffen war allerdings mit ein, zwei oder auch drei Nachteilen verbunden: Die älteren Modelle waren eben veraltet – das »Ortlergeschütz« war noch ohne Rohrrücklauf – und der gesamte Nachschub wurde schwieriger, da nicht nur unterschiedliche Munition sondern auch noch alle Ersatzteile für die verschiedenen Waffen benötigt wurden. Und die Marinegeschütze schossen zwar präzise, waren aber für eine bewegliche Kriegsführung ungeeignet. Mörwalds Tagebuch berichtet auch darüber…

Am Nachmittag des 15. Juli 1915 übernahmen Mörwald und seine Kameraden die Marinegeschütze in der Artillerie-Reparaturwerkstätte St. Magdalen bei Villach, wo sie bis 23. Juli mit den Geschützen übten und daran ausgebildet wurden. Am 26. Juli bezogen die Artilleristen mit ihren Kanonen ihre neue Stellung.

Der genaue Standort dieser – und auch der späteren, ab 22. Mai 1916 bezogenen – Stellung ist nicht mehr eruierbar. Eindeutig war die Batterie im Bereich des Polinik stationiert, wobei Mörwalds genauere Angaben aber bewusst oder unbewusst ungenau bleiben: Die Höhenangabe von

2.500 Metern ist eindeutig übertrieben, da der Polinik nur 2331 m hoch ist. Die Angabe, dass Soldaten von der Schrockgebirgs Alm in die Stellung hinaufgekommen wären und der Blick direkt in die italienischen Schützengräben am Osthang des Kleinen Pal frei gewesen wäre, läßt daran denken, dass die Geschütze zwischen Elferspitze und Polinik positioniert waren. Aus anderen Meldungen, wie etwa, dass bei Artillerietreffern in der Stellung die Munitionsverschläge durch den Luftdruck hinausgeschleudert und den steilen Hang hinunterkollerten, oder dass für die Stellung des 2. Geschützes Felsen abgesprengt werden mußten, treffen in diesem Bereich aber praktisch überall zu.

Tatsache ist, dass Mörwald – dessen Geschütze am 31. Juli 1915 erstmals in den Kampf eingriffen und an diesem Tag 100 Schuss auf die italienischen Stellungen abgaben – erst an der Front eintraf, nachdem der Frontverlauf im Bereich des Karnischen Kammes bereits größtenteils bis zum Herbst 1917 fixiert war (was natürlich keiner der Beteiligten wissen konnte): Die neu gebildete Armeegruppe Rohr hatte nun nur noch den Kärntner Abschnitt zwischen Krn am oberen Isonzo und der Tiroler Grenze zu verteidigen. Wo die Front verlaufen sollte, war allerdings unklar: Der Karnische Kamm war ausgenommen, im Plöckenabschnitt gab es z.B. unweit der Passhöhe ein sogenanntes »Blockhaus«, das gegen Infanteriewaffen Schutz bot, und rund um die Hausalm des Plöckenhauses eine Rundumstellung – die vom Kamm aus eingesehen war. Für eine Verteidigung waren entweder die Linie Polinik – Mauthner Alm oder überhaupt erst die Gailtaler Alpen vorgesehen.

Am 24. Mai begannen auch sofort die Italiener (mit schwachen Kräften) die Grenzlinie zu besetzen, wobei sie nur vereinzelt auf Widerstand (besonders auch von einheimischen Kräften) stießen. Erst ab Ende Mai – mit der Übernahme des Abschnittes durch die 59. Gebirgsbrigade – wurde der Kamm der Karnischen Alpen tatsächlich zur Hauptkampflinie.

Bis zum 16. Juni 1915 hatten die Österreicher und Ungarn einen Teil des Kleinen Pal zurückerobert, am 19. Juni hatten dafür die Italiener die Grüne Schneid besetzen können und am 24. Juni gelang dem Gendarmerie-Bezirkswachtmeister Simon Steinberger mit seiner Patrouille die überfallsartige Eroberung des Cellon-Ostgipfels – der allerdings im Jahr darauf wieder verloren ging, was aber auch die einzige größere Frontänderung ausmachte.

Mörwalds erster Einsatz mit den Marinekanonen am 31. Juli 1915 diente übrigens der Abwehr eines italienischen Angriffs gegen den Kleinen Pal, der bereits zu Mittag dieses Tages in einem Pressekommunique (Faksimile bei Schaumann, Schauplätze des Gebirgskrieges IIIa, S. 310) Erwähnung findet und an dem drei italienische Bataillone beteiligt gewesen sein sollen.

Gegen Ende September lag in den Stellungen schon Schnee, Mitte Oktober waren die Zugangswege meterhoch vom Schnee verweht und von da an dominieren die Meldungen über Schnee, Schnee schaufeln und Transporte am Rücken – statt auf Tragtieren – die täglichen Eintragungen. Der Artilleriekampf beschränkte sich meist auf einige Schuss pro Tag…

Mörwald hatte dann das Glück, ins Tal geschickt zu werden, wo er den November und Dezember 1915 – inklusive Heimaturlaub zu Weihnachten – erleben konnte. Doch gerade auch diese Beschreibungen des Lebens unmittelbar hinter der Front bringen zum Großteil eine vollkommen neue Sicht: Alkoholexzesse bis hin zu Mord kommen dabei vor, ebenso aber auch Konflikte der Offiziere untereinander. Geschlechtskrankheiten und sexuelle Kontakte der Soldaten mit den einheimischen Mädchen; Dinge, die bisher kaum in Beschreibungen Erwähnung fanden. Gerade da bringt Mörwald aber auch immer wieder die »moralische Verkommenheit« der »Tschechen« zur Sprache, gegen die er ungemein große Vorurteile hatte.

1916

Am 10. Jänner kehrte Mörwald wieder zu seiner Batterie auf dem Polinik zurück. Doch schon am nächsten Tag mußte er wieder ins Tal hinunter: Er hatte vor dem Bezirksgericht in Kötschach seine Aussage zu machen, da er bei einem Bauern, der Erdäpfel überteuert verkaufte, eingekauft hatte. Diesem Bauern wurde nun der Prozess gemacht. Bei Mörwalds Aussage ging es gerade einmal um eine überteuerte Bezahlung von insgesamt einer Krone…

Dann regiert für Wochen der Winter und der Schnee. Der Nachschub wurde immer schwieriger. Beim Freischaufeln des Weges zur Latrine wurde Mörwald schließlich Anfang Februar von einer Lawine verschüttet, konnte sich jedoch selbst retten.

Im März 1916 wurde die Lawinengefahr noch größer: Zusätzlich zu den zahlreichen natürlich abgehenden Lawinen kamen auch noch solche, die durch Artilleriefeuer ausgelöst wurden. Mörwald, der wegen Erfrierungen an den Beinen ins Tal hinuntergeschickt worden war und bei der Telefonstation in Würmlach stationiert war, erlebte die Lawinenperiode in zahlreichen telefonischen Meldungen – darunter auch die Lawinenkatastrophe von Birnbaum mit zumindest 40 Toten.

Interessant auch, dass im Winter 1915/16 und Frühjahr 1916 Mörwald noch betont, dass die Verpflegung gut und ausreichend gewesen sei. Ebenso interessant ein Besuch in Villach beim Armeekommando der 10. Armee, das im dortigen Staatsgymnasium residierte.

Ende März – Mörwald war gerade in Villach – sollte die 10. Armee durch Scheinangriffe von den Vorbereitungen der sogenannten Südtiroloffensive ablenken. Am 26. März versuchte das Feldjägerbataillon 8 – Mörwald schreibt »Kärntner 8. Landsturmbataillon« – am Kleinen Pal einen Vorstoß. Wegen des Schlechtwetters wurde das Unternehmen abgesagt, doch dieser Befehl kam zu spät, die erste Angriffswelle war bereits unterwegs, und konnte einige Teile der gegenüberliegenden Stellung erobern. Heftige Artilleriekämpfe folgten bis in den Mai hinein, wobei auch 30,5-cm-Mörser zum Einsatz kamen.

Mitte Mai 1916 – im Trentino fand die österreichisch-ungarische Offensive statt – berichtete Mörwald erstmals von Menagekürzungen und der Verhängung der Strafe des »Anbindens«: Dabei wurden den Soldaten die Hände am Rücken gefesselt und sie daran aufgehängt. Im Konkreten 4 Tage lang für jeweils 2 Stunden– eine furchtbare Folter, die Kaiser Karl wenig später untersagte.

Gleichfalls im Mai 1916 wurde die Batterie vom Polinik abgezogen, erhielt neue Geschütze und bezog eine neue Stellung am Plöckenpass.

Erst am 27. Juni kam auch Mörwald wieder in die Stellung hinauf, bis dahin hatte er Telefondienst im Würmlacher Schloss verrichtet. Diesmal kam Mörwald mitten in die Kämpfe hinein: Ende Juni 1916 versuchten die Italiener im gesamten Plöckenabschnitt einen Durchbruch zu erzielen, scheiterten aber im Bereich Freikofel und Kleiner Pal unter schweren Verlusten. Doch am 29. Juni gelang es ihnen, den Ostgipfel des Cellon zu erobern: Knapp ein Jahr zuvor hatten fünf Österreicher diesen wichtigen Gipfel nach einer Klettertour überfallsartig erobert, nun gelang den Italienern die Rückeroberung, obwohl gerade eine doppelte Besatzung in der Gipfelstellung war, da die Ablösung gerade gekommen war: 150 österreichische Soldaten gingen in Gefangenschaft. Wie das konkret passierte, konnte nie geklärt werden…

Die neue Stellung der Marinegeschütze ist wiederum im Detail kaum zu lokalisieren: Definitiv lag sie westlich der Plöckenstraße und war über Leitern mit mehreren hundert Stufen von der Position der Mörserbatterie erreichbar, »gegenüber« dem Kleinen Pal. Weitere Details müssen aus den folgenden Beschreibungen gezogen werden: Die Stellung wies eine Infanterie-Kampfstellung auf und war auf engsten Raum beschränkt – die Geschütze waren 10 Schritt von den Unterkunftsbaracken entfernt. Nach dem Fall des Cellon-Ostgipfels erreichte einer (von drei) Soldaten der österreichischen Gipfelbesatzung am nächsten Morgen die Stellung. Wenig später folgte die erste Mine (wahrscheinlich eine Rollbombe) vom Gipfel…

Ganz offensichtlich lag die Stellung also am Cellon-Hang oberhalb der Straße und schräg unterhalb der Cellon-Schulter, am Weg von der Schulterstellung in Richtung Tal unweit von der berühmten Cellon-Rinne. Durch den Verlust der Gipfelstellung war sie nun vorderste Linie und vor einem direkten Angriff von oben nur durch die Felswände geschützt.

Vor Jahren konnten die Dolomitenfreunde bei Erkundungstouren am Cellon-Hang auf der Suche nach der Gegenstellung zur Mg-Nase auf einem kleinen Vorsprung oberhalb der Straße eine ziemlich gut ausgebaute Stellung erkunden, die als Ausgangpunkt für den Zugang zu den Stellungen auf der Cellon-Schulter angesehen und daher als »Cellon-Schulterpunkt« bezeichnet wurde. Der Schützengraben war mit zahlreichen Infanterieschutzschilden ausgebaut, war jedoch nur für eine Verteidigung in Richtung Tal und Grenze eingerichtet. Abwehreinrichtungen hangaufwärts wurden damals nicht festgestellt – aber auch nicht gesucht. Auffallend waren die umfangreichen Kavernenbauten, die praktisch auf zwei Ebenen angelegt waren. Die gefundenen Anlagen wurden provisorisch vermessen, zu weiteren Begehungen kam es damals nicht, weil beim Abstieg ein 28-cm-Blindgänger entdeckt wurde, der die Plöckenstraße gefährdete und dessen Beseitigung durch den Entminungsdienst abgewartet wurde.

Möglicherweise handelte es sich bei diesem »Cellon-Schulterpunkt« um die gesuchte Stellung, da alle anderen bekannten Positionen wie

Cellon-Schulter, Theresien-Höhe und Mauthner-Alm ausscheiden. Nach den Originalkarten und der eigenen Vermessung sind in diesem Bereich auch Wege mit hunderten Stufen eingezeichnet.

Am 4. August versuchten die Italiener einen Überraschungsangriff gegen die Schulterstellung im dichten Nebel. Als dieser sich lichtete, hatten sie einen Teil der Cellon-Schulter in ihrer Hand. Obwohl auch die Artilleriestellung von drei Seiten unter Beschuss lag, wurden einige Soldaten in Richtung Schulter losgeschickt und konnten dort tatsächlich im Gegenstoß an der Vertreibung der Italiener mitwirken.

Dann griffen auch die beiden Marinekanonen in den Kampf – der sich inzwischen auf die Passsperre ausgedehnt hatte – ein. Dies findet sich auch im Kampfbericht, den Bataillonskommandant Körner zwei Tage später verfasste.

Auch die Kämpfe am 1. September – als die Italiener versuchten im gesamten Bereich ostwärts des Plöckenpasses durchzubrechen – finden sich ausführlich im Tagebuch beschrieben. Ebenso die Beschießung Kötschach-Mauthens am 3. September 1916, wobei Mörwald diese nicht selbst erlebt hat und erst 10 Tage später in den Ort hinunter kam und eine ausführliche Beschreibung der Schäden gab.

Der Heimaturlaub im November/Dezember 1916 war schon wesentlich von Kriegsmüdigkeit und Mangel geprägt. Als er am 11. Dezember auf den Plöcken zurückkehrte, hatten gerade am Morgen zwei Lawinen hintereinander die Stellung verschüttet und sechs Mann getötet. Am 13. folgte eine weitere Lawine, tags darauf grub die Besatzung Verbindungsstollen durch den teilweise 7 Meter hohen Schnee. Ab Ende März 1917 wurden diese Tunnel sogar elektrisch beleuchtet…

1917

Der Jahresbeginn war wiederum von Schnee und Lawinen dominiert. Die Kampfhandlungen blieben relativ gering. Schließlich brach der Rohrrücklauf bei einem der Geschütze, das daraufhin abmontiert und ins Tal transportiert werden mußte. Wenn Mörwald allerdings behauptet, dass aus diesem Geschütz seit August 1915 rund 7.000 Schuss abgefeuert worden waren, so vergaß er, dass 1916 die Geschütze getauscht worden waren…

Im Frühjahr begannen dann auch die Kampfhandlungen wieder stärker zu werden. Am 23. Mai 1917 griffen österreichische Patrouillen das italienische Zollhaus an, wo sich italienische Truppen verschanzt hielten. Die Österreicher hatten einen 780 Meter langen Schneestollen gegraben und stießen nun direkt vor dem Finanzhaus an die Oberfläche. Da die italienische Besatzung wesentlich stärker war, schlug der Angriff fehl. Wie schon mehrmals zuvor, griff die Marinebatterie in die Kämpfe um die Passhöhe ein…

Mehrmals erwähnt Mörwald auch Ereignisse abseits der kriegerischen: Der Tod Kaiser Franz Josephs und die Angelobung auf den neuen Kaiser Karl finden sich praktisch in allen Erinnerungen, aber Mörwald geht viel weiter, wenn er etwa die Eröffnung des Reichsrates am 31. Mai 1917 als »zu wichtig, zu bedeutungsvoll für's ganze Reich, ebenso wie für jeden Einzelnen, als dass ich ihn … übergehen könnte«, bewertet. Ob dieses Ereignis auf die Bevölkerung tatsächlich diesen Eindruck machte, läßt sich heute so nicht mehr verifizieren.

Auffallend, dass auch die Kritik an den Offizieren zunimmt, immer häufiger wird der Unterschied zwischen den Zuständen bei den Soldaten und bei den Offizieren aufgezeigt.

Im Juli 1917 wurde die Batterie aufgeteilt, eines der Geschütze wurde auf die Mg-Nase verlegt, wahrscheinlich die Stellung »Floh« direkt in der Infanterielinie und das zweite Geschütz »Midi« kam in die Linie auf der Cellon-Schulter. Dies hing sicherlich mit den taktischen Änderungen auf Grund der Erfahrungen des Stellungskrieges zusammen: Die leichte Artillerie kam nun – wie ein Maschinengewehr – direkt bei der Infanterie und in enger Verbindung mit dieser zum Einsatz. In der Praxis gab es allerdings – wie auch das Tagebuch beweist – immer wieder Kompetenz-Probleme und Streit zwischen den Infanterie-Offizieren und den Artilleristen und deren Offizieren.

Nach einem neuerlichen Heimaturlaub wurde Mörwald im September zu dem Geschütz auf der Schulter versetzt.

In diesem Herbst wurden die Artilleriekämpfe härter, eine gewisse Nervosität machte sich auf beiden Seiten breit, vor allem schien es, als hätten die Italiener ihre Stellungen weiter ausgebaut und gleichfalls kleinkalibrige Geschütze vermehrt in die vorderste Linie eingebaut.

Am 24. Oktober gab es an der Sperre eine Explosion und vier Baracken brannten ab, für den 25. Oktober gab es überhaupt keine Eintragung in das Tagebuch, für den 26. dominierte zunächst die Arbeit, dann erst langten Siegesmeldungen vom Isonzo ein. »Die Freude darüber ist allgemein sehr groß…«

Während sonst Informationen binnen weniger Stunden in den Stellungen bekannt waren, dauerte es diesmal mehr als zwei Tage, bis die Siegesmeldung vom Durchbruch bei Flitsch und Tolmein am oberen Isonzo die Soldaten am Plöckenpass erreichte.

Am Morgen des 27. Oktober begannen Mörwald und andere Artilleristen in der Stellung auf der Cellon-Schulter mit dem Bau eines trockenen Munitionsunterstandes. Natürlich konnten sie nicht wissen, dass schon Stunden davor Kaiserjäger die Pte. di Montemaggiore gestürmt hatten – und damit die von der italienischen Führung erhoffte Auffangstellung durchbrochen war. Noch weniger konnten sie wissen, dass wenige Stunden später der Chef des italienischen Generalstabes Luigi Graf Cadorna seinen Armeen den Befehl erteilt hatte, sich möglichst rasch an den Piave zurückzuziehen und dort eine neue Front aufzubauen…

Tatsächlich war der gewaltige Sieg der österreichisch-ungarischen und deutschen Truppen in dieser Form weder geplant noch erwartet, sondern ergab sich durch ein zufälliges Zusammentreffen mehrerer Ursachen. Denn: Die italienische Führung hatte in Erwartung einer möglichen Offensive gerade diesen Abschnitt durch besonders tief gestaffelte Abwehrstellungen ausgebaut. Durch Überläufer wußte sie außerdem von einem drohenden Angriff – doch der Termin wurde mehrmals verschoben, sodass niemand mehr Terminangaben ernst nahm.

Am Morgen des 24. Oktober begann dann tatsächlich der Angriff mit einem gewaltigen Trommelfeuer. Über die italienischen Stellungen bei Flitsch zogen deutsche Werfer eine dichte Wolke Giftgas. Ein Gas, gegen das die italienischen Gasmasken wirkungslos waren. Tausende italienische Soldaten starben. Die angreifenden österreichischen Soldaten stürmten durch das Isonzotal…

Flussabwärts in der Talsenke von Tolmein gab es eine ähnliche Situation: Auch dort überliefen deutsche und österreichisch-ungarische Truppen die ersten italienischen Stellungen und stürmten einerseits flussaufwärts in Richtung Karfreit/Caporetto und andererseits in Richtung zweiter Frontlinie…

Zwischen den beiden Einbruchsstellen aber lag der mächtige Gebirgsstock des Krn – und dort hielten die Italiener die Stellung. Das schlechte Wetter nahm den Beobachtern die Sicht auf das Tal. Und wenn der Nebel einen Blick freigab, sah man Kolonnen deutscher und österreichischer Soldaten marschieren. Nachdem die italienischen Beobachter nichts von den Durchbrüchen wußten, glaubten sie Gefangenenkolonnen zu sehen…

Als die Angreifer plötzlich vor den zweiten Linien auftauchten, waren diese vollkommen überrascht und konnten kaum Widerstand leisten. Noch überraschter war die dritte Linie…

Bei Caporetto vereinigten sich die von Flitsch durchgebrochenen Truppen mit den von Tolmein kommenden: In der italienischen Front klaffte eine Lücke von mehr als 30 Kilometern und die italienischen Truppen im Krn-Massiv waren eingekesselt…

Die italienische 2. Armee am oberen Isonzo ging fluchtartig zurück, dann folgte die 3. Armee am Unterlauf des Flusses. Die Karnische Gruppe drohte den Anschluß zu verlieren, dann mußte aber auch die italienische Front in den Dolomiten zurückgenommen werden. In der Nacht zum 27. Oktober konnte die italienische Führung daher nur noch den Rückzug und die Bildung einer Front an der Piavelinie und dem Grappa-Massiv versuchen…

Auf der Cellon-Schulter hieß es am 27. Oktober nach einem arbeitsreichen Tag um 23.30 Uhr wieder aufwachen: Noch in der Nacht sollte die Passsperre gestürmt werden.

Ein Unwetter vereitelte dies. Am 28. Oktober wurde die Munition wieder aufgefüllt – noch immer tobte ein Unwetter. Die Italiener hatten ihre Stellungen bereits geräumt…

Ab 29. Oktober folgte im Plöckenabschnitt im lokalen Bereich genau das gleiche wie im ganzen, von den italienischen Truppen geräumten Gebiet: Die österreichisch-ungarischen Soldaten zogen auf Beute aus und konnten sich nach Monaten erstmals wieder satt essen. Der erbeutete Alkohol floss in Strömen…

Italien verlor durch diese Niederlage 300.000 Mann, fast die gesamte Artillerie und den Großteil seiner militärisch-technischen Ausrüstung. Österreich-Ungarn und Deutschland bildeten sofort Verbände, die diese Mengen an Kriegs- und Rohmaterial und die dringend notwendigen Nahrungsmittel bergen mußten. Ohne diese Beute wäre die Fortführung des Krieges bis November 1918 kaum möglich gewesen.

Mörwalds Tagebuch bringt dazu zwei besonders interessante Momente: Da die Marinekanonen für einen beweglichen Kampf nicht geeignet waren, verblieben sie zunächst in der Stellung – was den Artilleristen die Möglichkeit gab, ihre Beutezüge auszudehnen. Am 31. Oktober kamen sie bis zur Collinetta, wo ein höheres italienisches Kommando mit entsprechenden Magazinen bestanden hatte und wo es reiche Beute an Wäsche, Ausrüstung und Nahrungsmittel gab. Auf dem Rückweg wurden sie jedoch an der Grenze von einem österreichischen»Finanzer« gestoppt, der ihnen die Beute (mit Ausnahme des Proviants) wieder abnahm. Österreich war eben»ein ordentliches Land«…

1918

Erst im Februar erfolgte tatsächlich ein Abzug der relativ unbeweglichen Einheit, die an die Flitscher Klause verlegt wurde. Genau dort war in der 12. Isonzoschlacht eine der Durchbruchstellen durch die italienische Front gewesen. Die Engstelle der Flitscher Klause wurde durch eine österreichische Werksgruppe (zwei Festungen) geschützt – lag aber nun weit hinter der Front. Warum Mörwalds Einheit dorthin verlegt wurde, ist unklar. Die Kämpfe in diesem Bereich hatten gewaltige Verluste verursacht – zahlreiche der Toten und Leichenteile lagen auch noch im Februar 1918 im gesamten Bereich unbestattet umher – was bei Mörwald Entsetzen hervorrief.

Da die Verpflegung in diesem Gebiet vollkommen unzureichend war und lokal kaum zusätzliche Quellen aufzutreiben waren, wurden Mörwald und andere in das Gailtal zurückgeschickt, wo sie von den Bauern Nahrungsmittel einkauften: Butter, Eier und Sauerkraut. Interessant sind dazu seine Reiseberichte, da die Fahrt immer durch das Raibler Bergwerk führte, dessen Stollenbahn schon für die Versorgung der Isonzo-Front eine wichtige Rolle gespielt hatte.

In weiterer Folge führte die Fahrt dann an Mittelbreth/Log pod Mangartom und seinem Soldatenfriedhof vorbei, wo gerade ein Denkmal im Bau war, das einen Infanteristen und einen Bosniaken gemeinsam zeigen sollte. Dieses Denkmal wacht noch heute über die hunderten Tote des Friedhofs: Die beiden Soldatenfiguren – ein Österreicher und ein Bosnier – stehen auch noch nach einem weiteren Weltkrieg dort, nach Partisanenkrieg und Unabhängigkeitskampf Sloweniens, nach faschistischer und kommunistischer Diktatur. Das Denkmal ist fast hundert Jahre alt – und seit einigen Jahren in einem Land, das mit seinen Nachbarn Bestandteil des europäischen Friedensprojektes ist…

Mit einem Heimaturlaub beginnt der 8. Band von Mörwalds Tagebuch, das bis Ende August 1918 reicht: Es bringt praktisch keine historisch bedeutenden Daten mehr – die Junioffensive am Piave, »Österreich-Ungarns letzte Schlacht«, findet keine Erwähnung. Umso interessanter ist die Beschreibung des Soldatenlebens weit hinter der Front, wo noch immer die Truppe mit Aufräum- und Bergungsarbeiten beschäftigt war. Das Bild, das Mörwald davon zeichnet, ist deprimierend: Die schlechte und mangelhafte Ernährung die Festung Flitsch läuft unter dem Begriff »Hungerturm« – wurde zum täglichen Begleiter und zu einem Hauptthema des Tagebuches. Die Arbeitsleistungen – die Bergetätigkeit beschränkte sich meist auf halbe Tage – blieben gering und waren wohl auf nicht besonders effizient.

Das zweite Hauptthema wurde das schlechte Verhältnis zwischen Soldaten und Offizieren, was nach einer Beschwerde Mörwalds beim Etappenkommando in Görz, dazu führte, dass Mörwald von der Festung Flitscher Klause zu Bergekommandos in kleinen Orten »verbannt« wurde.

Dieses schlechte Verhältnis, wurde – nach Mörwalds Andeutungen – geradezu zu einem, aus der sozialen Lage bedingten, Zerfall der militärischen Einheit. Solche Zersetzungserscheinungen waren bisher nur von der Marine bekannt, deren Einheiten sowohl in Österreich-Ungarn als auch im Deutschen Reich kaum zum Einsatz kamen. Bei den Einheiten der Armee der Donaumonarchie haben bisher die Historiker aber hauptsächlich die nationalen Sprengkräfte untersucht, die sozialen Aspekte blieben dagegen relativ unbeachtet. Dieses Tagebuch zeigt aber gerade diese Seite auf: Josef Mörwald und seine Kameraden aus Oberösterreich und Tirol waren deutschnational ausgerichtet und hatten im Sommer 1918 jedes Interesse an militärischen Siegen oder überhaupt kriegerischen Ereignissen derart verloren, dass sie nur noch widerwillig ihren Dienst taten und auch für geringe Erleichterungen bisherige moralische Bedenken über Bord warfen. Schuld daran waren neben Hunger und Erschöpfung eindeutig das komplett gestörte Verhältnis zu den Offizieren.

Die Lektüre des 8. Bandes von Josef Mörwalds Tagebuch machen die Ereignisse vom November 1918, als die Staatsmacht der Monarchie binnen Stunden zerbrach und auch für Restösterreich scheinbar aus dem Nichts die Republik als einzige Lösung auftauchte, verständlich. Auch insofern ist das Tagebuch Josef Mörwalds eine bedeutende Bereicherung der Literatur.

Da Mörwalds Tagebuch im August 1918 endet, bleibt unklar, ob er noch jemals an die Front gekommen ist. Das Fehlen eines weiteren Bandes läßt jedoch den Schluss zu, dass Mörwald wieder an die Front gekommen sein könnte und das Buch in den turbulenten Tagen des Kriegsendes Anfang November 1918 (wenn nicht sogar während einer Kriegsgefangenschaft) verloren ging.

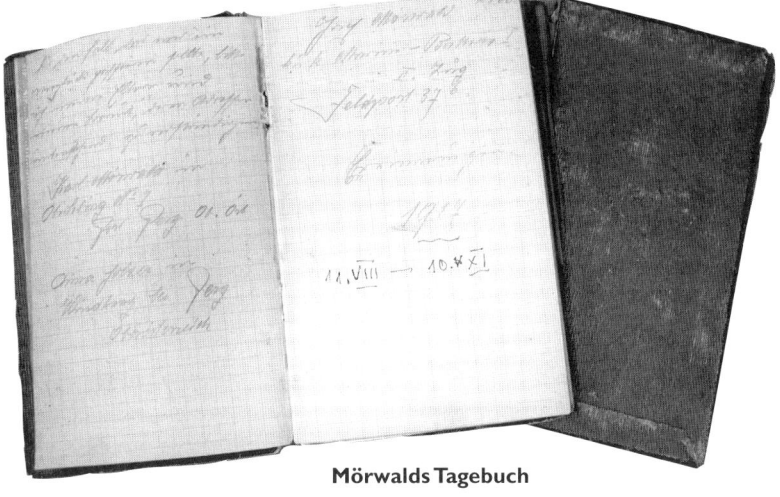

Mörwalds Tagebuch

(Josef Mörwald überlebte den Krieg. 1926 wurde er Gärtner auf Schloss Puch bei Hallein, 1928 heiratete er, 1929 und 1930 folgten zwei Kinder. 1933 bewarb er sich um die – damals noch nicht illegale – Parteimitgliedschaft bei der NSDAP, aufgenommen wurde er aber erst nach dem Anschluß 1938. In Puch wurde er stellvertretender Ortsgruppenleiter, 1945 kam er in das Lager Glasenbach und in Haft in Salzburg und Linz bis 1947. 1949 starb er in Puch.)

Peter Schubert

Kriegstagebücher

Josef Mörwald
k.u.k. 47 mm Marinebatterie Oblt Schmid

1. TAGEBUCH

1915

Von Budweis über Wien und Budapest ins Feld hinaus

Am 12.6.15 um ½ 2 Uhr nehmen wir Abschied von unseren Kameraden. Auf einem mit zwei Pferden bespannten Leiterwagen fuhren wir hinaus zum Budweiser Bahnhof, draußen angekommen schnell einige Glas Bier austrinken und dann hinauf auf den Perron. Noch ist der Zug nicht da, hat Verspätung, also heißt es warten, während dem sehe ich zwei Fräulein beieinander stehen, jede hat eine Handvoll der schönsten Rosen. Das war nun etwas für mich, schnell sie um ein paar Rosen bitten. Die Rosen zierten meine Mütze.

Nun kommt auch der Zug, um 3 Uhr 50 min. fahren wir weg. Die Fahrt bis Wien vergeht unter Scherzen und Singen, die Löhnung bekommen wir ebenfalls während der Fahrt von unserem Transportkommandanten Korp. Blumauer ausbezahlt, sonst ist wenig interessantes auf der Fahrt, einmal als ich mich zu weit hinaus lehnte fiel mir meine Pfeife hinaus, die war natürlich beim Teufel und ich mußte froh sein, daß mir in Wien ein Arbeiter seinen alten hölzernen Kachel verkaufte um eine Krone, 20 Kreuzer war sie höchstens wert, aber ich mußte eine haben ins Feld hinaus und die Geschäfte waren alle geschlossen.

Gegen 10 Uhr kommen wir nach Wien, vom Franz Josef Bahnhof fuhren wir mit der Strassenbahn auf den Ostbahnhof. Auf dieser Fahrt, die wiederum fast eine Stunde währte, stieg ein einjährig freiwilliger Korporal ein zu uns und er beschenkte uns mit Zigaretten. Da wir alle in Wien völlig fremd waren, so fuhr er mit uns auf den Bahnhof, zeigte uns die Lokalitäten und dann alle mit ins Kaffeehaus, wo er jedem 3 Glas Bier bezahlte und uns wiederum mit Zigaretten beschenkte. Ich kaufte mir ein Gulasch, das kostete 1 Krone 10 Heller, das war teuer verflucht. Dann zirka 12 Uhr führt er uns wiederum in ein anderes Kaffee, dort trafen wir einige Militaristen, Oberösterreicher also Landsleute, ein Korporal, ein Zugsführer, ein Leutnant und ein Oberleutnant. Von diesen Leuten bekommen wir wieder Zigarren, Kaffee und jeder ein Glas Bier, das waren wahrhaft liebenswürdige Herren, echte Wiener Herzen.

½ 3 Uhr früh war's als wir im Strohsack III. Klasse zur Ruhe gingen, ich lag auf dem bloßen Fußboden, aber trotzdem habe ich sehr gut geschlafen. Man mußte mich um ½ 6 Uhr wecken, ich stand auf, brachte meine Montur einigermaßen in Ordnung, dann Waschen und Frühstücken. Einer von uns, ein Kanonier, mußte in Wien schon ins Spital überführt werden, er hatte starken Rotlauf in den Füßen bekommen und konnte nicht mehr weiter.

Es ist recht langweilig auf dem Bahnhof, sitze auf einer Rodel und schreibe diese Zeilen und um 9 Uhr 30 min. fuhren wir weiter nach Budapest. Kurz vor der Abfahrt will ich mir schnell noch Efeu pflücken um mir meine Kappe damit zu schmücken, das sieht ein Herr, der gerade vorbei geht und ruft mir zu:»Lassen Sie das, ich will Ihnen meinen Blumenstrauß schenken!« und wirklich gibt er mir einen Strauß von den herrlichsten Rosen zusammengesetzt, diese Rosen zieren nun meine Kappe.

Von Wien nach Budapest ist das eine erbärmliche Fahrt, die Waggons sind derart überfüllt, daß man nicht einmal ordentlich stehen, geschweige sitzen kann. Zum Glück dauert es nicht lange, es sind sehr viele Ausflügler dabei. Bei der dritten Station wird's schon besser, da viele aussteigen, nun haben wir schon Sitzplätze. Die 5. Station nach Wien ist's, da gibt man uns Zigarren und Korrespondenzkarten mit dem Bilde seiner Majestät, was wir natürlich mit Freuden annehmen.

Die Bahn beginnt langsam zu fahren, erst glaubt man es kommt ein Bahnhof, aber schnell muß man den Irrtum einsehen, wir fahren in einen Tunnel ein, es wird ungefähr 2 Minuten stockfinster dann wird es wieder hell, 1 Minute noch und wir sind in Preßburg. Hier steht ein Sanitätszug angefüllt mit Verwundeten, in einem anderen Zug ein paar Waggons mit gefangenen Russen, unser Zug ist wieder derart überfüllt, daß es kaum zum Aushalten ist, jetzt spüre ich auch schon einen damischen Hunger, der Magen knurrt schon weil er heute noch nichts bekommen hat als eine Schale Tee und nun sehe ich wieder etwas das mich interessiert, es ist wieder ein Zug gefangener Russen, es sind sicher 5-600 Mann. Jetzt kommen wir noch bald nach Neustadtl, da werden wir ½ Stunde Aufenthalt haben. Endlich konnten wir eine wenn auch kleine Erfrischung bekommen, eine Frau kam mit Kirschen, das war eine Delikatesse für uns, sie waren auch dementsprechend teuer.

Jetzt sind wir in der ungarischen Ebene, soweit das Auge reicht alles eben. Auf der letzten Station kommen Bauernmädchen in herrlicher ungarischer Nationaltracht, schöne Mädel sind es, besonders eine junge Slowakin ist es, die mir sehr gut gefällt. Schade, daß man nicht mit ihnen sprechen kann. Nun begegnet uns heute schon der dritte Russentransport wieder einige hundert Mann. In unserem Waggon sind glaub ich 4 od. 5 Nationen beinander Deutsche, Magyaren, Tschechen, Slowenen und Kroaten, das ist ein Gesumm wie in einem Bienenstock man versteht kaum das eigene Wort. Jetzt habe ich auch zum erstenmal die [.?.] der Magyarischen Nationaltracht gesehen.

In Budapest

Um ½ 7 Uhr Abends fährt der Zug in die Bahnhofshalle ein da heißt es aussteigen, wir mit der elektrischen auf einen anderen Bahnhof, da unser Zug erst um 10 Uhr abgehen sollte, wir also 3 Stunden freie Zeit hatten, so wollten wir erst das Nachtmahl einnehmen und dann die Stadt etwas in Augenschein nehmen, aber da haben wir uns schön verrechnet, schon will uns der Posten nicht in die Stadt hineinlassen da gibt's schon einen Streit und wir kommen hinein hungrig und durstig, habe ich doch den ganzen Tag nichts gehabt wie eine Schale Tee und eine handvoll Kirschen und jetzt geht's wieder schlecht, eine halbe Stunde muß ich warten bis ich einmal Würstel erhalten konnte. 2 Paar winzige Würstel Preis 70h. 1 Glas Bier 40h. Da ist also nicht viel zu machen, das Rote Kreuz schenkt hier unentgeltlich schwarzen Kaffee aus, aber wir Oberösterreicher bekamen keinen, das werde ich den Ungarn nie vergessen.

Jetzt wollte ich in die Stadt hinaus um mir noch einiges zu kaufen, aber o weh! Der Posten läßt mich nicht hinaus, nun kaufe ich mir am Bahnhof Zigarren und einige Ansichtskarten, die ich gleich schreibe. Dann wollte ich mir noch Würste kaufen, bekomme aber keine mehr. Nun habe ich wieder nichts als trockenes Kommisbrot und Menage werden wir noch drei, vier Tage keine bekommen, guter Anfang das. Ich war recht froh, als der Ausrufer unseren Zug ausrief. Das Treiben auf dem Bahnhof war ein solcher Wirbel und eine Unordnung, nicht zu beschreiben. Da war Militär von allen möglichen Waffengattungen, Zigeuner und anderes normale Volk lagerte in den Gängen. Überhaupt hat mir Budapest nicht sehr gefallen, ich sah wohl große, imposante Häuser, aber voll Ruß und Schmutz. Die beiden Bahnhofsgebäude übertreffen wohl die von Wien an Größe, keinesfalls aber die praktischen Einrichtungen und die Reinlichkeit wie ich sie in Wien beobachtet habe.

Um 10 Uhr fuhren wir weg von der ungarischen Königsstadt, jeder richtete sich so gut es ging zum Schlafen und bald ist alles ruhig. Um 2 Uhr nachts weckt uns der Kondukteur wieder, wir müssen umsteigen, dabei werden wir voneinander getrennt, da alle Waggons besetzt waren. Ich fahre mit einer kleinen Anzahl reichsdeutschen Militärs, die Kerls schlafen schon die Nacht und den ganzen Vormittag. Vor einer halben Stunde begegnete uns wieder ein langer Zug mit gefangenen Russen.

Die riesige Ebene, die wir durchfahren, geht allmählich zu Ende, schon sehe ich die Berge und Hügel Nordungarns von Weitem und bald werden wir sie erreicht haben. Es ist eine recht einsame Gegend hier, weit und breit kein Haus, oft nicht einmal ein Dorf zu sehen, hier möchte ich nicht gern bleiben, da ist doch Oberösterreich ganz was anderes, denn in der Heimat ist es schön!

Station Miskolc. Hier hatten wir eine Stunde Aufenthalt, zum Essen konnte ich aber auch nichts bekommen. Hier ist auch eine Verwundeten-station und ein Beobachtungs-Typhus-Spital.

2 Uhr nachm. Nun sind wir in Satoraljaujhely, hier bekommen wir Rindfleisch mit Suppe und Brot. Dann machen wir uns auf den Weg zum Sammellokal, von wo aus wir dann an unseren Bestimmungsort gehen sollten, da wir aber dort zu lange Aufenthalt hatten, versäumten wir den Zug, der um ½ 3 Uhr weggeht und so mußten wir nun bis 8 Uhr abends warten, wo wieder ein Zug fährt. Hier habe ich auch erfahren, daß das ganze 14. Korps vom galizischen Kriegsschauplatze abtransportiert wird nach dem italienischen Kriegsschauplatz, da bin ich dann neugierig wie das wird, denn da auch unser Regiment zu dem selben Korps gehört, ist es höchst wahrscheinlich daß auch unser kleiner Transport nach Ankunft in unserem Bestimmungsort wieder zurückgeschickt wird.

In Satoraljaujhely war bis vor kurzem das Etappenkommando, es verkehren hier auch sehr viele Militärzüge. Hui, was kommt dort für ein langer Militärzug, es ist Artillerie, die Batterie 1 von unserem Regiment. Was sollen wir jetzt machen, wir fahren dem Kriegsschauplatz zu und sie weg von ihm auf den italienischen. Da geht unser Vormeister zum Herrn

Regimentsadjutanten, der sich auch bei der Batterie befindet und meldet ihm, daß ein Transport zur Batterie 5 hier sei, erfuhr er nur daß das ganze Regiment nachkomme und wir erhielten Befehl, sogleich mit der Batterie 1 zu fahren und nun geht es also wieder auf eine andere Seite.

Die Nacht hindurch schlief ich wieder recht gut in dem offenen Waggon, vor Satoraljaujhely begegneten uns schon 2 lange Züge mit deutschem Militär, 1 mit unsrigen Soldaten, dann wieder ein deutscher Sanitätszug.

Von Budapest nach Süden

Und nun nach 2 Tagen sind wir wieder in Budapest, in der Stadt, die mir schon beim erstenmal nicht besonders gefallen hat. Sind nun binnen 48 Stunden zum zweitenmal hier. Am rechten Donauufer liegen am Fuße eines Berges einige schöne große Kirchen, eine davon direkt auf dem Gipfel auf dem sich rings altes Festungsgemäuer hinzieht. Eine größere Stadt ist auch Ersekujvar, ein wichtiger Eisenbahnknotenpunkt. Hier hält auch unser Zug wieder einmal ½ Stunde, nachdem wir von Budapest ab zeitweise mit Schnellzugsgeschwindigkeit gefahren sind.

Die Strecke Preßburg – Wien und noch ein Stück darüber hinaus habe ich verschlafen, erst in Wiener Neustadt wurde ich ordentlich wach. Weiter geht es nach Ternitz, das auch sehr hübsch gelegen ist. Schöner ist aber zweifelsohne noch Gloggnitz, das ringsherum von Bergen bekränzt ist und wirklich eine wunderschöne Lage hat. Dann kommt Payerbach – Reichenau. Wahrhaft etwas schöneres als diese Alpenfahrt kann ich mir kaum denken. Wie die Bahn dahinschwebt über Felsen und Viadukte, durch finstere Tunnels, die hunderten von Villen und lieblichen Ortschaften, von denen ich mir einige aufnotiert, nach Reichenau, aber schon auf der anderen Seite des Tales liegt Semmering, zu dem man durch einen Tunnel gelangt. Dann ist Steinhaus, Spital, in Mürzzuschlag ist auch bedeutende Industrie, 2 Kirchen, auch eine kleine Garnison. Dann ist Mitterdorf, Kindberg, Allerheiligen, St. Lorenzen, dann kommt Kapfenberg, ein größerer Markt mit großen Artilleriewerkstätten. Dann Bruck an der Mur, eine kleine Stadt. Ein wunderhübsches Dörflein ist Judenburg, die Kirche liegt auf der Spitze eines kleinen Hügels, um den sich rings die meist kleinen, aber sehr netten Häuser hinziehen. Am schönsten aber ist die kleine Kirche mit 2 schön durchbrochenen Türmen.

Und nun sind wir in Graz, der Hauptstadt des schönen Landes. Von Graz aus durchfahren wir eine große Ebene, die auch mit Dörfern übersät ist. Kalsdorf ist hier der erste Ort. Schloß Weitenegg, die Ortschaft Wildon, und Lebring mit großem Gefangenenlager. Leibnitz, hier sind große Baracken für Flüchtlinge aus dem Kriegsgebiete. Marburg – hier kamen wir um 6 Uhr abends an, es ist eine hübsche Stadt, gegenwärtig liegt hier anläßlich des Österr.-italienischen Krieges sehr viel unsriges Militär.

Am 17.6. um ½ 7 Uhr früh kommen wir nach Laibach, auch hier ist alles voll Militär. Von Laibach geht es weiter vorüber an mehreren kleinen Ortschaften, dann kommt Franzdorf, hier überspannt ein großartiger 400 m langer und 20 m hoher Viadukt das Tal, tief eingezwängt [.?.] dann wieder über kleine Viadukte zieht sich die Bahn hin. [.?.] steigt die Bahn stetig bergauf, dann geht es wieder talab dem schönen Markte Adelsberg zu. Adelsberg hat einen Weltruf wegen der großartigen Höhlen die sich hier befinden, welche ich leider nicht besichtigen konnte. Sonst ist hier eine schrecklich trostlose Gegend. St. Peter i. K. ein kleiner Markt. Die Gegend, die wir jetzt durchfahren, ist eine trostlose Einöde. Stundenlang nichts als Kalksteingeröll und Wacholdergesträuch, kaum in einer Wüste kann es langweiliger sein.

Divaca, Sesana usw. sind kleine Ortschaften respektive Stationen, Opicina eine kleine Stadt eine Stunde von der Adria entfernt, ist wohl eine der wenigen schönen Ortschaften dieses Kronlandes und ein wichtiger Eisenbahnknotenpunkt. Reifenberg Station, hier ist auch ein altes Schloß gleichen Namens hoch am Bergesgipfel, vor hundert Jahren mag's wohl eine uneinnehmbare Festung gewesen sein, von seiner stolzen Größe hat es auch heute noch nichts verloren. Hier begegneten uns auch schon die ersten Vorboten des Kriegsgebietes. Große Scharen an Flüchtlingen, Train, hunderte von Tragtieren begegneten uns oder wir sahen sie von Weitem.

Brzina, hier ist die letzte Station dieser 6 Tage langen Eisenbahnfahrt, sie ist nun zu Ende. Bald werden wir dem tückischen Italiener gegenüberstehen. Von Brzina, wo wir auswaggoniert wurden fuhren wir noch mit den Geschützen weiter, 12 Km weit mußten wir von der Bahn weg, wo wir in Reserve liegen. Hier hört man schon den Donner der Geschütze von dem nicht mehr als ½ Stunde entfernt liegenden Kriegsschauplatze, wenn wir nur auch bald hinkommen würden! Hier traf ich auch ein paar liebe Kameraden, die schon seit langen Monaten im Felde stehen wieder, die Freude des Wiedersehens war auch ganz groß, war's doch ein Wiedersehen fern von der Heimat, da ist's eine große Erleichterung, wenn man gute Freunde bei sich hat.

Sonntag, 20. Juni
Heute haben wir sehr schlechtes Wetter. Nachts ein heftiges Gewitter, das einen schweren Regen zur Folge hatte. Vormittag war dann Kirchgang. Auch eine Abteilung Landwehr mit Musik und viele Offiziere waren im Gotteshaus. Da ich gerade Zeit habe, muß ich eine kurze Skizze entwerfen über die Gegend, in der wir zeitweilig in Reservestellung sind: Von Brzina, wo wir auswaggoniert wurden, fuhren wir ungefähr 15 Km weit westwärts bis zu dem kleinen Dorfe [.?.] wo wir nur einen Tag waren und dann mit unserer mittlerweile nachgekommenen Batterie noch ungefähr ½ Stunde weiter westwärts fuhren, wo wir ein Freilager einrichteten.

Es ist eine recht arme Gegend, in der wir uns befinden, sie trägt wohl schon südliches Gepräge. Man sieht schon reichlich Weinanlagen, auch hie und da Maulbeerbäume, Feigenbäume, aber das ist auch schon ziemlich alles, nur spärliche Maisfelder, die übrigens sehr klein sind, Kartoffeläcker und dürre Wiesen. Das ist der ganze Reichtum der Leute hier und doch sie scheinen mir sehr glücklich und zufrieden. Es ist ein schöner Menschenschlag, lauter Slowenen, die hier ihre Heimat haben. Gegen uns sind sie sehr freundlich und zuvorkommend. Die Frauen und Mädchen in ihrer einfachen und doch so kleidsamen Tracht sind überaus reizend und liebenswürdig. Auffallend war mir gleich, daß hier jedes, auch das kleinste Dorf, sein Kirchlein hat, die Leute scheinen hier sehr religiös zu sein.

Nachmittag heißt es wieder tüchtig zugreifen, wir hatten nämlich die Geschütze auf freiem Feld aufgestellt, da jedoch die Gegend wiederholt von italienischen Fliegern überquert wurde, so mußten wir die Geschütze auf einen der nächsten Hügel, wo niedriges Gesträuch steht, hinaufbringen damit sie den Augen der neugierigen Italiener entzogen waren. Was aber eine sehr schwere Arbeit war, 9 Uhr abends war's, als wir fertig wurden.

21.6.

Montag früh heißt es »auf« und die Geschütze vorschriftsmäßig packen, denn um ½ 10 Uhr ist Inspizierung durch den Armeekommandanten Feldzeugmeister von Boroevic, was bis 11 Uhr dauerte.

Nachmittags mußten wir die Geschütze wieder in Ordnung bringen und nachher hatte ich ein paar Botengänge zu machen und dann verkroch ich mich, um auch eine Zeitlang Ruhe zu haben. Abends schossen unsere Truppen einen italienischen Flieger herunter.

Und nun ist es Abend geworden. Es tut einem wohl gut nach des Tageslasten und der Hitze jetzt eine Weile die kühle Luft zu genießen. Ich gehe allein hinaus auf den Hügel um ungestört meinen Träumereien nachhängen zu können. Drunten in der Ebene, wo die Landwehr einquartiert ist, spielt die Regimentsmusik auf ihren Instrumenten die heimatlichen Weisen, ich höre zu und denke dabei an die teure Heimat, an die fernen Lieben und ob ich sie wohl nochmals wiedersehen werde.

Wie schön wäre es doch wenn wir einst als Sieger in die Heimat zurückkehren könnten, wie groß muß da die Freude sein, wie herrlich das Wiedersehen nach der langen Trennung, nach all dem Leid und den Strapazen, die der Krieg uns gebracht hat.

23.6.

Heute nachmittag hatten wir starkes Gewitter mit schwerem Regen. Abends war plötzlich Alarm, marschbereit machen hieß es, schnell wurde nun alles bereitgemacht. Dann warteten wir Stunde um Stunde auf den Befehl abzufahren, aber als so ein paar Stunden vorüber waren, heißt es wieder Pferde absatteln.

Die Nacht verbrachten wir im Geschützpark unter freiem Himmel, am 24. bezogen wir wieder unsere Quartiere. So geht es hier immer zu, kaum daß man glaubt einen Moment Ruhe zu haben, kommt wieder ein anderer Auftrag und so geht's bis in die Nacht hinein.

25./26./27. 6.

Wir müssen jetzt alle Tage ausrücken, Vormittag von 7-9 Uhr da haben wir Schule im Signalisieren oder Geschützrichtübungen, was uns gewiß nicht schadet, ist es doch für jeden ein Vorteil, wenn er sein Geschütz gut kennt und richten kann, während das Signalisieren für uns fast gar keinen Wert hat. Nachmittags ist eine Stunde Exerzieren, den einen Tag die Bedienung, den anderen die Fahrkanoniere.

Heute den 27. Sonntag, wieder die gleiche Beschäftigung bis Mittags, nachmittags hatten wir einmal Ruhe bis Abends nach Kaffee, dann mußten wir Fassen fahren, 4 Wägen nach dem 1 ½ Stunden weiter rückwärts gelegenen Cernigo [.?.] um 1 Uhr nachts kommen wir nach Hause.

Montag 28. 6.

Heute ist der 1. Jahrestag der Ermordung unseres erlauchten Thronfolgers, deshalb hatten wir Vormittag Ruhe.

Nachmittags war Monturaustausch, denn morgen verlassen wir die hiesige Reservestelle. Wie verlautbart wurde kommen wir nunmehr nach Kärnten. Hoffentlich haben wir dann bald Gelegenheit den schuftigen Italienern einige Schrapnells oder Granaten auf's Fell zu brennen.

Bin schon recht neugierig auf diese 2. Fahrt, die wiederum über einen Tag dauern dürfte, und auch auf das Kärntnerland. Strapazen wird es wohl dort genug geben in den hohen Bergen.

Wir sind heute die ganze Bedienungsmannschaft mit Steigeisen ausgerüstet worden, ein Zeichen, daß wir uns auf das Bergsteigen gefaßt machen können, wirklich recht angenehme Aussichten.

29. Juni, Peter u. Paul-Fest.

Um 4 Uhr nachmittags Abmarsch zur Bahn. 7 Stunden brauchten wir bis wir auf den Bahnhof kamen, bis Hälfte des Weges hatten wir noch günstiges Wetter, dann, als die Hälfte des Weges hinter uns lag, fing es leicht zu regnen an, ein Gewitter war im Anzug.

Endlich, es war schon 10 Uhr nachts, kommen wir in St. Daniel an. Kaum hier angelangt, entlud sich auch schon das Gewitter, ein schwerer Regen prasselte auf uns nieder, vor dem wir uns nur notdürftig schützen konnten.

Nachdem wir stundenlang gewartet hatten, konnten wir endlich mit dem Einwaggonieren beginnen. Als wir damit fertig wurden war's 5 Uhr früh, heller Tag. Nachdem wir noch schwarzen Kaffee getrunken hatten suchten wir unsere Waggons auf. Jeder war todmüde und durchnäßt, froh, endlich Ruhe zu finden.

30.6. Mittwoch.

Wir fahren nun wieder auf der Südbahn, die besonders bis St. Daniel höchst romantisch ist, hoch droben in den Bergen läuft, großartig, eine der ältesten Bahnen Europas. Vor St. Daniel läuft sie durch einen langen Tunnel, an dessen Ausgang sich der Bahnhof befindet. Auf dem Berge aber, durch den sich der Tunnel zieht, liegt der Markt St. Daniel, auf Slowenisch Stanjel, ein hübsches Nest wohl über 1000 m hoch gelegen. Gegenwärtig fährt hier sehr viel Militär. Jetzt befinden sich auch zahlreiche Etappentruppen und eine große Feldbäckerei hier. In St. Peter bekommen wir unsere Mittagsmenage und weiter ging's bis Laibach.

Nach kurzem Aufenthalt fuhren wir wieder weiter jedoch in anderer Richtung, so kommen wir gegen Abend nach Krainburg, eine kleine, jedoch sehr schöne Stadt. Kurz vor Krainburg hört das Terrain auf eben zu sein, erst sind nur Hügel, die allmählich im Hintergrunde zu hohen Bergen anwachsen.

Nun wurde es schon dunkel, man konnte die Gegend, die wir durchfuhren nicht mehr gut sehen und so legte ich mich zur Ruhe. Soviel ich weiß, passierten wir nachts das Städtchen Tarvis, um 3 Uhr früh heißt es Tagwache, auf! Auswaggonieren, wir sind in Arnoldstein.

5 Uhr war's, fahren wir mit den Geschützen noch eine Stunde weit, wo dann schon unsere Quartiere sind. Hoch droben im Gebirge. Hohenturn heißt das Nest, doch hier wohnt sich's ganz gut, denn hier bekommt man doch soweit alles zu kaufen, da gibt's Butter und versch. Sorten Käse und auch sonstige kleine Bedarfsartikel kann man sich hier verschaffen. Die Bevölkerung ist auch hier zum größten Teil slowenisch.

Das ganze Gebiet hier heißt das Gailtal, es liegt schon hoch, ziemlich hoch, etwa 900 – 1000 m. Ringsum ist es eingesäumt von hohen Bergen, auf vielen liegt noch Schnee. Sie bieten einen großartigen Anblick mit ihren Felswänden, Schluchten und den eisgekrönten Gipfeln.

w

Juli 1915

1.7. Donnerstag.

Nachdem wir in dem Dorf angekommen, heißt es erst Quartiere für uns und die Pferde suchen und zurecht machen. Dann mußten die Geschütze maskiert werden, um den italienischen Fliegern verborgen zu sein.

Nachmittags und auch Freitag den 2. hatten wir Rast. Abends war Befehlsausgabe, der dann ein gewaltiges Donnerwetter durch den Herrn

Hauptmann folgte. Diese 2 Tage war uns nämlich der Gasthausbesuch gestattet, aber einige liederliche Trunkenbolde mißbrauchten natürlich diese Erlaubnis indem sie sich betranken. Die Folgen ließen nicht auf sich warten, wir mußten sie alle spüren. Der Hauptmann verbot aufs strengste den Besuch der Gastwirtschaft, da auch einige ihre Pferde etwas vernachlässigt hatten, über diese war der Hauptmann besonders böse. Die Pferde geh'n ihm über alles. Er sagte unter anderem, die Pferde seien ihm mehr wert als wir, das war wohl doch etwas zu viel gesagt.

Es ärgerte mich auch gewaltig. Denn bis jetzt habe ich doch immer geglaubt, daß der Mensch wohl doch mehr Wert habe als das unvernünftige Tier, denn ohne Mannschaft läßt sich wohl kein Krieg führen, doch leider scheinen nicht alle Leute meiner Ansicht zu sein, wenigstens unser Hauptmann nicht.

Sonntag 4.7.
Heute war Kirchgang, nachmittags mußten wir um Laub fahren zu Pferdestreu, hätte nicht gedacht, daß ich in Kärnten einmal Laub rechen müßte.

Dienstag 6.7.
Heute konnten wir 6 Mann einem Bauern Gras mähen helfen, das war uns ein Vergnügen, der gute Mann gab uns gute und kräftige Speisen, Branntwein und Most, abends Bier und jedem eine Krone, da war ein jeder von uns zufrieden. Ein großer Teil der Mannschaft geht alle Tage mit den Bauern zur Heumahd.

Freitag 9.7.
Heute war ich vormittags beim Bürgermeister auf der Heumahd. Nachmittags auf Wache. Heute hatten wir auch ein heftiges Gewitter mit schwerem Regen, doch war's nur von kurzer Dauer.

Montag 12.7.
Abmarsch von Hohenturn nach dem 7 km weiter südlich gelegenen Markt Windisch Feistritz im Gailtal. Erst war uns leid, daß wir Hohenturn verlassen mußten, da wir uns dort sehr hübsch eingerichtet hatten. Aber hier in Feistritz haben wir wieder sehr schöne Quartiere, gewölbte Ställe, selbst fließendes Wasser darin. Feistritz ist ein großes Bauerndorf.

Die Bevölkerung ist durchwegs windisch und uns Deutschen nicht besonders freundlich gesinnt.

Mittwoch 14.7.

Von gestern auf heute mittags hatte ich Wache. Nachmittags zog ein heftiges Gewitter über die Gegend. Ich verkroch mich, da ich die Nacht hindurch ohnehin fast nichts geschlafen hatte, ins Heu und schlief da bis gegen 6 Uhr. Als ich aufstand hieß es Bedienung antreten, da wurde nun verlautbart, daß 5 Mann an Marinegeschützen ausgebildet werden. Zu diesen 5 Mann komme auch ich. Sofort packen wir unsere wenigen Habseligkeiten zusammen und fahren mit einem Wagen auf den nächsten Bahnhof nach Dobratsch. Von hier ging's mit der Bahn fort. Arnoldstein-Fürnitz-Villach. Hier übernachteten wir im Wartesaal 3. Kl.

Donnerstag 15.7.

Als wir am Morgen erwachen, begrüßt uns schon die Sonne mit ihren glänzenden Strahlen, es scheint ein schöner Tag zu werden. Den halben Vormittag stehen wir so herum. In die Stadt können wir nicht gehen, da wir keine Legitimationen besitzen. Um 10 Uhr marschieren wir dann von Villach weg nach St. Magdalena in die Geschütz-Reparaturwerkstätte. Nachmittags haben wir schon Schule bei unserem neuen Geschütz, einer Schiffskanone 47mm. Wir hatten uns gefreut, daß wir wohl in irgendeine Küstenstadt kommen würden, und hier wurde uns mitgeteilt, daß wir erst einige Tage eine kurze Ausbildung machen sollten und dann mit diesen Geschützen hoch hinauf ins Gebirge kommen sollten.

Freitag 16.7.

Heute vormittags Schießübungen mit unseren Marinegeschützen, demselben wohnte auch eine Anzahl Offiziere bei. Nachmittags hatten wir Ruhe bis 4 Uhr. Dann kurze Zeit Schule. Abends nachdem wir Kaffee getrunken, unterhielten wir uns ein paar im Gasthaus bei Zitherspiel und Gesang.

Sonntag 18.7.

Heute vormittag haben wir wieder Regen, doch mittags kommt die Sonne zum Durchbruch, es ist ein schöner Nachmittag. Heute haben auch wir einmal einen Ruhetag, aber es ist langweilig ohne Beschäftigung, fast bekam ich Heimweh.

Freitag 23.7.
Heute ist Abmarsch von St. Magdalena um 11 Uhr nachts. Wir fahren bis Villach, wo der Zug die ganze Nacht steht. 6 Uhr früh geht's wieder weiter, in einer Stunde waren wir in Spittal am Millstättersee, ein sehr schöner Kurort. Hier ist eine halbe Stunde Aufenthalt. Gegen 9 Uhr vormittags bis 12 Uhr mittags war alles auswaggoniert, die Geschütze zerlegt und alles auf Trainwagen verladen. Und nun geht's weiter unserem Bestimmungsort zu, vorerst haben wir noch einen Tag Aufenthalt in Kötschach, von wo wir am 26.7. um 4 Uhr früh abmarschierten.

Kötschach 1910

Mithin begann auch die schwere Arbeit, das Hinaufbringen der Geschütze und der ganzen Bagage in eine Höhe von 2500 m. Gewiß keine Kleinigkeit. 100 Mann der Arbeitsmannschaft auf dem nahen Plöcken mußten uns dabei helfen, allein wir 20 Mann hätten wohl nichts hinaufgebracht.

31.7. Samstag.
Heute griffen wir mit unseren Geschützen zum erstenmal in den Kampf

ein, der übrigens nur Geschützkampf war. Wir feuerten um die 100 Schuß auf die italienischen Stellungen ab. Dadurch wurde natürlich auch der Feind aufmerksam und er sandte uns ebenfalls seine Grüße herüber, überaus schwere Kaliber, ohne aber den geringsten Erfolg zu erzielen. Ein Mann von uns wurde durch einen Steinsplitter getroffen, macht aber Dienst.

August 1915

Mittwoch 4.8.
Heute wurden wir von den Italienern heftig beschossen. Eine Granate schlug in die Geschützdeckung ein, riß ein Stück davon ab. Die Beschießung dauerte so bis 10 Uhr vormittags, dann war Ruhe bis gegen Abend. Da wurden wir wiederum kurze Zeit heftig beschossen. Auch da schlug eine Granate knapp zwischen Geschütz und Unterstandshütte ein. Eine verschüttet das Geschütz und wirft 2 mit Munition gefüllte Verschläge die hohe steinige Böschung hinunter, zum Glück explodierte jedoch keines der Geschoße.

Heute Abend kam auch eine kleine Abteilung Sappeure zu uns, um für das 2. Geschütz, das noch nicht in Stellung ist, eine solche auszuarbeiten, was wir selbst nicht tun konnten, da hiezu der Felsen abgesprengt und die Deckung herausgehauen werden muß.

5.8. und 6.8.
Nichts Besonderes, der Feind läßt uns in Ruhe. Wir reparieren die schwer beschädigte Deckung.

7.8.
Vormittags wieder heftiges Geschützfeuer, wieder traf eine Granate in die Deckung und zertrümmerte diese vollständig. Auch das Geschütz wird beschädigt. Von der Werkzeugkiste, die sich beim Geschütz befand, ist nicht ein Stück mehr zu finden.

Nachmittags mußte ich die Munition abzählen, die teilweise noch auf dem Weg hier herauf zerstreut steht. Alsdann ging ich, da es ja nicht mehr weit war, nach Mauthen, kaufte mir da einen Laib Hausbrot und ein ¼ Kilo Butter, das gibt ein paarmal eine herrliche Jause.

Mauthen im Gailtal.

8.8. Sonntag
Heute Nachmittags bekam ich endlich auch wieder eine Post von daheim, auch ein paar Pakete mit Wäsche, die ich schon gut brauchen kann.

9.8.
Der heutige Tag wird mir wohl immer in Erinnerung bleiben. Wir sollten nachmittags Rasen abstechen, um die Deckung, die durch eine feindliche Granate zerstört war, wieder in Stand zu setzen. Hiebei ereignete sich ein schreckliches Unglück.

Während unser 7 - 8 Mann an der Arbeit waren, setzten sich neben uns am Wege ein Vormeister und der Sanitätsgefreite hin und unterhielten sich. Währenddem nahm der Vormeister eines unserer Geschoße in die Hand, dann der Gefreite und hatte er damit gespielt oder was wahrscheinlicher ist, leicht darauf geklopft? Plötzlich gab's einen Knall, das Geschoß war explodiert und der Gefreite lag tot am Boden. Die Ladung war ihm durch's rechte Auge ins Gehirn gedrungen. Der Vormeister erlitt Verletzungen am Halse und mußte ins Spital. Wir legten nun den Toten auf eine Bahre und begruben ihn dann auf einem kleinen Hügel.

Ein schlichtes Holzkreuz mit seinem Namen setzten wir auf's Grab. Es ist der erste Tote, den ich seit ich im Feld bin, gesehen habe. Die tragische Art, wie er sein junges Leben lassen mußte, hat auch einen tiefen Eindruck auf mich gemacht.

12.8. *Donnerstag*

Heute früh kam ein Bote mit einem Schreiben bezüglich des gefallenen Sanitätsgefreiten, derselbe sollte nämlich einen Geldbetrag von 180 K und eine goldene Uhr samt Kette bei sich tragen. Wir hatten, als wir ihn nach seinem Tode untersuchten, nur einen Betrag von 30 K 20 h gefunden. Da blieb also nichts anderes zu tun als die Leiche wieder auszugraben und nochmals zu untersuchen, was wir dann auch taten, aber ohne das geringste zu finden. Die Leiche, die schon in Verwesung überging, war ganz steif wie ein Stück Holz. Und ganz rot, schrecklich anzusehen war das Gesicht, in dem man kaum mehr die menschlichen Züge erkannte.

13.8.

Heute den ganzen Tag schwerer Regen. Zeitvertreib mit Kartenspiel. Gegen Abend ließ der Regen nach. Dann mußten wir von der Schrockebieralm Zement heraufbringen, jeder Mann 50 kg Als wir damit fertig waren, mußten wir noch bis 10 Uhr nachts arbeiten, um das 2. Geschütz, das bisher in Reserve gestanden, in Stellung zu bringen.

14.,15.,16. 8.

Hatten wir deshalb viele und schwere Arbeit, am 16. war's vollendet.

18.8.

Am Geburtstag seiner Majestät unseres obersten Kriegsherrn mußten wir bei Tag wieder tüchtig zugreifen. Mittags verlas der Oberleutnant einen Armeebefehl des Oberkommandanten Erzherzog Friedrich, welchem er dann noch eine kurze Ansprache beifügte. Am Abend bekamen wir dann außer der gewöhnlichen Portion Wein auch noch Bier und Liebesgaben ausgeteilt. Bei Gesang und Zitherspiel verbrachten wir einen vergnügten Abend, selbst die Offiziere setzten sich an unseren Tisch und so feierten wir gemeinsam, Offiziere und Mannschaft das hohe Fest, den 86. Geburtstag unseres geliebten Kaisers.

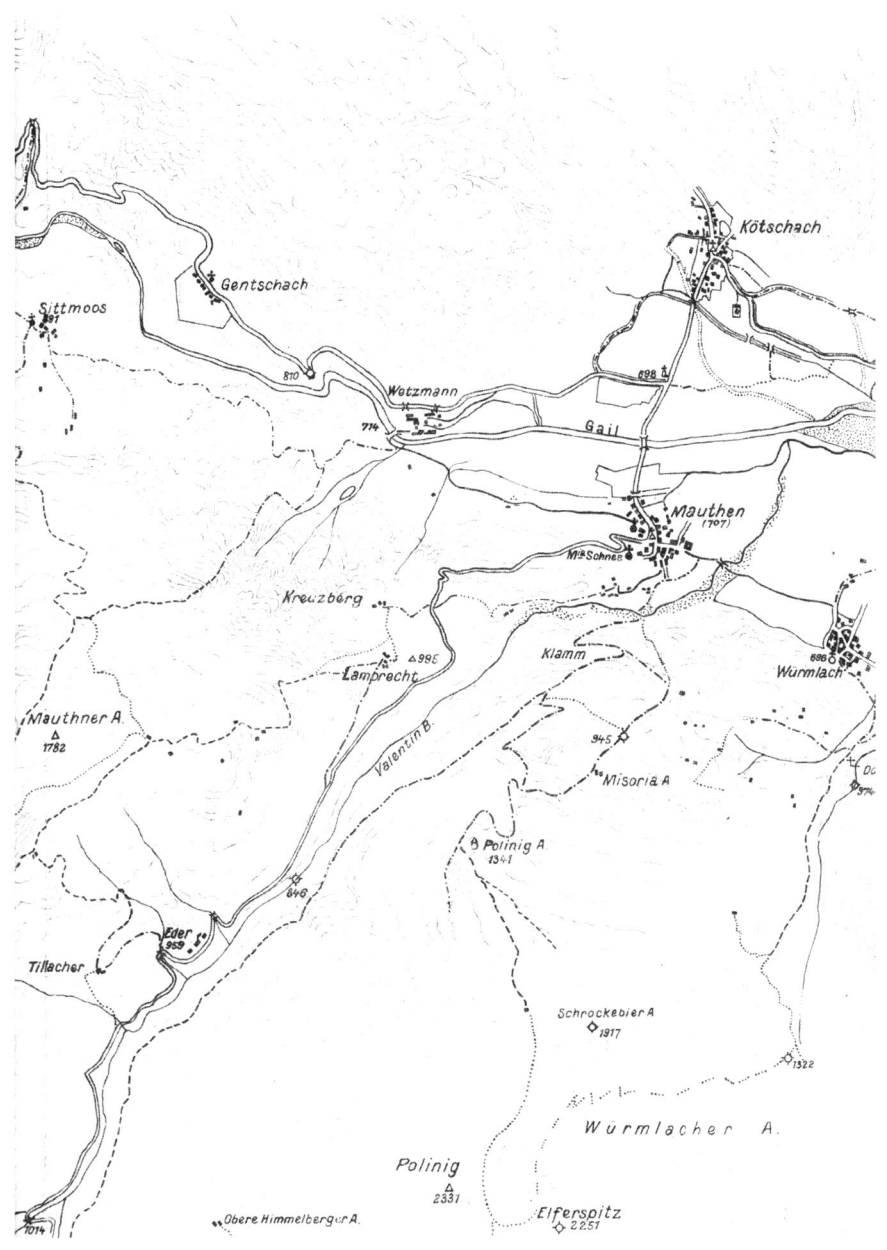

Kötschach

Gentschach

Sittmoos
891

810

Wetzmann

714

698

Gail

Mauthen
(707)

Mt.ª Schnee

Kreuzberg

△995

Lamprecht

Klamm

Valentin B.

686
Würmlach

Mauthner A.
△
1782

945

Misoria A.

Do
974

848

Polinig A
1341

Eder
959

Tillacher

Schrockebier A.
◇ 1917

1322

Würmlacher A.

Polinig
△
2331

Obere Himmelberger A.

Elferspitz
◇ 2251

1014

24.8. Dienstag

Heute Abend kamen 3 Offiziere, Hauptmann Kaufmann und 2 Leutnants zweier in der Nähe stehenden Batterien auf Besuch zu unserem Herrn Oberleutnant, auch ein paar Spielleute mit Gitarren, Geige und Zithermusik kamen mit, das waren wiederum fröhliche Stunden, die wir verbrachten. Es war 3 Uhr früh, als wir unsere Pritschen aufsuchten, jeder in guter Weinlaune.

27.8.

War in Kötschach, Einkäufe zu machen.

28.8.

Wir müssen jetzt Holz fällen für den Winter. Das ist ziemlich harte Arbeit, da das Holz von den Felsen heruntergebracht werden muß.

September 1915

7. und 8.9.

Konnten wir auch wieder in den Kampf eingreifen. Am 7. war unser Herr Oberleutnant in Kötschach beim Kommando, hatte ein paar Tage einen kranken Fuß, war überhaupt längere Zeit immer unwohl. Vor ein paar Tagen hatten wir auch schon starken Schneefall, jetzt haben wir schon 3 Tage warmes Wetter.

Vor ein paar Tagen kamen 15 Mann der Arbeitsabteilung zu uns. Es wird noch eine Hütte gebaut zur Wohnung für den Sanitätskadetten, der über den Winter zu uns kommt. Auch ein Marodenzimmer wird in der neuen Hütte eingerichtet.

10.9.

Wurden von den Italienern auf's heftigste beschossen. Eine Granate schlug dicht neben unserem Geschütz ein, ohne jedoch Schaden zu verursachen. Abends bekam ich Briefe von den Eltern.

11.9.

Sehr kalter Morgen, dem ein warmer Tag folgt. Wir müssen wieder Holz fällen. 2 Mann sind krank.

Um 4 Uhr gingen wir wieder in unsere Quartiere. Als ich hinauf kam, kam gerade der Befehl »Feuerbereit«, die anderen gingen an ihre Posten bei den Geschützen. Ich wollte früher meine Mittagssuppe essen, als ich damit fertig war, wollte ich auch hinauf gehen.

Schon zuvor hatten einige feindliche Granaten in der Nähe eingeschlagen, gerade als ich bei der Tür hinausging erfolgte wieder eine Explosion, deren Heftigkeit ich sofort anmerkte, daß es bei einem der Geschütze war. Einige Schritte machte ich, als ich schon unseren Oberleutnant heruntereilen sah. Er rief um Sanität, es war wirklich ein Volltreffer gewesen. Das Geschoß war durch die Decke des Unterstandes gegangen und dann explodiert.

Dem Vormeister Loser war ein Sprengstück in die Brust gedrungen, Vormeister Dunzendorfer eines in den Oberschenkel. Korpl. Stockinger erlitt Verletzungen an der rechten Seite vom Fuß bis zum Kopf. Stockinger und Loser haben auch Brandwunden. Vormeister Loser war in einer halben Stunde eine Leiche.

Die beiden anderen werden notdürftig verbunden und als es finster geworden, transportierten wir sie auf Tragbahren hinunter nach Mauthen ins Spital.

K.u.k. Mob. Reservespital in Mauthen

Dieser Transport in stockfinsterer Nacht auf steilen, steinigen Wegen, die eigentlich kaum solche zu nennen sind, war ungemein schwierig und eine schreckliche Strapaze für uns. Es war 12 Uhr nachts, als wir todmüde in einem Heustadel uns zur Ruhe legten, ohne Mantel, ohne Decke, weshalb wir vor Kälte nicht schlafen konnten.

Polinik von Süden

12.9. Sonntag
Gingen wieder langsam auf den Polinik hinauf. Tutscher, der ein Tischler ist, machte einen Sarg für den toten Loser, wir schaufelten ein Grab aus und abends, als es schon dunkler wurde, legten wir unseren verblichenen Kameraden in seine letzte Ruhestätte. Der Herr Oberleutnant hielt eine kurze Ansprache, darauf ein stilles Gebet. Dann schaufelten wir rasch das Grab zu, dann in unseren Unterstand zur Ruhe, denn müde waren wir alle.

13.9. Montag
Ging einmal noch zum Grabe hinunter, um die Erde daselbst schön aufzuhäufen. Sodann umkleidete ich den Grabhügel mit grünem Rasen und oben drauf ein Kreuz aus weißem Kalkstein und das Heldengrab war fertig.

Nun haben wir schon zwei, die hier heroben am kalten Polinik der Auferstehung entgegen harren und vom Weltgericht gewiß auch ihren verdienten Lohn erhalten werden, so wie die, die diesen Krieg heraufbeschworen haben, dieses schreckliche Blutvergießen verschuldet haben, die schuld daran sind, daß so viele tausende wackerer Männer und Jünglinge ihr kostbares Leben lassen müssen. Wenn alles Blut, das jetzt vergossen wird, unschuldig vergossen, alle Tränen der unzähligen Witwen und Waisen, die Seufzer und der Jammer der Verwundeten, die tausende von Krüppeln, all die Flüche und Verwünschungen und der Jammer derer, die durch den Krieg um ihr Hab und Gut gekommen und so an den Bettelstab gebracht worden sind, auf die Kriegsanstifter fällt, dann wird ihr Los in der Ewigkeit sicher kein beneidenswertes sein.

14.9. Dienstag
Heute wurden die Italiener von uns auf der ganzen Front angegriffen und zwar mit Erfolg. Um 5 Uhr früh schon begann heftiges Artilleriefeuer.

Wir feuerten ebenfalls mit unseren Geschützen bis 1 Uhr nachmittags, mehr als 200 Granaten sandten wir dem Katzelmacher hinüber. Aber nachmittags beschoß er uns so heftig, daß wir das Feuer einstellen mußten, weiters hatte die Beschießung keinen Erfolg.

15.9. Mittwoch
Ruhe in unserem Abschnitt.

18.9. Samstag
Heute bekam ich ein größeres Paket mit Wäsche, Speck, Zigarren und dergleichen.

Abends gaben wir 2 Schuß auf den Kl. Pal ab. Alsdann machte ich mich mit noch einem Kameraden auf den Weg zur »Bombe« [Deckname eines Höhenmagazins der Artilleriegruppe Polinik], wir brachten dem Herrn Oblt. Lensch und Herrn Major Marner die beiden Patronenhülsen, da sie jeder eine verlangt hatten. Für diesen Gang erhielten wir von unserem Hrn. Oblt. je 1 K und 2 K von Hrn. Oblt. Lensch und eine Handvoll Memphiszigaretten.

20.9. Montag
Heute erhielt ich wieder ein Paket mit Kuchen und warmer Wäsche von den Eltern. Wir arbeiten bis spät am Abend, um die letzte Hütte fertig zu bringen.

21.9. Dienstag
Um 5 Uhr früh Feuerbereitschaft. Abends gaben wir einige Schuß ab.

22.9.
Heute erhielten 3 Mann die kleine Silberne. Vom Thronfolger selbst, der nach Laas zur Inspizierung gekommen war, wurden sie dekoriert.

23.9.
5 Uhr früh Feuereröffnung auf die italienischen Stellungen. ½ 8 Uhr Feuer einstellen.

24.9.
Nichts Neues

25.9.
5 Uhr früh Feuereröffnung auf die fdl. Stellungen. 6 Uhr Feuereinstellen. Den ganzen Tag Regen. Habe heute Wache. Pretzl und Rebstock verließen uns heute auf einige Wochen, um einen Skifahrer-Kurs mitzumachen.

27.9. Montag
Heute verließ Hauptmann Kaufmann seinen Beobachtungsstand. Er wird von einer anderen Batterie abgelöst. Habe heute schon wieder Wache.

Heute mußte auch die Mannschaft der [.?.] zu uns herüberwandern, nun ist die Hütte gedrückt voll. Die andere nun leerstehende Hütte wird als Magazin verwendet.

28.9. und 29.9.
Nichts Neues, Wetter andauernd schlecht. Wir haben schon ziemlich viel Schnee und noch schneit es immerfort.

30.9.
Das gleiche Wetter. Bekam heute ein Paket mit Zigarren.

Oktober 1915

1.10.
Dieses Monat fängt gut an. Erhielt heute vom Herrn Oberleutnant die Erlaubnis, mit noch einem Kameraden und unserem Rechnungsunteroffizier nach Klagenfurt zu fahren, was für uns doch eine sehr angenehme Abwechslung ist. Wir gehen heute bis Würmlach [östlich von Mauthen] und übernachten dort.

2.10. Samstag in Würmlach
Hier regnet es schwer, auf den Bergen schneit es noch immer.

Mittags fahren wir mit Wagen bis Oberdrauburg und dann mit der Bahn weiter. Um 1 Uhr sind wir in Oberdrauburg, nehmen hier ein karges Mittagsmahl ein, Ordentliches kann man in dem kleinen Nest nichts bekommen.

Alsdann suchten wir unseren verwundeten Kameraden Dunzendorfer auf, der sich noch immer hier im Spital befindet, da er noch nicht transportfähig ist.

Um ½ 3 Uhr geht der Zug, wir fahren bis Spittal, wo wir erst einige Aufträge erledigen und dann suchten wir Korp. Stockinger auf, der hier im Spital ist, nehmen in einem Gasthaus ein Nachtessen und nun sitzen wir in der Restauration und warten auf den Zug, der uns um 9 ½ Uhr weiterbefördern soll. Um 10 Uhr in Villach, übernachten in einem Hotel.

3.10. Sonntag
Mittags sind wir in Klagenfurt, nehmen uns hier ein Zimmer, dann ein Mittagessen. Da die Läden heute gesperrt sind, so gehe ich nachmittags ins Kino. Abends auch wieder, dann ein paar Glas Bier in einem Gasthaus und dann schlafen.

4.10.
Vormittag von einem Kaufladen in den anderen, nachmittags Ruhe und Abends wieder ins Kino.

5.10.
Vormittags wieder einkaufen, nachmittags verpacke ich Kohlebriketts in Kisten, gehe abends zeitig ins Bett. Zinsler läuft fast die ganze Zeit mit einer gemeinen Dirne, die übrigens ganz gut zu ihm paßt, da er ihr an Gemeinheit um nichts nachsteht.

6.10. Mittwoch
Heute bringen wir unsere Sachen zur Bahn, den ganzen Tag viel Arbeit.

7.10.
Früh fahren wir wieder weg von Klagenfurt, das mir nicht besonders ge-

fallen hat, alles riesig teuer. Freudig habe ich meine Stellung verlassen um nach Klagenfurt zu fahren, aber ebenso freudig gehe ich wieder hinauf.

8.10.

Freitag. Mittags begann ich den Aufstieg in unsere Stellung. Freudig war das Wiedersehn mit den Kameraden.

9.10.

Heute war um ½ 8 Uhr früh Feuerbereit, doch konnten wir des vielen Nebels wegen erst nach 10 Uhr einige Schuß abgeben. Dann entzog dichter Nebel die feindlichen Stellungen wieder unseren Blicken.

10.10.

Wieder den ganzen Tag beim Geschütz, unterhielten ein langsames Feuer auf die feindl. Stellungen.

11.10.

Wieder Geschützfeuer auf die feindl. Stellungen. Wir werden sehr heftig beschossen. Ein Volltreffer in das erste Geschütz. Nur stark beschmutzt, sonst unbeschädigt. Ich kann von Glück sagen, an diesem Tag heil davongekommen zu sein, denn kaum eine Minute bevor wir den Volltreffer hatten, war ich noch mit Korpl. Mitterbauer beim Geschütz, gaben einen Schuß ab und gingen wieder in die Felsenkaverne. Kaum unter Dach, war auch schon das feindliche Geschoß da, hätten wir noch einen zweiten Schuß abgegeben oder sonst einen Augenblick länger verweilt, so wären vielleicht beide tot oder doch schwer verwundet worden. Aber es hat nicht sollen sein, mein Leben steht in Gottes Hand, ohne dessen Willen uns kein Haar gekrümmt wird.

12.10.

Wieder um 6 Uhr früh Feuerbereit. Konnten wegen eintretenden Nebels nur einige Schuß abgeben.

13.10.

Vormittags kommt ein Munitionstransport, nachmittags Regen, abends fängt es wieder an zu schneien.

14.10.
Sehr schlechtes Wetter. Wind und Schneefall. Liege fast den ganzen Tag auf der Pritsche.

15.10.
Wieder das gleiche Hundewetter. Da heute viele Tragtiere heraufkommen sollten, mußten wir den Weg, der stellenweise mit meterhohem Schnee verweht war, ausschaufeln, damit die Tragtiere heraufkonnten.

16. und 17.10.
Heute schönes Wetter, aber kalt

18.10.
Vormeister Gintner, der am 9. ins Spital nach Mauthen ging, kommt zu uns zurück.

19.10.
Neblig, sehr kalt. Wir sprengen einen Felsen, um Platz zu gewinnen für eine Hütte, die uns zur Aufbewahrung von Gefrierfleisch dienen soll.

20.10.
Gleiches Wetter und Beschäftigung.

21.10.
Detto. Nachmittags beschossen wir die feindl. Stellungen am Kl. Pal.

22.10.
Viel Arbeit den ganzen Tag. Nachmittags kurzer Artilleriekampf.

23.10. Samstag
Große Kälte. Um 11 Uhr geben wir drei Schüsse ab auf den Feind.

24.10. Sonntag
Nachmittags wieder einige Schüsse auf den Feind, die wollen nun Offensive machen, werden sich die Schädel wieder blutig anrennen, die Hunde. Abends wieder ein Volltreffer in unsere Deckung, das ist nun schon der Sechste.

25.10.-27.10.
Kalt.

November 1915

1.11. Fest Allerheiligen
Seit 2 Tagen schneit es ununterbrochen. Der Schnee liegt bald meterhoch. Heute früh zierten wir Losers Grab mit einem Kranz aus Tannenreisig, eine brennende Kerze dazu. Denn die toten Helden soll man ehren. Im Leben waren wir erbitterte Feinde gewesen, doch der Tod löst alles auf.

2.11. Allerseelen
Schnee schaufeln den ganzen Vormittag. Gintner geht auf Urlaub. Maruda wird Korporal, Tutscher Vormeister.

4.11.
Den ganzen Tag Schneeschaufeln, bin heute schon ganz kaputt infolge der Strapazen, die wir jetzt durchzumachen haben. Leda geht auf Urlaub.

Munitionstransport

5.11.
Immer ärger werden die Strapazen. Da die Tragpferde infolge des vielen Schnees nicht mehr heraufkönnen, so müssen wir die Fassung auf unseren Rücken herauftragen. Stellenweise muß man auf allen Vieren klettern, um auf dem steilen Gelände, das noch dazu mit zwei Meter Schnee bedeckt ist, fortkommen zu können. So kann's nicht lange weitergehen, das hält kein Mensch aus.

7.11.
Heute machen wir wieder einmal Feuerüberfall auf den Feind.

8.11.
Das Wetter hat sich wieder gebessert. Hoffentlich bleibt es noch einige Tage so, dann wären uns viele Mühen erspart.

9.11.
Einige Schuß auf den Gegner.

11.11.-12.11.
Starke Schneestürme.

13.11.
Den ganzen Tag Schneeschaufeln. Sehr starker Regen. Abends sind wir völlig durchnäßt.

14.11.
Vormittags mußten wir die Verpflegung heraufschleppen, nachmittags Geschütze ausschaufeln, die gänzlich mit Schnee verweht waren.

15.11. Nachmittags
Herr Oblt. sagt mir, ich könne nach Würmlach gehen und hier in der Kanzlei bleiben, da in der letzten Zeit meine Füße wieder schlechter wurden und ich die Kälte und Strapazen oben ohnehin nicht mehr lange aushalten könnte.
Zum Abschied reicht mir der Herr Oblt. in liebenswürdigster Weise noch die Hand und macht mir die Eröffnung, daß er mich zu einer Auszeichnung eingegeben habe und dieselbe in vielleicht zwei Wochen einlangen dürfte, dann werde ich auch Urlaub bekommen, so hat er mir versprochen.

16.11.
Nun bin ich hier in Würmlach, der Anfang wäre nicht schlecht, es geht mir gut.

18.11. Donnerstag
Heute gab es wieder schreckliches Unglück. 10 Uhr vormittag sollte mit unseren Geschützen ein neues Ziel beschossen werden. Zugsführer Gerhard kniete beim Geschütz und sucht mit dem Fernrohr die feindl. Stellungen. Durch irgendeine unvorsichtige Bewegung (die Geschütze sind stets geladen) ging ein Schuß los, es ging der Verschluß auf und die Ladung ging rückwärts dem Zugsführer ins Gesicht und Brust. Ein Auge verloren, das andere schwer verletzt, das ganze Gesicht schrecklich entstellt, so trug man den Unglücklichen herunter, noch heute wurde er zum Feuerwerker befördert.

19.11.
Heute war ich in Mauthen bei der Impfung

20.11.
Gintner kommt vom Urlaub.

21.11. Sonntag
Stockinger kommt vom Urlaub, am Abend Leda, der ebenfalls auf Urlaub war. Er bringt die Nachricht, daß Zugsf. Gerhard im Feldspital Oberdrauburg an seinen Verletzungen gestorben ist.

22.11.
Damhart geht zum zweiten Mal auf Urlaub. Goldberg und Stockinger fahren nachmittags nach Kötschach, am Abend kommen beide total betrunken heim.

23.11.
Am Abend auf einmal starkes Sausen, dem gleich darauf eine heftige Explosion folgt. Die Italiener hatten einen Schuß aus ihren 22 cm Mörsern abgefeuert, der Schuß ging ganz in der Nähe von Mauthen in den Wald. Es folgen noch 3 Schuß, der letzte um 10 Uhr abends.

24.-26.11.
Bretmeister rückt vom Urlaub ein.

27.11.
Zoller und Katejecek gehen auf Skikurs. Zoller, der erst ein paar Wochen im Feld ist und von den Strapazen des Krieges überhaupt noch nichts gesehen hat, trinkt sich vorher einen Rausch an und benimmt sich dann wie ein Verrückter. Entpuppt sich als ein rechter Feigling. Er weint und schreit wie ein Kind, als ob er wirklich in den Tod ginge. So treibt er es bis Mauthen, wohin ich die beiden begleite.

30.11.
Kommen die beiden wieder zurück, zum Skikurs untauglich!!! Unser Oblt. kommt heute von der Stellung herunter, geht morgen auf Urlaub.

Dezember 1915

1.12.
Abends großer Fackelzug mit Musik. Ganz unverhofft treffe ich in Mauthen 2 Bekannte aus der Heimat. Den Abend verbringen wir gemütlich zusammen im Gasthaus bei ein paar Glas Bier.

8.12.
Heute ist Inspizierung durch Herrn Oblt. Lensch.

19.12.
Herr Oblt. trifft vom Urlaub ein und bleibt in Mauthen. Spät am Abend noch ein Verbrechen: es ist 9 ¼ Uhr abends, ich sitze beim Tisch und lese, Stockinger schreibt. Plötzlich fällt ein Schuß, dessen Ursache wir uns wohl nicht erklären konnten, aber wir dachten nicht lang darüber nach. Stockinger geht dann schlafen, mir war es noch zu früh, wollte noch lesen.

Da – etwa fünf Minuten, nachdem Stockinger gegangen ist, geht die Tür auf und herein tritt ein Tragtierführer, barfuß, nur mit Hemd und Unterhose bekleidet. Schon seine Miene verriet nichts Gutes. Er ruft gleich:»Wo ist Pane [Herr] Korporal und Bereitschaft?« Sagt er mir, ein Vorm. und ein Kan. immer trinken, spielen, saufen, dann streiten, Vormeister tot. Ich wußte nun genug, alarmierte die Leute, eine Patrouille verhaftete den Mörder, brachte ihn hierher in die Kanzlei. Hier fesselt ihm Ltn. Kunschak selbst die Hände auf dem Rücken. Ein Verhör des Übeltäters hat keinen Erfolg. Der Mann war zu aufgeregt. Der Rausch, in welchem er die unselige Tat verübt, war einer furchtbaren Ernüchterung gewichen, aus seinen verstörten Zügen spricht schon die Reue über seine Untat, aber auch zu spät. Herr Oblt. Schmid und ein Arzt werden telephonisch aus Mauthen herbeigerufen. Bei dem Vormeister konnte nur mehr der Tod konstatiert werden, die Leiche wird auf einen Wagen gelegt und in die Sanitätsanstalt Mauthen gebracht. Der Mörder wird in sichere Haft gesetzt.

Hierauf fahren die Herrn wieder nach Mauthen zurück. 2 Uhr war's, als ich endlich mein Lager aufsuchte. Hatte einen sehr unruhigen Schlaf, war wohl stark aufgeregt.

20.12.
Zugsf. Goldberg kommt vom Urlaub. Nachmittags kommt Oblt. Schmid mit einigen Offizieren. Sie nehmen einen Lokalaugenschein sowie ein Verhör des Mörders vor. Dabei stellt sich heraus, daß der Tat ein heftiger Streit zwischen den beiden vorausgegangen war, in dessen Verlauf der Vorm. dem Kan. einen Schlag versetzte, worauf der Kan. das Bajonett zog. Auf die Zurechtweisung des Vorm. hin wirft er es wieder weg. Der Vorm. ergreift den Karabiner, der Kan. auch, dieser ist aber der Schnellere und ehe noch der Vorm. geladen, kracht schon der Schuß und zu Tode getroffen stürzt er zusammen. Die Kugel war ihm in die Lunge gedrungen. Der Täter, dessen Rausch nun verflogen, wollte sich nun aus Verzweiflung über seine Tat selbst erschießen, doch das Gewehr repetierte nicht mehr, nun kommt auch die Patrouille und führt ihn ab. Er ist Familienvater. Beide, der Tote wie der Mörder, sind Bosniaken. Sie waren immer die besten Freunde.

21.12.
Wird der Gefangene nach Kötschach abtransportiert. Tod durch Erschießen wird seine Strafe sein.

Herr Oblt. Schmid kommt in die Kanzlei. Als Weihnachtsgeschenk von ihm gibt er jedem von uns eine Zigarettendose aus Silber, die einen Wert von 40 K repräsentiert. Dann macht er mir die Mitteilung, daß ich morgen auf Urlaub gehen könne, was mir natürlich nicht geringe Freude macht.

22.12.
Habe vormittag meine Order erhalten und mittags geht es fort nach Oberdrauburg, der 1. Bahnstation. Aber oh Pech! Wie ich auf's Bahnhofkommando komme, um meine Order abstempeln zu lassen, macht man mir die niederschmetternde Mitteilung, daß laut eines Erlasses vom 20.12. offene Order ungültig seien. Nun bleibt mir nichts anderes übrig, als wieder zurückzukehren um einen anderen Urlaubsschein. Um 11 Uhr nachts kam ich dann wieder nach Würmlach und suchte meine Liegestatt auf.

23.12.
Heute einen anderen Schein erhalten. Um 11 Uhr fahre ich wieder fort nach Drauburg. Diesmal geht es gut, kann ohne Anstand fahren.

Um 4 Uhr geht der Zug ab, in Spittal a.d. Drau umsteigen, weiter bis Schwarzach. Auch hier wieder umsteigen, eine Stunde Aufenthalt, die ich dazu benütze um etwas Warmes zu essen, da ich den ganzen Tag nichts zu mir genommen habe. Alsdann wieder weiter nach Salzburg, wo wir um 10 ¼ Uhr ankommen. Von hier geht leider kein Zug mehr nach Linz, muß also warten bis morgen früh. Richte mir im unterirdischen Wartesaal auf der Bank ein hartes Lager zurecht, doch nun ist's Zeit, daß ich schlafe.

24.12.
5 Uhr früh weckt man uns, ich geh zur Kassa und lasse meine Papiere stempeln, nehme dann ein kleines Frühstück zu mir. Inzwischen ist es 6 Uhr geworden. 6 ¼ geht der Schnellzug nach Linz, den ich um schneller in die Heimat zu kommen, benütze.

Die Fahrt interessiert mich wenig, obwohl ich sonst gerne Naturschönheiten betrachte. Solche gäbe es wohl hier genug, geht doch die Fahrt durch das wegen seiner Schönheiten bekannte Salzkammergut. Aber heute sind meine Gedanken immer woanders.

Nach Hause, nach Hause zieht mein Sinn, auch habe ich die Nacht hindurch fast nichts geschlafen. Daher ist's kein Wunder, daß mich bald ein sanfter Schlummer umfängt, aus dem ich erst erwache, als der Zug am Linzer Bahnhof hält. Raus aus dem Bahnhof und in die Elektrische nach Urfahr, dort erst zu einem Friseur.

Der erste Besuch auf heimatlichem Boden soll meiner ehemaligen Pflegerin gelten, ganz wie ich mir's vorstelle, sitzt sie bei ihren Kranken und Verwundeten, es gibt ein freudiges Wiederseh'n, eine Menge zu erzählen, aber die Zeit ist kurz.

Mittags geht schon mein Zug in die Heimat, den ich auf keinen Fall versäumen will, und so heißt es wieder Abschied nehmen vom lieben Pflegeschwesterlein und hinaus zum Bahnhof. Noch eine halbe Stunde Zeit, also früh genug. Hier treffe ich auch schon ein paar Bekannte aus Perg, die gleich mir auf Urlaub fahren, aber nur auf 3 Tage.

½ 1 Uhr geht es fort von Linz. St. Valentin, hier heißt es umsteigen, eine halbe Stunde warten. Hier treffe ich wieder einige Bekannte. Weiter geht der Zug, kann es kaum mehr erwarten.

Wir kommen nach Mauthausen. Ich staune beim Anblick der zahlreichen Baracken des Gefangenenlagers. Es ist eine ganze Stadt hier entstanden aus weißen langgestreckten Hütten, elektrisch beleuchtet. Zum großen Teile sind's gefangene Italiener, die hier hausen.

Noch eine Weile und ich bin in Perg. Juchee! Zu Hause! Kaufe noch einige Weihnachtsgeschenke, dann geht's dem Vaterhause zu, es ist bereits dunkel, als ich heimkomme. Die Überraschung ist groß, ebenso die Freude des Wiedersehns.

2. TAGEBUCH

In Urlaub

Die Weihnachtsfeiertage sind nun vorüber, ein Jahr ist wieder dahingeflossen ins Meer der Ewigkeit. Ein neues hat nun begonnen, das 2. schon während des schrecklichen Krieges.

Gib Gott, daß dieses Jahr uns den ersehnten Frieden bringt, daß wir wieder heimkehren können zu unseren Lieben und mit ihnen vereint in Glück und Frieden uns wieder des Lebens freuen können. Das ist es, was ich mir für dieses Jahr wünsche und es ist auch gewiß der Wunsch aller, die im Felde stehen.

1916

1.1.
Vormittag im Festgottesdienst, nachmittag in Windhaag bei meiner Braut, freudiges Wiederseh'n.

2.1. Sonntag
In Schwertberg auf Besuch bei meinem Onkel. Abends um 6 Uhr zu Hause. Meiner Mutter Bruder, der auch Urlaub hatte, ist da um Abschied zu nehmen, da er morgen wieder abfährt nach Galizien und Polen.

3.1.
In Zell bei meinem Bruder

4.1., 5.1.
Zeitvertreib mit Kartenspiel

6.1.
Kommt eine Feldpostkarte von Herrn Oblt. Schmid, in der er mitteilte, daß ich die bronzene Tapferkeitsmedaille erhalten, und mich dazu beglückwünschte. Also eine, wenn auch kleine Auszeichnung für mich, welche Freude! Den Abend in Allerheiligen, um von den Bekannten Abschied zu nehmen.

7.1.
Heute heißt es wieder scheiden, ach wie schnell sind diese 14 Tage verflossen! Um 4 Uhr nachmittags sage ich den Meinen Lebewohl. Alle weinen und ich bin nahe daran, aber es muß sein. Ein letztes Lebewohl und draußen bin ich. Nun ist wieder eine der schweren Stunden vorüber, wie sie dieser Krieg ach! nur zu viele bringt. In Perg bleibe ich über Nacht, da ich einem Bekannten noch etwas zu besorgen habe.

8.1.
½ 6 Uhr geht es wieder dahin zum falschen Welschen. Lebewohl du liebe, teure Heimat, bis der Friede mich wieder zurück bringt.

Nun in Valentin umsteigen. Dann direkt bis Salzburg, hier 2 Stunden Aufenthalt. Um 4 Uhr in Schwarzach, hier wieder bis 6 Uhr warten. 9 Uhr abends Spital a.d. Drau, von hier kein Zug mehr, übernachte daher in Ertl's Gasthaus.

9.1. Sonntag
Frühstücken und zur Bahn. 9 Uhr 15 fährt mein Zug nach Oberdrauburg, wo ich um 11 Uhr vorm. ankomme. Um 2 Uhr in Mauthen bei meinem Kameraden, übergebe ihm das Paket von seinen Eltern. Gehe dann nach Würmlach. Hier sind Liebesgaben und eine Menge Post von den Feiertagen für mich da.

10.1.
Heute hinauf am Polinik zu meiner Batterie.

Das ist ein starker Marsch. Um 2 Uhr bin ich endlich oben, freudigst

begrüßt von meinen Kameraden. Herr Oberleutnant begrüßt mich herzlichst und übergibt mir meine Medaille. Im Unterstand bestürmt mich
jeder mit Fragen: Wie schaut es zu Hause aus, was machen die Leute dort
usw; so daß ich Mühe habe, alles zu beantworten.

Alsdann helfe ich auch arbeiten. Es wird in dem tiefen Schnee ein

Beobachtungsstand ausgeschaufelt von dem man die fdl. Stellungen sehr gut übersehen kann. Bald sind wir damit fertig. Abends wird Tarock gespielt. Es war schon sehr spät, als ich endlich einschlafen konnte.

11.1.

½ 9 Uhr war's, als wir endlich aufstanden, kochen unseren Kaffee.

½ 10 Uhr ist's schon, da kommt telephonisch die Nachricht, ich sollte um ½ 10 Uhr beim Bezirksgericht in Kötschach sein. Vor ungefähr 3 Wochen nämlich, da ich noch in unserer Kanzlei unten war, kaufte ich bei einem Bauern 50 kg Kartoffel als Zuspeise, ich hatte diese um 18 h. pro kg gekauft. Ein paar Tage später kommt ein Gendarmeriewachtmeister in die Kanzlei. Es war angezeigt worden, daß der betreffende Bauer die Kartoffel zu einem höheren Preis als der behördlich festgelegte verkauft hatte, was wir jedoch nicht wußten, da die früheren Preise 20 h. pro kg waren. In dieser Angelegenheit muß ich nun heute als Zeuge vor Gericht. Es handelt sich um eine ganze Krone, wegen einer solchen Bagatelle muß ich nun wieder vom Berge herunter.

Ich nahm mir eine Rodel und trat die halsbrecherische Fahrt an. Einige Male stürzte ich derart, daß mir beinahe die Lust zum Aufstehen vergangen wäre. ½ 12 Uhr komme ich nach Kötschach, doch nun ist am Gericht alles gesperrt und ich kann warten bis 2 Uhr. ½ 3 Uhr endlich kam der Herr Richter, ich machte meine Aussage und wir sind fertig. Gehe noch in ein paar Gasthäuser und dann nach Würmlach.

Bei der elenden Schlittenfahrt vom Polinik herunter habe ich mir bei einem Sturz den Fuß verstaucht und jetzt kann ich kaum gehen, lege mich daher zeitig ins Bett.

12.1.

Der Fuß schmerzt mich elendig und doch muß ich wieder in die Stellung hinauf. Hier war ein Oberstlt., ein Oblt. und Hptm. Jelinek, um unsere Stellungen zu besichtigen. Abends gingen sämtliche Herren zu der Batterie Jelinek hinunter. Wir vergnügen uns beim Tarockspiel.

14.1.

Korp. Mitterbauer geht in Urlaub. Bretmeister wird Titularkorpl. geht nach Villach als Instrukteur einer neuen Marinebatterie.

15.1.

Wetter immer trocken, aber sehr kalt. Zu tun haben wir fast gar nichts. Bin die meiste Zeit im warmen Unterstand. Trotzdem friert mich den ganzen Tag über erbärmlich in die Füße, schon spüre ich bei jedem Schritt wieder den Rheumatismus in den Fußgelenken.

Kurzer Feuerüberfall auf unseren Gegner.

16.1.

Vergnügten wir uns eine Zeitlang beim Rodelfahren, wobei ich natürlich wieder ein paar Purzelbäume machte. Am Abend wieder kurzer Feuerüberfall auf die fdl. Stellungen am Kamelhöcker, wurden auch vom Gegner schwach beschossen.

17.1.

Die Italiener bauen am Ostabhang des Kleinen Pal neue Deckungen, wir können jede Bewegung in den offenen Gräben beobachten. Da uns der Graben ein sehr gutes Ziel bietet, wurde das Feuer auf denselben eröffnet. 40 Schuß, der Gegner hat genug. Er eröffnet auch seinerseits Artilleriefeuer auf uns, ohne jedoch Schaden anzurichten.

Während des Schießens kam die telephonische Mitteilung, daß Montenegro sich bedingungslos unserer dortigen Armee ergeben. Siegesjubel, unsere Marineflagge wird gehißt.

18.1.

Untertags nichts Neues. 10 Uhr abends kommt der Befehl: »Marine schießen!« Die Italiener greifen an. Wir geben einige Schuß ab und eilen wieder in unsere Hütte. Herr Oblt. gibt den Befehl, daß in klaren Nächten eine Wache bei den Geschützen sein muß.

Ich übernehme gleich den ersten Posten. ½ 12 Uhr kommt wieder die Mannschaft zu den Geschützen. Einzelfeuer auf den Freikofel wird kommandiert. 12 ¼ Uhr Feuereinstellen.

19.1.

Heute bis ½ 11 Uhr geschlafen. Um 1 Uhr Befehl, Feuer auf die Freikofelspitze zu eröffnen. ½ 2 Uhr Feuer einstellen. 5 Min. später wieder Befehl Feuer eröffnen. 40 Stück Einzelfeuer.

20.1. Donnerstag
Etwas nebliger Tag, keine Geschütztätigkeit. Nachmittags vergnügten Zugsf. Stockinger und ich uns beim Rodelfahren. Merkwürdig, wir beide waren die ersten Monate unseres Beisammenseins erbitterte Gegner und seit er wieder von seinen Wunden geheilt und wieder bei uns ist, sind wir die besten Freunde geworden.

21.1.
3 Mann kommen wieder herauf.

22.1.
Kalter Tag. Sehr langweilig. Nachmittags Mars [Deckname für ein Geschütz] schießt auf den Promos.
    3 Uhr 40 min. Feuerüberfall unserer Batterie auf den Gegner, der unser Feuer mit ein paar Schuß erwidert, worauf wieder vollständige Ruhe eintritt.

Promos

23.1.
Rasendes Einzelfeuer bis 2 Uhr. 152 Schuß.

24.1.
½ 10 Uhr Feuerbereit. Der Feind beschießt uns schon. Nach 10 Uhr feuern wir 10 min. lang. Der Gegner beschießt uns auch nachher noch mit leichter und schwerer Artillerie. Habe heute wieder Wache. Ist eine mondhelle Nacht, das ganze Himmelsgewölbe voller Sterne, eine wunderschöne Winternacht. Drüben am Kl. Pal, Freikofel, Gr. Pal usw. wo unsere und fdl. Infanteriestellungen sind, sieht man ab und zu Gewehrschüsse aufblitzen. Leuchtkugeln steigen in die Höhe und beleuchten das ganze Terrain taghell, das Ganze bietet einen höchst interessanten Anblick. 3 Uhr früh endlich kommt die Ablösung und ich kann nun schlafen.

25.1.
Um 11 Uhr vorm. Feuereröffnung. Einzelfeuer auf Infanteriestellungen des Gegners, dieselben teilweise zerstört. Bis 12 Uhr mittags über 200 Schuß. Gegner erwiderte das Feuer mit großer Heftigkeit, zirka 120 Schüsse großen und kleinen Kalibers explodierten vor und hinter unseren Geschützstellungen. Ein Schuß traf direkt in die mittlere Stellung, zerstörte diese zum Teil, ohne jedoch das Geschütz zu demolieren. Durch den Schuß wurden große Schneemassen heruntergeworfen, die den Zugang fast versperrten. Viele andere Geschosse explodierten in nächster Nähe der Geschütze, zum Glück wurde von uns niemand verletzt.

Das ist wieder einmal ein kritischer Tag. Die Tragtiere sollten heute Munition heraufbringen, bei Batterie Jelinek mußte dieselbe, da die Tragtiere nicht mehr weiterkonnten, abgeladen werden. Wahrscheinlich durch Unvorsichtigkeit des Führers stürzte ein Tier samt zwei Munitionsverschlägen ab, den steilen, mit meterhohen Schnee bedeckten Abhang hinunter. Dem Führer allein war es unmöglich, das Pferd hinunter zu bringen. Unter großen Mühen brachten wir endlich das Pferd nach Würmlach. Bin bis auf die Haut durchnäßt. In Würmlach kaufe ich mir einige Kleinigkeiten und suchte mir dann bei einem Bauern ein Nachtlager.

26.1.
Um 8 Uhr früh wieder hinauf zum Polinik. 12 Uhr mittags sind wir oben. Bin heute ganz elend, die Füße schmerzen, daß ich kaum gehen kann. Nachmittags vom Feinde beschossen.

27.1.

Mittags. Eigener Flieger behufs [zur] Aufklärung in unserem Abschnitt gestartet. Kurze Zeit feuerbereit, da der Flieger jedoch vom Gegner nicht beschossen wird, so können auch wir wieder einrücken. Ein Hauptmann und noch ein Offizier kommen zu uns in die Stellung und besichtigen auch dieselbe. Es soll nämlich ein drittes Marinegeschütz hier aufgestellt werden. Hauptmann Jelineks Mannschaft brachte schon vormittags Balken zum Deckungsbau herauf. Abends bin ich wieder auf Wache, wunderschöne Nacht.

28.1.

Jetzt gibt es wieder schwere Arbeit. Eine Geschützstellung muß gebaut werden. Wir müssen erst den Schnee wegschaufeln, die Erde ist steinhart gefroren, weshalb die Arbeit sehr langsam vor sich geht. Am Abend heftiger Artilleriekampf, an dem wir jedoch mit unseren Geschützen unbeteiligt sind.

29.1.

Wieder Deckung graben. Kalter, nebliger Tag. Mars schießt kurze Zeit auf den Gr. Pal.

30.1.

Heute fertig mit dem Stellung ausgraben. Korp. Mitterbauer vom Urlaub zurück. 7 Uhr abends gehe ich auf Wache. Ist eine finstere, sehr kalte Nacht. Sitze oben vor den Geschützen, von wo aus ich das ganze Terrain gut übersehe. Eingehüllt in meinen Pelzmantel, den Karabiner über die Knie gelegt, sitze ich da im Schnee, in tiefe Sinne versunken. Meine Gedanken weilen zuhause, bei meinen Lieben, ein liebes Mädchenantlitz schwebt vor mir im Geiste. Ja, in der Heimat wär's wohl schön, dort ruhen sie nun aus von des Tages Mühen, während ich hier auf Wache stehe in finsterer, kalter Jännernacht.

31.1.

Nun ist das schöne Wetter wieder zu Ende, statt dessen beginnt es nun wieder zu schneien.

Februar 1916

1.2.
Schneefall, jedoch nicht stark. 2 Mann gehen auf Urlaub. Am Abend gibt's Bier.

2.2.
Kein Schneefall; kalter, nebliger Tag. Eine Baracke muß wieder gebaut werden. Heute Beginn der Abräumungsarbeiten, um einen freien Platz für dieselbe zu bekommen.

3.2.
Feindl. Artillerie beschießt uns, doch ohne den geringsten Erfolg.

4.2.
Sehr kalter, nebliger Tag. Infanteristen bringen die Traversen für die neuen Deckungen.

5.2. u. 6.2.
Wieder schönes heiteres Wetter.

6.2.
kurzes Artillerieduell, unsererseits schießt nur die Gebirgskanone. Gegner beschießt uns erst, als wir das Feuer schon eingestellt hatten.

7.2.
Nachmittags vom Gegner eine Stunde lang heftig beschossen, doch ohne Erfolg.

8.2.
Beendigung der Erdarbeit. Mittags beginnt es zu schneien. Abends feindl. Angriff auf den Zelonkofel (Cellon). Um 10 Uhr Abends alle Batterien kurze Zeit Feuerbereit.

9.2.
Am Morgen alles verschneit. Ungemein starkes Schneewehen. Sämtliche

Mannschaft muß Schnee schaufeln. Ich wollte den Weg zur Latrine frei-machen, beinahe damit fertig, lösten sich ober mir große Schneemassen. Da ich nirgends einen Halt hatte, riß mich die Lawine mit fort den Abhang hinunter. Da war es stockfinster um mich, der Atem stockte, da ich auch mit dem Kopfe im Schnee stak. Ich wollte mich noch herausarbeiten, doch umsonst. Die Sinne begannen mir schon zu schwinden, als der Schnee endlich stecken blieb, rutschte ich wieder heraus, noch ein paar Minuten und ich wäre verloren gewesen. Meine Kappe mit dem ofzl. Weihnachts-abzeichen hatte ich verloren. Am Abend hört es endlich auf zu schneien; es folgt eine mondhelle Nacht.

10.2.
Das Wetter hat sich vollends geklärt. Den ganzen Tag Schnee schaufeln, um die Wege wieder halbwegs in Stand zu setzen. Mittags kommt eine Skipatrouille herauf, die Leute sind ganz matt von dem beschwerlichen Weg.

11.2.
Furchtbar kalt.

12.2.
Detto, sonst nichts von Bedeutung.

13.2.
Rybzak vom Urlaub zurück.

15.2.
Vormittags vom Gegner beschossen. Des Nachts Wache bei den Geschüt-zen. Eine mondhelle Nacht ruht jetzt über mir; die Sterne schimmern fröhlich am Himmel, verkünden das Walten des Weltenherrschers. Ein Heimweh erfaßt mich in dieser tiefen, weihevollen Stille. Vor mir er-hebt sich, ziemlich nahe, ein riesiger, schneebedeckter Bergrücken, der Monte di Terzo, schon feindliches Gebiet. Er schimmert im fahlen Lichte des Mondes. Zerstreute Wolken ziehen langsam dahin. Die traurige, schwermütige Stimmung verstärkt das kalte Licht des Mondes, dessen blasse Scheibe mir das Papier beleuchtet, so dass ich ganz gut schreiben

kann. Leichte, streifenfeine Silberstrahlen, die scharfen Wolkenränder, diese Stille wird nur von dem langsamen Schießen der Infanterie unterbrochen. Leider sind meine Finger schon ziemlich erstarrt infolge der Kälte, sodaß ich mein Stimmungsbild beenden muß mit dem sehnlichen Wunsche: Wenn die Osterglocken läuten und zieht der liebe Frühling ein, dann ziehen wir zu unsern Lieben als Sieger von dem Weltkrieg heim.

16.2.
Am Vormittag furchtbarer Schneesturm. Nachmittags wieder hell. Ganze Mannschaft Schneeschaufeln.

17.2.
Am Morgen leichter Schneefall. Ganzer Vormittag Arbeit mit Schneeschaufeln. Nachmittag wieder furchtbarer Schneesturm. Infanteristen bringen das dritte Marinegeschütz herauf. Bretmeister, der als Instruktor in Villach war, kam gestern wieder zurück und leitete den Transport des Geschützes herauf. Wir mußten große, schwere Balken heraufschleppen während der schrecklichste Schneesturm tobte, den ich je gesehen, so daß man kaum atmen oder die Augen offen halten konnte. Ganz durchnäßt

waren wir, als wir endlich den letzten an Ort und Stelle hatten. Zu allem Überfluß habe ich mir auch die Füße leicht gefroren, sodass sie mich nun heftig schmerzen.

18.2.
Korpl. Neruda kommt vom Urlaub. Am Abend kommt auch Vorm. Gintner. Die Mannschaft zum 3. Marinegeschütz kommt zu uns, 2 Korp., 1 Vorm., 3 Kan.

19.2.
Meine Füße schmerzen, an den Zehen haben sich Blattern gebildet. Fähnrich Tollmann öffnet diese mit einem Messer und verbindet mir dann die Zehen mit dem Vermerk, ich soll im Unterstand bleiben, was ich sowieso muß, da ich in keinem Schuh gehen kann.

20.2.
Ganzen Tag starker Schneesturm. Nachmittags kurze Geschütztätigkeit. Das Feuer wird vom Gegner erwidert.

21.2.
Oberst v. Wassertal, der neue Abschnittskommandant, und ein Generalstabshauptmann besichtigen unsere Stellung. Oblt. Eggenberger, der hier als Beobachter weilt, geht auf Urlaub. Die 11. Gebirgsbrigade, der wir bis jetzt zugeteilt waren, wird abgelöst.

22.2.
Sehr kalt. Die Arbeitsmannschaft, von denen ein Teil aus Oberösterreichern, der andere aus Istrianern besteht, muß hart arbeiten, um das Material zum Bau der Baracke zu den neuen Geschützstellungen und Felsenkavernen zu bringen, welches von den Tragtieren bis zur Station Jelinek gebracht wird und von dort heraufgebracht werden muß.

Am Abend nochmals beim Fähnrich Arzt, der mir nochmals die Füße verbindet und mir dann erlaubt, nach Würmlach zum Train zu gehen, da ich es hier in der Stellung bei der großen Kälte und den Strapazen ja doch nicht mehr aushalten würde. Bin also heute für eine Zeitlang, vielleicht gar für immer, das letzte Mal im Kreise meiner Kameraden.

23.2.
Heute schneit es derart, daß es ganz dunkel ist, riesige Schneemassen häufen sich auf. Lawinen gehen eine nach der anderen zu Tal, da der Schnee auf den steilen Felswänden keinen Halt findet. Infolgedessen ist es für mich unmöglich, heute von der Stellung hinunterzugehen.

24.2.
Auch heute dauert der Schneesturm den ganzen Tag über an. Morgens waren sämtliche Baracken von den in der Nacht abgerutschten Schneemassen total verschüttet. Wir sind gänzlich abgeschlossen.

Selbst die Telephondrähte sind mit Ausnahme der Brigadeleitung sämtlich zerrissen. Bis zum Abend sind die Hütten notdürftig freigelegt, doch wieder geht eine Lawine die steile Felswand herunter und verschüttet wiederum alles. In der Hütte ist es momentan ganz finster, denn auch die Fenster sind verlegt.

Die Natur bietet einen grauenerregenden Anblick, das Heulen des Sturmes, der Donner der Lawinen – Ein Bild der entfesselten Elemente, wie man es wohl nur im Hochgebirge sehen kann. Ein Bild, so recht geeignet, die Gedanken heimwärts zu lenken:

O Heimatland! O Heimatland! Wie bist Du mir so fern!
Mein Vaterland am Donaustrand wie denk' ich Dein so gern.

25.2.
Heute wieder besseres Wetter, das Schneien hat aufgehört. Die Marinebatterie auf der Köderhöhe wird durch eine Lawine fast vernichtet. Eine
große Anzahl Tote und Verwundete.

Die Mannschaftsbaracke weggerissen. Das Wintervorratsmagazin samt den darin befindlichen Vorräten total vernichtet. Täglich kommen Verordnungen des Gruppenkomd. betreffs Abwendung der Lawinengefahr.

26.2.

Sämtliche Telephonverbindungen zerstört. Die Telephonisten gehen alle aus, um die Verbindungen wieder herzustellen. Ich übernehme den Telephondienst. Die Baracken sind gänzlich verschüttet.

27.2.

Heute schneit es wieder sehr stark. Mittags verließ ich die Stellung, um nach Würmlach zu gehen. Ein sehr anstrengender Marsch durch den tiefen Schnee. Zu allem Überfluß schmerzen auch die Füße ganz erbärmlich.

28.2.

Suchte mir vormittags ein kleines Kämmerlein, wo ich schlafen kann. Nachmittags mit Zoller in Kötschach, um dort einige Einkäufe zu besorgen. Abends bis 9 Uhr im Gasthaus bei einem Glas Wein und dann in mein Quartier, um zu schlafen.

29.2.

Werner weckt mich um 7 Uhr. Die Füße schmerzen mich stark. Die Fußlappen sind voll Blut von den offenen Zehen. In den Gliedern packt mich wieder Rheumatismus. Vormittags kam eine alte Frau zu mir, sie erbot sich mir ein Paar weite Filzschuhe zu machen, da ich die schweren Bergstiefel nicht den ganzen Tag tragen kann.

Im Lesachtale wird eine Abteilung von einer Lawine verschüttet.
32 Mann tot und 20 Pferde.

März 1916

1.3.

Als ich am Morgen, es war schon ziemlich spät, aufwachte, sah ich schon durch's Fenster, daß wieder schlechtes Wetter sei. Es schneite sehr stark. Bin gezwungen, den ganzen Tag im Zimmer zu bleiben, habe furchtbare Langeweile.

Abends bei meiner Hausfrau, ein nicht mehr junges, aber sehr freundliches Weiblein. Ein paar Mädchen aus der Nachbarschaft kommen jeden Abend mit ihren Spinnrädern herüber.

Die eine von ihnen ein hübsches Mädchen, eine Brünette. Im Verein mit der Hausfrau singen sie hübsche Lieder, an denen ja gerade dieses Gebirgsland so reich ist. So vergeht der Abend mit Singen und harmlosem Geplauder.

2.3.
Schlief heute bis 9 Uhr vormittags. Das Wetter trüb und regnerisch. Feuerwerker Goldberg ging schon zeitlich früh fort, auf den Polinik hinauf.

3.3.
Warte schon sehnsüchtig auf eine Nachricht von Daheim; leider jeden Tag vergebens. Dieser verflixte Feldpostwechsel, der immer solche Unordnung hervorbringt.

Weiß nicht, was soll ich nur anfangen vor Langeweile, krank könnte man davon werden. Dieses ewig trübe Wetter paßt eben noch dazu, um dieses elende Gefühl womöglich noch zu verstärken. Bloß am Abend ein paar Stunden, wo man sich die langweiligen Gedanken einigermassen zerstreuen kann.

4.3.
Sehr starker Schneefall; wollte nachmittags nach Mauthen gehen, wo ein paar Freunde aus meiner Heimat in Quartier sind, die wollte ich besuchen, doch bei solchem Wetter kann ich doch nicht. Kan. Cerny ist krank, geht mittags ins Spital ab.

5.3.
Starker Schneefall.

Nun haben wir hier im Tale unten schon 1 m Schnee. Die Wege sind schon ganz durchweicht, schon bald nicht mehr passierbar.

6.3.
Das gleiche Wetter wie gestern. Heute endlich wieder einmal Post erhalten von Zuhause.

7.3.

Heute Faschingsdienstag. Die letzten 3 Tage wurde jeden Abend getanzt, die Mädchen im Dorfe sind mit wenigen Ausnahmen schon ungemein leichtsinnig, freilich trägt die meiste Schuld daran das viele Militär.

8.3.

Aschermittwoch. Noch immer Schneefall. Unsere Stellung am Polinik vollständig eingeschneit. Niemand kann hinauf oder herunter kommen. Die Wege von der Schrockgebirgsalpe bis zu unserer Stellung wegen Lawinengefahr gänzlich unpassierbar. Die Gailbergstrasse, diese wichtige, weil einzige Verkehrslinie in unserem Abschnitt, zum Teil für Automobile unpassierbar.

Unser Obl. hatte schon vor einigen Monaten einen Kadetten respektive Fähnrich verlangt, der die Aufsicht, das Kommando über den Batt. Train übernehmen sollte. Heute früh telefonierte man aus Kötschach, daß die Batterie einen Kadetten bekommen werde und derselbe um 2 Uhr nachmittags in Kötschach abzuholen sei.

½ 4 Uhr traf er dann hier ein und meldete telephonisch Herrn Obl. sein Einrücken zur Batterie. Nachdem er noch einige Fragen an uns gerichtet hatte, machte sich der Herr auf die Suche nach einem anständigen Zimmer. Wir bekamen ihn diesen Abend nicht mehr zu Gesicht. Auf mich macht der junge, freundliche Herr einen guten Eindruck.

9.3.

Endlich einmal kein Schneefall. In aller Frühe schon wurde mittels eines von sechs Pferden gezogenen Schneepfluges die Strasse freigemacht. Eine kleine Abteilung gefangener Russen arbeitet schon seit einigen Tagen daran, die Strassen und Seitenwege zu verbessern. Nachmittag passierten 3 Wägen den Ort. Infanteristen, die sämtlich gefrorene Füße hatten, wurden auf den Wägen ins mobile Reservespital nach Mauthen überführt. Arme Teufel, und doch - mancher von ihnen fühlt sich wohl glücklich, für eine Zeitlang das elende Leben in den Schützengräben hinter sich zu haben. Ist es doch schon vorgekommen, daß Infanteristen auf der Wache angetroffen wurden, wie sie die Schuhe auszogen und barfuß im Schnee standen, um von der Front weg und ins Spital zu kommen. Das ist wohl eine verbrecherische Mißachtung der eigenen Gesundheit, ein Verrat am Vaterland. Deutsche waren es nicht, die ihre Pflicht soweit vergaßen, nein, es sind Angehörige einer Nation, deren Söhne in diesem Krieg ihren Kaiser, ihr Vaterland schon hundert- und tausendmal verraten haben, von denen man gewohnt war und es noch ist, wie ganze Kompagnien, selbst ganze Regimenter zum Feinde übergingen. Söhne eines Volkes, von denen in Linz unsere kaisertreuen Vierzehner eine Marschkompagnie mit aufgepflanztem Bajonett auf die Bahn geführt haben. Von solchen Leuten kann man Besseres ja nicht erwarten. Gewiß wird die gerechte Strafe auch nicht ausbleiben.

Vor dem mobilen Reservespital in Mauthen

Die Post brachte wieder eine kurze Nachricht von meinen Lieben. Abends fing es wieder an zu schneien. Demhart, König, Zoller und ich vergnügten uns am Abend im Turmgasthof beim Kartenspiel. Um ½ 11 Uhr kommt ein Feuerwerker der Batt. 2/10 zu uns herein. Der Kerl war, wie ich sofort sah, total betrunken. Auf seine Frage, ob wir Erlaubnis hätten - die hatten wir auch; doch der Betrunkene, ein slawischer Hund, der wohl gar nicht deutsch lesen kann, sagte uns ohne weiteres wir sollen uns heimtrollen. Erst wollte uns der saubere Herr auch noch das Geld wegnehmen, was ihm natürlich nicht gelang. Wir waren schneller als der Trunkenbold. Nun wollte er die Karten haben, die gehörten dem Wirt, uns konnte es gleichgültig sein, was er damit machte. Wir packten unsere Sachen zusammen und gingen schlafen. Ich war empört über dieses gemeine Vorgehen des Feuerwerkers, der vor Rausch nicht mehr wußte, was er tat.»Ein gutes Beispiel für Untergebene.«

10.3.

Nun fangt es gar an zu regnen. Batterie 2/40, die seit Anfang August auf der Mauthen-Alpe in Stellung war, geht ab von hier, mir unbekannt wohin. Kadett Schöberl ging schon in aller Frühe am Polinik. Telephonist Werner ebenfalls. In den letzten Tagen paßte ihm gar nichts mehr da unten. Der 40jährige Mann, Familienvater, unterhielt nämlich ein Verhältnis mit einer nichts weniger als schönen und tugendhaften Bauerstochter. Vor ein paar Tagen erfuhren nun die Eltern des Mädchens, daß er verheiratet sei, worauf sie der Tochter den Verkehr mit dem Mann strengstens untersagten. Werner, der wegen einer gemeinen Dirne Frau und Kinder verraten, kränkte sich darüber so, daß er den Kadetten bat, mit hinauf in die Stellung zu dürfen, nachdem er seiner Dirne noch einen von unsinnigen Liebesbeteuerungen erfüllten Brief geschrieben. Ob er oben am Polinik sein Liebesleid vergessen wird? Ein trauriges Sittenbild aus unserer »goldenen« Zeit.

Bin nun 9 Monate im Feld, aber einen Soldaten, der noch etwas auf Glauben und Treue gehalten hätte, habe ich noch nicht gefunden. Dagegen viele Trunkenbolde, Wüstlinge, die jede gute Sitte verachten, alles, was einem Menschen heilig sein sollte, mit Füßen treten, Diebe, betrügerische Rechnungsunteroffiziere, die mit dem Verdienstkreuz auf der Brust umherspazieren. Kein Wunder, ich, der einst so lebenslustige Bursche, bin zum erbitterten Menschenfeind geworden.

Vorm. Kada kam abends zurück vom Urlaub. Feuerw. Goldberg nach Klagenfurt.

11.3.

Heute warm, sonnig. Nachmittags konnte ich doch wieder Verbindung bekommen mit der Stellung, vormittags funktionierte mein Handapparat miserabel, die Mikrophonkapsel war feucht geworden. Obwohl ich alle

Stationen sehr gut hörte, konnte ich eine Stunde lang aufrufen, ohne gehört zu werden. Nahm also das Mikrophon heraus, legte es zum warmen Ofen und jetzt funktioniert es wieder tadellos. Korpl. Neruda telephoniert, daß die Stellung von schwerer fdl. Artillerie beschossen wird und infolge der Erschütterung, welche die Explosionen verursachen, wälzten sich von den Felsenabhängen Lawinen zu Tal. Korpl. Mitterbauer und die welche gestern hinaufgegangen, kamen heute herunter, ganz erschöpft von dem weiten, anstrengenden Marsch.

12.3.
Wieder sehr stürmisches Wetter. Vormittag Schneefall, dem später ein riesiger Regen folgte. Gegen Abend war ich mit Mitterbauer eine Zeitlang in Turners Gasthaus, um die Langeweile zu vertreiben. Den Abend verbrachten wir im Wohnzimmer bei der Hausfrau.

13.3.
Vormittags fuhr ich mit Mitterbauer nach Kötschach, besorgten dort einige kleine Einkäufe; den Rückweg mußten wir zu Fuß machen, da der Wagen nach Oberdrauburg weitergefahren war. Es regnete sehr stark, bei jedem Schritt rann mir das Wasser in die Schuhe, da die Straße voller Wasser ist. Die Gail und die kleinen Gebirgsbäche sind stark angeschwollen infolge der raschen Schneeschmelze. Mit der Zivilpost langte ein Paket für mich ein von den Eltern, nebst ein paar Hemden, meinen Ledergamaschen enthielt es auch ein Stück Geselchtes, von dem ich gleich eine Schnitte abtrennte. Die Hausfrau mußte mir's kochen, eine Portion Kraut dazu. Als lang entbehrter Leckerbissen schmeckte es doppelt gut.

14.3.
Nach Monaten endlich wieder »warmer Sonnenschein«. Ein heiterer Frühlingstag, der auch nicht kampflos verstreichen sollte. Unsere Artillerie eröffnete vormittags das Feuer auf die feindl. Stellungen mit gutem Erfolg. Der Gegner erwidert mit ziemlicher Heftigkeit, ohne uns Schaden zuzufügen.

Vorm. Rada ging schon am frühen Morgen von hier ab und hinauf in die Stellung. Im Lesachtal ereignete sich wieder ein schreckliches Lawinenunglück, 40 Tote und viele Verletzte, lauter Steirer und Kärntner, unter diesen einer aus dem hiesigen Dorfe. Die Mutter des armen Burschen kam zu meiner Hauswirtin und erzählte weinend, welchem Unglück ihr Sohn zum Opfer gefallen; mich dauerte die arme Mutter. Wieder eine Mutter mehr, die ihren Sohn beweint, wieviele tausende mögen deren nun wohl schon sein.

Abends noch muß ich mich so ärgern. Von unserer Batterie wurde nämlich schon vor einigen Wochen eine Menge Sprengmaterial ausgefasst. Da dasselbe wegen der inzwischen eingetretenen schlechten Witterung nicht mehr hinauftransportiert werden konnte, so wurde es einfach hier im Dorfe in einem Schuppen deponiert, ohne Rücksicht auf die stete Gefahr, welcher dadurch das Dorf ausgesetzt war.

Gestern nachmittags brachte Herr Inhuber von der Batt. 5/13, derzeit Stationskommandant, einen Dienstzettel mit der Weisung, daß morgen, also Heute, die Sprengmunition von hier ab- und in ein weit entfernt liegendes Depot transportiert werden sollte, auf Befehl des Munitionsparkkommandos Laas.

Feuerwerker Goldberg war noch nicht zurück von Klagenfurt, also übergab er seinem Stellvertreter Zoller den Zettel und mahnte ihn noch, den Befehl ja gewiß auszuführen. Aber dieser Bruder Liederlich hatte keine Zeit dazu. Abends kam wieder der Stationskommandant, heftig erzürnt darüber, daß der Befehl nicht ausgeführt wurde. Er sagt, daß er morgen die Anzeige darüber erstatten werde, und ging. Als Zoller nachher kam, stellte ich ihn zur Rede über seinen Leichtsinn. Die Antwort war, es sei keine Zeit dazu gewesen, zum Schluß wurde er grob.

15.3.

Korp. Mitterbauer hielt dem Feuerwerker, der gestern spät abends zurückgekehrt war, vor, wie leichtsinnig und pflichtvergessen es die Leute hier herunten treiben. Feuerwk. Goldberg bestimmte hierauf Zoller und Werner zum Rapport.

Von unserer Stellung kam die Meldung, daß ein Vorm. der Batt. 2/I, der hinaufgehen sollte, in der Mulde unterhalb der Stellung von einer Lawine mitgerissen und verschüttet wurde. 80 Mann arbeiteten bis in die finstere Nacht, ohne den Unglücklichen zu finden. Morgen werden die Bergungsarbeiten fortgesetzt. Unser Oblt. versprach demjenigen, der den Verunglückten finden werde, 100 K.

Gegen 11 Uhr nachts kam der Wagen mit der Leiche des jungen Prinz, der in Birnbaum in der Lawine den Tod fand. Um 3 Uhr morgens kam der Vater des Toten, ein 55 jähriger Mann, der in Klagenfurt bei der Landsturmmusterung war und tauglich befunden wurde, nach Hause. Der Mann hatte noch keine Ahnung, welchem Unglück sein Sohn, sein Liebling, zum Opfer gefallen. Ins Haus getreten fällt ihm auf, wie seine Frau und die kleinen Kinder so verweint sind. Ein Blick umher, er sieht den Sarg, eine furchtbare Ahnung sagte ihm, daß sein Liebling darin ruhe. Der starke, schwer geprüfte Mann sank an der Bahre seines Kindes nieder und weinte, weinte wie ein Kind.

16.3.

Wie ich heute durch Augenzeugen erfahren konnte, wurden bei der Katastrophe im Lesachtal, in Birnbaum 3 Baracken von der Lawine mitgerissen, in denen annähernd 300 Mann waren, von denen wohl die Hälfte tot, die anderen verletzt sind. Es dürfte wohl eine ähnliche Katastrophe, wo soviel Menschen um ihr Leben kamen, in den Alpen noch kaum vorgekommen sein.

Ein wunderschöner warmer Tag heute, der Schnee schmilzt, die ganze Natur erwacht zu neuem Leben.

17.3.

Um 10 Uhr das Begräbnis des jungen Stigl, fast sämtliche Dorfbewohner und das Militär nahmen an der Leichenfeier teil. Der Vater des Toten muß nachmittags einrücken.

Feindl. Artillerie beschießt wieder unsere Stellungen.

Heute erhielt ich endlich wieder eine Nachricht von meiner lieben, treuen Nanni. Welche Freude für mich!! Nachdem ich infolge des Feldpostwechsels Wochen keine Nachricht erhalten.

18.3.

Feindl. Artillerie beschießt uns, doch ohne Erfolg. Unsere Batterien erwiderten das Feuer.

19.3.

Am frühen Morgen schon explodierten über uns die feindl. Schrapnells, unsere erwiderten das Feuer und so war bald ein ziemlich heftiges Gefecht im Gange. Es hat den Anschein, als wenn große, schwere Kämpfe bevorstehen. Seit das Wetter wieder besser geworden, werden jeden Tag und selbst bei Nacht große Mengen Munition in die Stellungen geschafft.

Vielleicht dass den künftigen Sommer die Entscheidung fällt, wo wir den endgültigen Sieg an unsere Fahnen heften, wo die Worte aus unserem Kaiserlied wieder zur Wirklichkeit werden:»Gottes Sonne strahlt in Frieden auf ein glücklich Österreich.«

20.3.
Schöne, warme Witterung. Die Kämpfe, die seit einigen Tagen im Gange sind, nehmen an Heftigkeit zu, selbst bei Nacht keine Pause.

Bei der Plöckensperre gelang es heute dem Feinde eines unserer Maschinengewehre zu zerstören. 5 Mann der Bedienung tot, 18 verwundet.

21.3.
Das Wetter hat sich über Nacht vollständig verändert; gestern heller Sonnenschein, heute ein Hundewetter wie es ärger nicht sein könnte. Erst Regen, dann Schnee. Dazu fast ununterbrochen bis Abend starke Gefechtstätigkeit.

In aller Frühe ging ein großer Transport Marinemunition ab, am späten Abend ein noch größerer mit Geb. Kan. Munition. Da für Tragtiere der Weg nur bis Station II gangbar ist, das ist ¼ des Weges bis in unsere Stellung, so muß von dort weg alles von der Mannschaft hinaufgetragen werden, was bei diesen Wegverhältnissen, wo der Mann bei jedem Schritt bis an die Hüften im Schnee versinkt, dazu noch jeder eine so schwere Last am Rücken (ein Verschlag mit Marinemunition fast 60 Kg, ein solcher mit Gebirgskanonenmunition 30 Kg) gewiß eine fast übermenschliche Leistung ist. Und solche Transporte geh'n nun fast Tag und Nacht bei jedem Wetter hinauf in die höchsten Stellungen. Kein Wunder, daß viele darunter zusammenbrechen.

Diese Anforderungen, wie sie jetzt an die Mannschaft gestellt werden, sind wohl schwer zu entschuldigen; sie übersteigen die Kräfte der Meisten, und die Folge davon ist, daß täglich ganze Trupps krank ins Spital gehen. Wäre nicht die Verpflegung gut und ausreichend, in wenigen Tagen hätte unser Oberkmdo. keine Leute mehr hier und unser Erbfeind hätte leichtes Spiel.

22.3.

Das Wetter hat sich wieder gebessert, wieder warmer Sonnenschein. Sämtliche verfügbare Mannschaft muß wieder Munition tragen. Die Kämpfe ruhen heute fast ganz. Zoller war vormittags bei Marodenvisite. Feuerwerker Goldberg ist ebenfalls marod.

23.3.

Nichts Neues

24.3.

Zoller, Werner und Horvath gingen heute mittags ins Spital. Zoller und Werner geschlechtskrank, so erbärmliche Kerls. Werner, der vierzigjährige Mann, Familienvater - Oh welche Niedertracht!

25.3.

Fest Maria Verkündigung. Den ganzen Tag Regen. Hatte heute viel Arbeit, da die Kanzlei und das Telephonzimmer in ein anderes Haus verlegt werden. Kadett Schöberl kommt von der Stellung herunter, übernimmt das Trainkommando.

Abends mußte die ganze Mannschaft antreten, worauf der Herr Kadett eine kurze Ansprache hielt, in der er die in der letzten Zeit hier vorgekommenen Mißbräuche scharf verurteilte und wir konnten wieder abtreten. Zu mir sagte er gleich, daß ich nun den Telephondienst aufgeben und bei ihm Diener sein werde und ihn daher schon morgen nach Klagenfurt begleiten könne.

26.3.

½ 9 Uhr vorm. mit einem Wagen nach Oberdrauburg; in Kötschach, wo wir etwas Aufenthalt hatten, wurde der Herr wieder andern Sinnes und wir fuhren nach Dellach, wo wir 11 Uhr mittags anlangten.

Um ½ 1 Uhr in Hermagor. Hier ½ Stunde Aufenthalt, den ich dazu benützte um ein kleines Mittagessen – Käse und Brot und ein Glas Wein – zu nehmen. 1 Uhr wieder weiter und fährt uns der Zug wieder in bekannte Gegenden, bekannt von Juni, Juli vergangenen Jahres.

½ 5 Uhr, am Hauptbahnhof in Villach, hier wieder 1 ½ Stunden warten, ½ 8 Uhr sind wir endlich in Klagenfurt. Nachdem unsere Zimmer besorgt waren im Hotel Sandwirt, ging ich noch in ein anderes Gasthaus, wo ich billiger zu Nacht essen konnte als in dem eleganten Hotel. Da ich todmüde bin so gehe ich nun schlafen 9 ¼ Uhr. Habe ein gutes Bett so wie ich schon lange keines gehabt. Da will ich träumen von meinen Lieben, von der Heimat. Und von meinem süßen, treuen Lieb, von meinem guten Herzerl, meiner Nanni.

27.3.

Um 7 Uhr aufgestanden, dann ein kleines Frühstück und um ½ 9 Uhr ging ich mit dem Herrn Kadetten in die Stadt um die Einkäufe zu besorgen. Um 12 Uhr waren wir damit fertig. Hierauf ging ich in einen Friseurladen um mir Bart und Haare schneiden zu lassen. Um 1 Uhr ein kleines Mittagessen, dann ging ich auf mein Zimmer im Hotel. Dann etwas spazieren, es ist ja ein wunderschöner Frühlingstag, die Sonne scheint so warm.

5 Uhr ging ich ins Kino, ein neuer Film »Daniel in der Löwengrube« wurde gespielt. Ein feudales Nachtmahl, nämlich ein Pferdegulasch essen und alsdann auf mein Zimmer.

28.3.

Vormittags unsere Sachen zur Bahn fahren, um ½ 11 Uhr Abfahrt von Klagenfurt. Um 12 ¼ Uhr sind wir auch schon in Villach wo wir auf einen Tag bleiben werden. Um 5 Uhr abends ging ich ins Kino, hernach noch auf ein Glas Bier und dann ging ich schlafen.

29.3.

Heute vorm. mußte ich Herrn Kadett begleiten, der beim Kmdo. noch allerlei zu besorgen hatte. Zuerst ins Parkhotel, das größte und eleganteste Hotel in Villach; ich staunte über die Pracht und den Luxus, der hier den Gästen geboten wird; freilich um einen hohen Preis. Gegenwärtig wird das Hotel nur von Offizieren des 10. Armee-Kmdos bewohnt. Von hier weg gingen wir zum K.u.K. Staatsgymnasium, das jetzt ebenfalls ausschließlich für militärische Zwecke dient. Hier befindet sich das Kmdo der 10 Armee. Sämtliche Arbeitszimmer der Herren Generalstabsoffiziere sind in diesem Hause. Um ½ 12 Uhr mittags waren wir endlich mit allem fertig, nun ein Mittagmahl und dann zur Bahn. Der Zug hatte 2 Stunden Verspätung, so mußten wir bis ½ 3 Uhr warten. 5 Uhr kommen wir nach

Oberdrauburg wo uns schon ein Wagen erwartete. Abends wieder bei der Batterie, hier hatte sich nicht viel verändert.

Die kurze Zeit, die ich in Klagenfurt war, hatten hier sehr heftige und blutige Kämpfe stattgefunden; unsere hatten wohl einige Erfolge erzielt, doch sind sie mit dem Blute von hunderten gefallenen oder verwundeten Kämpfern sehr teuer bezahlt; noch größer sind die Verluste des Feindes, der übrigens den unsern eine gewaltige Übermacht entgegenstellen konnte. Am meisten ausgezeichnet hat sich in diesen Tagen das Kärntner 8. Landsturmbataillon [Feldjägerbataillon 8], am Plöckenpaß freilich auch die schwersten Verluste.

30.3.
Kadett Schöberl ging wieder in die Stellung hinauf, ich bin nun wieder bei meinem Telephon. Sehr schlechtes Wetter, den ganzen Tag Regen. Keine Gefechtstätigkeit.

31.3.
Klare Witterung. Nachmittags kurzes Artillerieduell.

April 1916

1.4.
Nachmittag damit beschäftigt, meine stark beschädigte Telephonleitung wieder in Stand zu setzen. Am Abend war ich damit fertig und mein Telephon funktioniert zu meiner größten Freude wieder tadellos.

2.4. Sonntag
Ein wundervolles Wetter, warmer Frühlingssonnenschein.

Nach mondenlanger Winternacht, nun wieder warmer Sonnenschein, erfreut mein Herz mit seiner Pracht, haucht neues Leben ein.

Frühlingssonne stärkt des Kriegers Hand;
in der schwachen Brust erweckt sie frischen Mut
Zum Kampf für Kaiser, Vaterland, für die Freiheit,
die das höchste Gut.

Nachmittags kurze Gefechtstätigkeit. Artilleriereferent Hauptmann Dolicek gibt Feuerwerker Goldberg den Befehl, sich noch heute in seiner Kanzlei zu melden. Vor ein paar Tagen war ein Oberleutnant hier, den Stand zu
kontrollieren. Der Herr Oblt. hatte gefunden, daß die Rechnungsführung
Goldbergs eine sehr nachlässige ist. (Was ja auch tatsächlich der Fall ist).
Der Oblt. Revisor hat nun wohl die Sache angezeigt. Dieser Leichtsinn
des Feuerwerkers kann wohl für ihn schlimme Folgen haben.

3.4.

Nachmittags kurzes Feuergefecht. Zugsf. Stockinger und Anton kommen
von der Stellung herunter auf einige Tage zur Erholung. Stockinger macht
mir die freudige Mitteilung, daß ich, wenn die neue angeforderte Mannschaft eintreffen wird, einen 21 tägigen Anbau-Urlaub bekommen werde;
also vielleicht schon in einigen Tagen. Am Abend wieder Feuergefecht.

4.4.

Wetter herrlich. Nachmittags kurze Gefechtstätigkeit. Artilleriereferent
Hauptmann Dolicek besichtigt unsere Stellung.

Hatte heute sehr viel Arbeit beim Telephon. Nun noch 20 Minuten und
ich kann die Muschel weglegen und schlafen gehen.

Lawrowskihütte bei Lamprecht

5.4.

Heute Regen. Abends mußte ich nach Lamprecht die Abfertigung holen, um 10 Uhr nachts zurück.

6.4.

Stockinger, Bretmeister und Barth mußten heute früh in die Stellung hinaufgehen. Dieses Kleeblatt war drei Tage lang immerfort betrunken. Ihr Benehmen war schon so gemein und abstoßend, daß es im ganzen Dorfe Aufsehen erregte. Alle drei Gauner vom Fuß bis zum Kopf.

Heute wieder Sonnenschein. Ein großer Transport Marinemunition ging schon zeitlich in der Früh von hier ab hinauf am Polinik.

Um 3 Uhr 35 min. Feuerüberfall auf den Gegner, nur kurze Gefechtstätigkeit. Um 4 Uhr kam wieder Befehl:»Feuer eröffnen«, nun entwickelte sich im ganzen Abschnitt ein ziemlich starkes Artilleriefeuer, das jedoch vom Gegner nur schwach erwidert wurde. Die Gefechtstätigkeit währt bis am Abend.

Nun ist's Nacht geworden, ein Tag ist wieder dahingeflossen, ein Tag voll Aufregungen und Unannehmlichkeiten. Seit der Kadett Schöberl wieder hier als Trainkommandant fungiert, hat sich unsere Lage keineswegs gebessert, im Gegenteil verschlechtert. Es ist die alte Günstlingswirtschaft, wie sie von jeher bei unserer Batterie herrscht; immer einige, und das gerade die verkommensten Subjekte, verstehen es, die Vorgesetzten durch widrige Schmeicheleien zu ihren Gunsten auszunützen.

Unser Rechnungsunteroffizier Feuerwerker Goldberg: ein ziemlich leichtsinniger, aber sonst herzensguter junger Mann, der wirklich darauf schaut, daß die Mannschaft ihre Gebühren erhält (bei vielen Rechn. Uffz. ist ja das Gegenteil der Fall, die sind immer auf den eigenen Vorteil bedacht).

Also gegen Goldberg scheinen sich in der letzten Zeit diese Subjekte alle verschworen zu haben; die einen verschimpfen ihn beim Herrn Oblt. in der unverschämtesten Weise, Andere hier unten beim Kadetten. Goldberg, der seit einiger Zeit auch immer unwohl ist, muß täglich, ja fast stündlich, von Kadett Schöberl die heftigsten und oft ganz ungerechten Vorwürfe anhören. Oft wegen Kleinigkeiten, die entschieden nicht der Rede wert sind. Wegen eben einer solchen Kleinigkeit drangsalierte heute der kaum 20 jährige Kadett, der übrigens erst seit März im Felde steht, also von den Strapazen des Krieges noch gar keine Ahnung hat, Goldberg derart, daß dieser, der für sein Alter ein wahrhaft kindliches Gemüt hat, weinte wie ein Kind. Ich war Zeuge dieser widrigen Szene, am liebsten hätte ich diesem Herrn Kadetten ein paar Ohrfeigen versetzt, ein solcher Zorn packte mich, aber was kann man da tun? Als Soldat, der zuweilen schlechter behandelt wird als ein Vieh, hat man leider keine andere Wahl als dulden und willig gehorchen, scheinbar ruhig, wenn auch zähneknirschend den Kopf unter das harte Joch beugen welches ein unabänderliches Schicksal uns aufgezwängt hat.

Es wird und muß ja wieder eine andere Zeit kommen, wo der Wind aus einer anderen Richtung weht, wo sich all' die Ungerechtigkeiten an den eigenen Urhebern rächen werden.

7.4.

Gegen Mittag Feuergefecht, das eine Stunde lang währte; Gegner erwidert das Feuer. 4 Uhr nachm. mußte ich nach Mauthen, von dort ging ich hinauf nach Maria Schnee, um dort Telephonmaterial zu fassen. ½ 8 Uhr abends war ich wieder im Quartier, todmüde, obwohl ich nur die kurze Strecke gegangen bin, so elend sind meine Füße.

Das Trainlager bei Maria Schnee

8.4.
Nachmittags kurze Gefechtstätigkeit.

9.4.
Sonntag. Nachmittags starkes Feuergefecht, auch der 30,5 cm Mörser schießt, die Wallischen haben wohl einen bösen Tag heute.

10.4.
Ein sehr anstrengender Tag. Da Feuerwk. Goldberg heute ins Spital abgegangen, Kadett Schöberl aber in die Stellung hinauf gehen mußte, so bin ich nun allein in der Kanzlei.

Mittags telephonierte mir Herr Oblt. ich sollte die ganze noch hier befindliche Mannschaft mit Ausnahme einer Stallwarte hinaufschicken. Oberstleutnant Kalupa ging nachmittags hinauf, um die Artilleriegruppe Polinik zu besichtigen. Aus diesem Anlaß mußten eine Menge notwendiger Sachen für die Offiziersküche, Bergschuhe und Holzwolle, diese als Nachtlager für Offiziere, hinaufgeschafft werden.

Da ich leider schon zu wenig Mannschaft hier hatte, so mußte ich von Batt. 5/13 ein paar Mann zu Hilfe nehmen, um all die Sachen hinaufschicken zu können. Dann mußte Sand zum Hinauftransport für morgen bereitgestellt werden, da ich keine Mannschaft mehr hier hatte, so mußte ich wieder zu Batt. 2/10 gehen und um ein paar Leute ansuchen, mit Hilfe derer ich alsbald fertig war.

Nun bin ich aber auch sehr müde, den ganzen Tag über immer umeinanderlaufen, das ist genug. Jetzt kann ich erst wieder bis 9 Uhr Telephondienst halten.

11.4.
Oberstleutnant Kalupa verläßt heute unsere Stellung, Kadett Schöberl kam mittags wieder herunter, mit ihm auch Zugsf. Maruda, der nun Goldbergs Stelle als Rechnungsunteroffizier übernehmen wird.

Um 10 Uhr 30 vorm. Feuer eröffnet, mit kurzer Unterbrechung bis Abends lebhafte Gefechtstätigkeit.

Zugsf. Stockinger kommt nachmittag herunter zur Marodenvisite, dürfte höchstwahrscheinlich wieder für ein paar Monate ins Hinterland kommen.

12.4.
Nichts Neues.

13.4.
Vorm Duscher kommt von der Stellung herunter auf ein paar Tage Erholung. Nachmittags waren wir in Kötschach, Abends auf ein paar Stunden in Turners Gasthof.

14.4.
Schon um 6 Uhr morgens Abmarsch auf Polinik, heute mußte ich auch mit hinauf, der Kadett gibt nicht eher nach, ich mußte geh'n. 12 Uhr waren wir oben. Hier hat sich manches verändert.

Bis 1 Uhr unterhielt ich mich mit meinen Kameraden, jeder wußte viel zu erzählen. Doch dann mußte ich wieder heruntersteigen zu Tal. Meine Füße tragen mich kaum mehr, bin todmüde.

Ach Gott, wie elend bin ich schon geworden! Und wie lange wird es wohl noch so weitergehen, lange kann ich wohl nicht mehr, ich fühle es nur zu gut.

Abends beim Befehl; da wird mir wieder ein kleiner Trost zuteil. Im Laufe des Tages war nämlich die schon vor einigen Wochen angeforderte Mannschaft gekommen, freilich nur 6 Mann, aber infolge dieser Verstärkung ist es möglich, daß ich wieder auf Urlaub fahren kann, wohl schon morgen oder übermorgen.

15.4.
Heute schon um 6 Uhr früh Feuer eröffnet, auch der 30,5 cm Mörser feuert sehr lebhaft bis Mittag, alle anderen Batterien auch den ganzen Nachmittag, die Feld- und Gebirgshaubitzen bis spät Abends, die Nacht hindurch strenge Bereitschaft.

Die Wirkung unserer Geschütze, besonders die des 30,5 cm Mörsers, war furchtbar.

Ein Schuss vom Mörser traf direkt auf ein feindl. Geschütz, das, wie durch das Fernrohr beobachtet wurde, mit der ganzen Bedienung buchstäblich in Trümmer zerrissen wurde; selbst die Bäume, die in seiner Umgebung gestanden, wurden zerschmettert.

Schwere Balken flogen 10 bis 30 Meter hoch in die Luft, durch den einen Mörser wurden 3 fdl. Geschütze vernichtet; wieviel Mannschaft dabei zugrundegegangen ist, ist uns unbekannt.

Vormittags in Kötschach; am Nachmittag mußte ich wieder dorthin, am Abend todmüde.

30,5 cm Mörser in Feuerstellung

16.4.

¾ 6 Uhr früh eröffneten sämtliche Batterien wieder das Feuer auf den Feind. Mittags schoß der Gegner mit 15cm Granaten bis ins Tal herein, zum Glück ohne etwas zu treffen.

Noch um 9 Uhr abends kam telephonisch der Befehl, daß noch bei Nacht Munition in die Stellung hinauf transportiert werden müsse. Sämtliche verfügbare Mannschaft mußte ebenfalls hinaufgehen, während von oben die Arbeitsmannschaft den Transport entgegennehmen muß.

Wie erbarmen mich diese Leute, die zum größten Teil aus Männern die schon 40 bis 55 Jahre alt, mit oft schneeweißem Haar ganz gebückt und zitternd von den fast übermenschlichen Strapazen auch in finsterer kalter Nacht die schweren Munitionsverschläge in die Stellung schleppen müssen, obgleich sie den ganzen Tag über so hart arbeiten müssen.

Aber der grausame Krieg verträgt eben kein Mitleid; Tod und Vernichtung, Jammer und Elend bezeichnet die Stelle, wo die Kriegsfackel emporlodert.

17.4.

Wieder um 6 Uhr früh Feuer eröffnet, die Gefechtstätigkeit währt mit nur kurzen Unterbrechungen bis 2 Uhr nachmittags. Die Tätigkeit war eine sehr heftige.

Die Korporäle Bretmeister und Klein kommen krank herunter, sie brachten auch endlich unsere Urlaubsscheine herunter. Kadett Schöberl ist Fähnrich geworden.

Um 4 Uhr nachm. ging ich nach Lamprecht zum Brigadekommando, da die Urlaubsscheine von dort bestätigt sein müssen. Um 6 Uhr abend war ich zurück.

Nun war endlich alles in Ordnung und wir, Demhardt und ich, konnten endlich auf Urlaub fahren.

Wir borgten uns vom Bürgermeister das Einspännerwagerl, spannten unser bestes Pferd daran, König machte den Kutscher, und nach kurzem Abschied von den Bekannten konnten wir um ½ 8 Uhr fahren.

Korp. Bretmeister begleitete uns bis Mauthen und ging hier ins Feldspital 2/7 ab. Schade um den hübschen Burschen, ich verliere an ihm meinen besten Kameraden.

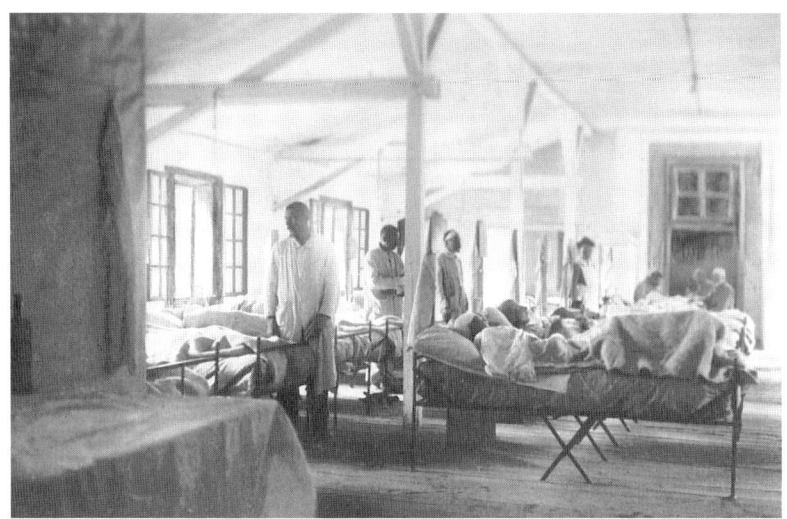

Im Feldspital 2/7

Nun Ade, ihr Berge, nun geht es der Heimat zu. Um 9 Uhr in Ober-drauburg, aber ach, unser Zug war schon weg. Nun bleibt nichts anderes übrig als hier übernachten. Da wir aber in ganz Drauburg kein Quartier auftreiben konnten gingen wir eben zum Bahnhof um im Wartesaal zu schlafen.

18.4.
5 Uhr 15 min. geht unser Zug hier ab. Bin noch ganz schläfrig, konnte kaum eine Stunde schlafen vor Kälte. 7 ¼ Uhr in Spital a.d. Drau, hier wieder 2 Stunden warten bis 9 Uhr, wie ärgerlich das ist.
      Von Spital bis Schwarzach, die Tauernbahn. Spital a. d. Drau ist der Aus-gangspunkt der Tauernbahn, gewiß die kunstvollste und interessanteste Bahn unserer Monarchie. Von Spital bis Schwarzach, wo die Bahn nach Innsbruck abbiegt, sind nicht weniger als 16 Tunnels. Die schönste Strecke ist von dem Höhenluft-Kurort Böckstein bis Klammstein. Böckstein liegt in einem kleinen, ganz abgeschlossenen Talkessel. Bald waren wir in dem weltberühmten Kurort Bad Gastein, das wirklich eine großartige Lage hat, die ganze Gegend ist voller Villen, kleinen Sommerhäuschen und

großartigen Hotels übersät und bietet so dem Beschauer ein Bild wie man es sich schöner kaum denken könnte.

Um 11 Uhr in Schwarzach, hier mußte alles umsteigen; 20 min. Aufenthalt, dann wieder weiter bis Bischofshofen, hier ist wieder fast ½ Stunde Aufenthalt, nun geht es gegen Salzburg, dessen Umgebung sehr schön ist. Kleine Ortschaften, wilde Gebirgsbäche, tiefe Felsenschluchten und himmelemporstrebende Berge bieten dem Reisenden einen wunderhübschen Anblick.

Um 2 Uhr 15 in Salzburg. Hier mußte ich wieder 2 Stunden warten, nahm mir ein kleines Mittagessen. Zum Trinken kann man leider nur Kracherl bekommen, auch ist alles riesig teuer. 4 Uhr 12 geht erst der Zug nach Linz. Furchtbar langsam ist die Fahrt, um 9 Uhr in Wels. 10 Uhr 15 in Linz. Hier mußte ich übernachten, fahre mit der Elektrischen nach Urfahr zum Hotel Achleitner. Erst ein ordentliches Nachtmahl, ein paar Glas Bier und dann schlafen.

19.4.

Nachdem ich ziemlich spät aufgestanden, eine Schale Kaffee getrunken hatte, ging ich erst zu einem Friseur, dann besorgte ich mir einige kleine Einkäufe. Im Laufe des Vormittags ging ich dann meine liebe frühere Pflegerin aufsuchen, bis ½ 12 Uhr weilte ich bei ihr. Dann war es Zeit auf die Bahn zu gehen, 12 Uhr 12 min. geht der Zug ab. 1 Uhr in St. Valentin, hier umsteigen, 20min. warten, hier traf ich die ersten Bekannten aus Perg. Bald ging es weiter der lieben, teuren Heimat zu. Schon sehe ich unser kleines Kirchlein auf dem Berge, dessen Turmdach glänzt im Sonnenschein.

½ 3 Uhr in Perg. Erst in Zöchlingers Gasthaus eine kleine Jause, dann marschierte ich weiter dem Elternhause zu. Groß war die Überraschung, da ich ganz unerwartet heimkam, groß die Freude auf beiden Seiten.

In der Heimat

Die paar Stunden bis zum Schlafengehen vergingen gar schnell mit gegenseitigem Fragen und Erzählen.

20.4. Gründonnerstag.
Am Morgen in d. Kirche, nachm. ein paar Besuche in der Nachbarschaft.

21.4. Karfreitag
Bis 10 Uhr geschlafen, dann mit Vater und Hans im Wald. Nachm. in eine Betstunde, nachher zum Wirt auf ein Viertel Wein und dann nach Hause.

22.4. Karsamstag
Am Morgen in Lebring, nachher bei einer Nachbarin auf Besuch. Nachmittags mit dem Bruder nach Perg zur Auferstehungsfeier. Das Gotteshaus ist gefüllt mit Andächtigen, der weitaus größte Teil Frauen und Mädchen. Um 6 Uhr begann die Auferstehungsfeier, erst das fröhliche »Alleluja«, und dann quillt es jubelnd, jauchzend: »Der Heiland ist erstanden« durch den weiten Raum, tief ergriffen lauschte ich dem überwältigend schönen Klang, nach 3 Monaten klang heute wiederum geweihte Musik in meine Ohren.

23.4. Ostersonntag.
Vormittag im Festgottesdienst, nachmittags nach dem Segen im Gasthaus.

24.4.
Starker Regen. Nach Perg in die Frühmesse, hernach zum Photographen, wo ich mich photographieren ließ. Nachmittag Kartenspiel.

26.4.
Wieder in Perg. Hier ist heute Musterung der 18 jährigen. 70% wurden für tauglich befunden. Das Herz muß einem wehtun beim Anblick dieser fast noch im Bubenalter stehenden jungen Burschen, die doch unmöglich den Entbehrungen und Strapazen des Krieges standhalten können. Es ist eine schreiende Ungerechtigkeit, ja eine direkte Mordlust gehört dazu, diese Jünglinge, die kaum begonnen haben zu leben, nun hinaus zu senden in das größte und schrecklichste Ringen das je die Welt geseh'n.

All' die Ströme unschuldig vergossenen Blutes schreien zum Himmel um Rache; Rache an denjenigen die all das Leid und Elend verschuldet haben, diese Schuldigen dürfen wir nicht bloß bei unseren Feinden suchen, auch bei uns, speziell in Deutschland, sind deren genug. Freilich sehen sie heute wohl ein daß sie gefehlt haben, aber es ist zu spät. Der Rachekrieg gegen das verhetzte Serbien ist zum Weltkrieg geworden. Wie leicht war das Übel heraufbeschworen und nun sehen sich alle zu schwach um es wieder gut zu machen.

Abends, da das Wetter günstig war, ging ich nach Windhaag zu meinem Lieb. Die Sehnsucht beflügelte meine Schritte. So schön, so innig war das Wiederseh'n, soviel gab es gegenseitig zu erzählen. Die Zeit verging so schnell und ich mußte an den Heimweg denken, noch ein heißer, seliger Kuß und dann schritt ich wieder heimwärts zu.

27.4.
Vormittag nach Zell zum Ratschen, hierauf zum Bahnhof, dann hübsch zeitlich nach Hause.

28.4.
Vormittag in der Kuchelmühle, dann zurück auf ein paar Glas Bier. 2 Uhr war ich wieder daheim.

29.4.
Die ganze Woche über war regnerisches Wetter, auch heute regnet es den ganzen Tag über. Am Abend ging ich trotz des schlechten Wetters wieder zu meiner Braut, es sollte das letzte Mal sein während dieses Urlaubes. Aber da ich ankomme, mußte ich zu meinem größten Leid hören daß sie krank sei, wohl infolge einer Erkältung. Nur eine Minute konnte ich sie sehen und ein paar Worte mit ihr sprechen, noch ein letzter Kuß zum Abschied und schweren Herzens trete ich den Heimgang an. Noch nie war mir der Weg so lang und schwer wie diesesmal, am liebsten wäre ich fort von der Heimat und ins Feld hinaus, denn die paar Tage, die noch vom Urlaub übrig sind, können mir kaum noch eine Freude bringen. Denn daß mein Liebstes und Teuerstes auf der Welt, mein guter Engel, leidet, das ist mehr als ich ertragen kann.

30.4.
Sonntag. Vormittag in Schwertberg in die Frühmesse. Mittags wurden wir alle mitsammen photographiert. Nachmittags nach Allerheiligen, später noch in die Kegelschmiede. Das Wetter war heute den ganzen Tag über schön.

Mai 1916

1.5.
Der Wonnemonat hält nun seinen Einzug. Heute ist es so schön und warm, ein wunderbarer Maitag. Am Morgen ging ich zur Kirche, um meiner Osterpflicht zu genügen.

Nachmittags einen Spaziergang durch die Fluren und Wälder. Ach Gott, wie schön ist es hier, fern von dem Lärm des Krieges, fern von den himmelhohen Bergen, deren ewigen Schnee schon viele, viele von den Unsrigen mit ihrem Herzblut gefärbt haben. Die Bäume stehen in ihrem vollsten Blütenschmuck, grüne Wiesen und Felder in buntem Durcheinander. Noch nie habe ich es so empfunden was es heißt, daheim zu sein als jetzt, wo ich schon übermorgen wieder fort muß, hinaus ins Feld einem ungewissen Schicksal entgegen, und wer weiß ob der liebe Herrgott mir noch einmal das Glück schenkt mich an der Schönheit meiner Heimat zu erfreuen.

2.5.
Ach Gott! Heute schon wieder der letzte Tag den ich in der Heimat verbringen kann, wie schnell sind die 14 Tage vergangen! Nachmittags in Perg wo ich noch einiges zu besorgen hatte; Abends wurde eingepackt für die Reise.

3.5.
Abschied von der Heimat. Um ½ 6 Uhr früh weg von Perg. Nun lebewohl du liebe Heimat und alle die mir hier lieb und teuer sind.

1 Uhr in Salzburg, um 2 Uhr wieder weiter, die Fahrt ist sehr schön, die Sonne scheint sehr warm. In den stark gefüllten Waggons ist es fast unerträglich heiß, wenn nur etwas Ordentliches zum Trinken da wäre, aber auf den Bahnhöfen ist es verboten, dem Militär Alkohol zu geben, nur Kracherl, Limonade usw., womit man sich nur den Magen verdirbt. Gegen 9 Uhr abends in Spital.

4.5.
9 Uhr 20 von Spital ab; ½ 11 Uhr in Oberdrauburg. Den noch übrigen 4 Stunden weiten Weg mußte ich zu Fuß gehen. Traf hier schon eine Anzahl Bekannter aus Würmlach. Hier erfuhr ich auch schon von einem

Zugsführer, daß unser Divisionär in seinem Hauptquartier in Kötschach an Herzschlag gestorben sei. Um 5 Uhr abends langte ich todmüde in Würmlach an, konnte mich kaum mehr auf den Füßen halten.

Bei der Batterie

Hier hat sich inzwischen viel verändert. Zugsführer Stockinger ist in eine Lungenheilanstalt abgegangen. Herr Oblt. Schmid sowie die ganze Mannschaft ist unten. Fähnrich Schöberl wurde zu einer Haubitzbatterie abkommandiert und ist nun am Zelonkofel. Unsere Geschütze werden heruntertransportiert und werden hier, da sie ohnehin sehr reparaturbedürftig sind, abgeliefert. Die Deckungen werden abgetragen und an ihrer Stelle sollen neue und stärkere gebaut werden, die sodann einer Gebirgskanonenbatterie dienen sollen.

Unser Oblt. Schmid wird erst ein paar Wochen auf Erholung hier bleiben und später als Kommandant einer neuen Haubitzbatterie wieder irgendwo in Stellung gehen. Wie Herr Oblt. sagte, dürften wir wahrscheinlich neue Marinegeschütze zugewiesen bekommen und mit diesen am Plöckenpaß in Stellung gehen. Für uns wird es dadurch gewiß nicht besser, sondern schlechter werden, das Schlimmste ist, daß wir nun unsern verehrten Oblt. Schmid, der durch fast 10 Monate hindurch Freud und Leid mit uns geteilt hat, verlieren werden.

5.5.
Mittags Feuereröffnung der 30,5 cm Mörser auf die gegnerischen Stellungen. Auch der Gegner beschießt unsere Stellungen heftig. In der Nähe der Brücke Mauthen-Kötschach explodierten 2 feindl. 15cm Granaten, ohne aber irgendwo Schaden anzurichten.

7.5. Sonntag
Immer herrliches Wetter.

8.5.
Nachmittags starker Regen. 5 Uhr abends Rapport. 2 Kanoniere von der neuen Mannschaft hatten gestern Rum gestohlen und sich total betrunken, so daß sie bei Station 2 abgeholt werden mußten.

Beim Rapport nun bekommen sie als Strafe 4 Tage lang je 2 Stunden anbinden. Ein anderer Kanonier und 2 Vormeister erhielten wegen ungebührlichem und frechem Benehmen gegen Offiziere einen scharfen Verweis.

9.5.
Einquartierung der 20. Marschkompagnie vom 7. Infanterieregiment. Hptm. Wolf übernimmt das Kommando, strenge Verordnung.

10.5. und 11.5.
Regenwetter.

14.5. Sonntag
Abtransport unserer Geschütze vom Polinik. Die Vorm. Duscher und Raiffeis gingen zur Revolverkanonenbatterie Oblt. Simmon auf die Köderhöhe ab. Sie sollen bei diesen Geschützen eine kurze Ausbildung machen.

Hotchkiss-Revolverkanone auf der Köderhöhe

15.5.
Weitertransport der Geschütze und Abfuhr derselben in Kötschach.

16.5.
Oblt. Schmid und Korp. Mitterbauer waren am Plöckenpaß, um unsere künftige Stellung zu besichtigen. Unsere schweren Mörser beschossen den Gegner. Derselbe erwiderte das Feuer mit Schrapnells, die jedoch hoch über der Talsohle explodierten.

17.5.
Die ganze Nacht hindurch grollte der Donner der beiden 30,5cm Mörser. Auch der Feind erwidert das Feuer mit großer Heftigkeit, Granaten und

Fliegerabwehrkanone auf der Gailbergstraße

Schrapnells sausen eine nach der anderen ins Tal herein,- ohne Erfolg. Um 8 Uhr erschien ein feindlicher Flieger und warf Bomben ab, von denen 2 Mann schwer verwundet wurden, der eine von ihnen erlag seinen schweren Verletzungen ½ Stunde später. Durch das heftige Feuer der Luftabwehrkanonen in Kötschach wurde jedoch der Flieger zu schneller Umkehr gezwungen.

18.5. und 19.5.

Wetter andauernd sehr schön. Die Menage, die jetzt ohnehin ziemlich knapp war, wird nun wieder verkürzt. In Zukunft gibt es keine Zubusse mehr, auch die Ration Fleisch wird um 100 gr. verringert.

Sieg unserer Truppen in Tirol, über 10000 Gefangene, viele Geschütze und Maschinengewehre, 2 fdl. Panzerfesten [Forts] erbeutet.

20.5. und 21.5.

Oblt. Schmid geht als Kommandant der schw. Haubitz Batterie auf den Zelon, behält aber gleichzeitig auch das Kommando über unsere Batterie. Korp. Bretmeister, der zuletzt in der Art. Pers. Sammelstelle St.Veit a.d.Glan war, kam heute wieder zu uns. Fähnrich Dornmayr von Haub. 2/1 wurde am Beobachtungsstand in unserer früheren Stellung von einem Sprengstück einer fdl. Granate so unglücklich getroffen, daß er an Ort und Stelle verschied. Ehre dem Andenken des gefallenen Helden.

22.5.

Um 8 Uhr früh ging unsere Mannschaft mit 2 Marinegeschützen wieder in Stellung. Diesmal am Plöckenpaß in die Infanterieschwarmlinie. Wie gern wäre ich mit, aber man läßt mich nicht fort von hier.

Nun bin ich wieder ganz allein, jetzt doppelt, denn nun hatte ich immer etwas Ablösung oder doch Gesellschaft und Unterhaltung, seit die Kameraden hier waren. Nun da sie wieder fort sind, bin ich einsamer denn je. Das Wetter ist immer so herrlich, daß es eine Lust wäre, im Freien draußen zu sein, und ich muß hier sitzen den ganzen Tag wie der Vogel in seinem Käfig.

Um 4 Uhr nachmittags war in Mauthen das Leichenbegängnis des Fähnrich Dornmayr. Von uns wohnte demselben nur Zugsf. Neruda bei, der auch im Namen der Batterie einen Kranz aus Tannenreisig mit

Seidenschleife und mit Widmung: »dem treuen Kameraden / die M.B. Oblt. Schmid« niederlegte.

23.5.

Heute ist der Jahrestag da Italien uns, dem früherem Bundesgenossen, den Krieg erklärte. Es dünkte ihnen ein Leichtes, die lang gehegten Pläne der Irredenta zu verwirklichen. Heute nach einem vollen Kriegsjahr steht der Feind noch immer an der Grenze; ohne Erfolg wurden hunderttausende seiner Söhne hingeopfert, und nicht nur das.

In Tirol beginnt unsere Armee eine erfolgreiche Offensive. In nur 4-5 Tagen verlor der Feind 24.000 Mann allein als Gefangene, 170 Geschütze und Bergeshöhen, die zu erobern der Feind Monate gebraucht hat, sind in wenigen Stunden zurückerobert worden und unsere siegreiche Armee ist schon zum Teil ins Feindesland eingedrungen.

Gegen Mittag feuerte der Feind 3 15cm Granaten herüber, die sämtlich im Lager der Hbtz. Batt. 2/1 in Mauthen explodierten. Ein Mann wurde verwundet, 2 Pferde tot, 2 beschädigt. Nachmittag ein Gewitter mit starkem Regenguß.

24.5.

Nachts ein sehr heftiges Gefecht auf Kl. Pal und Freikofel.

25.5.

Da wir bei unserem Train hier keinen Offizier als Kmd. haben, sondern der Rechn. Untoffz. alles zu beaufsichtigen hat, was ja bei den paar Leuten die hier sind, nichts schwieriges an sich hat, übertrug der St. Kmdt. Hptm. Wolf die Aufsicht über das Ganze dem Leutnant Kunschak vom Gbg.Kan. 2/10. Das ist gerade der Rechte, gewiß unser ärgster Feind in der ganzen k.u.k. Armee.

Zwischen den beiden Batterien, nämlich unserer und der seinigen besteht eine starke Abneigung, um nicht zu sagen, Feindschaft. Alles in dieser Batterie, vom Kanonier (in d. ganzen Batt. ist 1 Deutscher) bis zum Kommandant ist so anmaßend eigensüchtig, daß vom Anfang an eine gute Kameradschaft nicht gut denkbar war.

Selbst die Offiziere harmonierten niemals mitsammen. Vielleicht schon deshalb nicht, da den Herren von 2/10 die humane Art und Weise, wie uns Herr Oblt. Schmid behandelte, nicht zusagte. Deshalb mochten die Herren auch uns, d.h. die Mannschaft, nicht leiden und wir sie nicht, denn wer ein Gegner unseres verehrten Kmdt. ist, den betrachten wir auch als den unsrigen.

Leutnant Kunschak ist nun der allerschlimmste von ihnen und er läßt uns das schon heute, am ersten Tage, recht gut fühlen. Heute mittags ließ er Zgsf. Neruda zu sich rufen, machte ihm heftige Vorwürfe, belegte ihn mit einer Reihe von Schimpfnamen (Schwindler usw.), uns nannte er eine Räuberbande, gewiß ein Beweis für seine niedere Denkweise.

Sodann bestimmte er, daß unsere Mannschaft täglich mit seinen Leuten zum Befehl antreten müsse, außerdem sollte sich jeder von uns, der auswärts zu tun hat, bei seinem Dienstführenden melden. Und noch einige so erbärmliche Schikanen, so daß uns hier völlig die Hände gebunden sind, wir nach ihm überhaupt keinen Willen mehr haben sollen.

Lange dürfte das gewiß nicht dauern, Vorm. Kada wird morgen zu Herrn Oblt. Schmid in die Stellung gehen und bei ihm Beschwerde führen über diese Vergewaltigungen des Herrn Kunschak. So wie ich Herrn Oblt. kenne, wird er sich das auf keinen Fall bieten lassen, daß Herr Kunschak unter seinen Leuten sich Anmaßungen gestattet.

26.5.

So zirka 8 Uhr früh kreuzte ein fdl. Flieger über der hiesigen Gegend. Die Abwehrkanonen eröffneten sofort ein rasendes Schnellfeuer, worauf er sich wieder zurückzog.

27.5.

Feuerwerker Folmann, der bisher in Mauthen war, übersiedelte heute nach Würmlach. Nun haben wir wieder einen Offizier von unserer Batterie hier und wir sind den Hr. Kunschak, der uns so drangsalieren wollte, wieder los. Zgsf. Neruda hatte sich bei Hrn. Oblt. Schmid über Lt. Kunschak beklagt, worauf dies Hr. Oblt. an das Brigadekmdo. weitermeldete, das hat dem Leutnant einen ordentlichen Verweis von Seiten d. Kmd. eingetragen. Freilich ist er jetzt noch mehr auf uns erbittert, aber er hat keine Gewalt mehr über uns.

In den Stellungen die meiste Zeit hindurch heftige Kämpfe. Mich schmerzt es stark daß ich, während andere in der Stellung kämpfen können, so untätig hiersitzen muß. Freilich habe ich es hier viel besser als die dort im Schützengraben, aber doch gefällt es mir nicht. Ich möchte auch kämpfen, streiten wie sie, und man läßt mich nicht, das ist schwer.

31.5.
Am Polinik wird eine Luftabwehrkanone aufgestellt.
Die Haub. Batt. 2/1 geht ab in die Stellung. Von uns gehen 12 Mann zu einer anderen Batterie ab. Jetzt sind wir nur mehr 19 Mann bei unserer Batt. Eine Menge Anordnungen werden getroffen, was auf einen Vormarsch schließen läßt.

Juni 1916

1.6.
Christihimmelfahrt
Nun sind gerade 4 Wochen vergangen, seit ich wieder vom Urlaub zurückkam. Die ganze Zeit über kann ich nicht einmal aus dem Dorf hinaus; heute konnte ich mich einmal losmachen von dem verwünschten Telephon. War nachmittag in Kötschach i.d. Rep. Anst. von wo ich einige Geschützbestandteile abholte. War sehr müde als ich wieder zurückkam.

2.6.
In die Haubitzstellung: um 10 Uhr von hier ab. Um 2 Uhr kam ich in der Haubitzstellung bei Herrn Oblt. an. Es war gerade Feuergefecht, auch der Feind beschoß unsrige mit 21cm und 28cm Geschützen. Doch die Stellung der Haubitzen ist so gut gewählt, so versteckt im dichten Gebüsch, daß sie der Feind unmöglich finden kann. Man sieht die Geschütze nicht eher als bis man sich fast den Fuß daran stößt. Die Stellung befindet sich auf halber Höhe des Zelonkofels, rechts der Plöckenstrasse.
Nach kurzem Aufenthalt trat ich wieder den Rückmarsch an. Gerade da, wo ich wieder auf die Straße traf, sauste eine feindl. 21cm Granate 15 Schritte vor mir in die Erde, ein furchtbarer Krach und dann ein Hagel von Steinen und Kot, daß es ganz finster war um mich. Schnell drückte ich mich an eine Felswand und die kleinen Steine, die auf meinen Rücken niederprasselten, schadeten mir nicht.

Ein Infanterist, der ein paar Schritt vor mir war, wurde von einem schweren Stein getroffen und so nicht unerheblich am Kopf verwundet. Sonst war zum Glück niemand in der Nähe.

Nun machte ich mich wieder auf und um 6 Uhr war ich wieder in Würmlach, aber so müde, daß ich mich kaum mehr auf den Füßen halten konnte. Nun habe ich wenigstens wieder einmal Pulver gerochen.

3.6.
Korpl. Mitterbauer erhielt zum 2. Mal die silberne Tapferkeitsmedaille 2. Klasse, wofür, das weiß der liebe Herrgott.

4.6.
Seit gestern nachmittag regnet es ununterbrochen sehr stark. Heute früh ein kurzer Sonnenblick, der gleich ein heftiges Gewitter zur Folge hatte. Heute bekamen wir alle neue Sommerwäsche und sonstige Ausrüstungsgegenstände.

Die Hauptsache aber sind die Komodschuhe, von denen ebenfalls jeder ein Paar erhielt. Schon lange hatte ich gewünscht, meine schweren Bergschuhe gegen leichtere zu vertauschen.

6.6.
Korpl. Mitterbauer fährt auf Urlaub.

7.6.
Vorm. Kada ist marod. An seiner statt fuhr ich nach Kötschach und Mauthen, wo ich die Verpflegung abholte für uns 10 Mann, was unten beim Train ist.

Unsere Batt. ist ja ganz zerteilt; der ganze Stand 19 Mann, davon sind 4 Mann in der Stellung bei unseren 2 Geschützen, einige bei den Haubitzen. Verpflegt werden diese von der Infanterie.

Fähnrich Hollmann fuhr abends auf Urlaub.

9.6.
Oblt. Schmid kam nachmittags von der Stellung herunter, um 5 Uhr wieder von uns weg auf die Bahn nach Oberdrauburg, er tritt heute seinen Urlaub an.

11.6.

Pfingstsonntag. Hier ist ein Tag wie der andere, gibt keinen Unterschied. Vormittag hatte ich einen heftigen Streit mit Vorm. Gintner, ist ein ganz erbärmlicher Wicht. Nachmittags ein starkes Gewitter mit schwerem Regen.

15.6.

Oblt. Schmid wurde zum Kommandant der neu aufgestellten 15cm Mörser-Batterie No. 25 Muster 1880 bestimmt. Heute nachmittag traf auch schon die zu dieser Batt. bestimmte Mannschaft, 33 Mann und 3 Kadettaspiranten, hier ein.

Wir sollten 1 Batt. von dem ebenfalls neu aufgestellten 15cm Feldhaubitz-Regiment No. 94 bekommen. Es wurde unserem Oblt. versprochen, und nun bekommen wir diese alten Spritzen, die nichts mehr wert sind. Hr. Oblt. Schmid ist zweifelsohne einer der besten Artillerie-Offiziere, aber seit diese 94. ITD. hier ist, gibt eben nicht der Verdienst den Ausschlag, sondern die Protektion. Gewisse Herren sind eben unserem Oblt. nicht günstig gesinnt. Selbst im Felde tritt die alte Schweinerei, die ohnehin unser liebes Österreich schon an den Rand des Abgrundes gebracht hat, offen zutage.

Dutscher und Materna haben ihre Tischlerarbeit für die Offiziersbarakke bei Haubitzbatterie 57 beendet, sie kommen heute herunter. Materna löst mich von Zeit zu Zeit im Telephondienst ab. Polinik wird von 28cm Geschützen beschossen. Eine Gb.Kanone M14 wurde getroffen und vollständig zerstört. Fast fortwährend sind heftige Gefechte im Gange.

Es liegt etwas in der Luft, die Schwarmlinien sind vollgesteckt mit leichter Artillerie und alten fast wertlosen Kanonen. Schwere und schwerste Artillerie wird immer mehr herangeschafft. Alles deutet auf eine Offensive unsererseits hin.

16.6.

Mitterbauer vom Urlaub zurück. Ich war vormittag in Kötschach. Abends wieder einmal eine Tarockpartie.

17.6.

Vormittags in der Fassungsstelle Mauthen. Die uns zugewiesenen Mörser, die recht notdürftig in der A.R.W. instandgesetzt werden mußten, wurden heute fertiggestellt.

18.6.

Die Mörser werden von Kötschach abgeholt und wurden heute bis zu den Plöckenbaracken hinaufgeschafft.

Österr. Militärlager, die Plöckenbaracken auf der Kreuztratte

19.6.

Weitertransport der Geschütze. Nachmittags sehr starkes Gewitter von wolkenbruchartigem Regen begleitet.

20.6.

Im ganzen Abschnitt heftiger Angriff unsererseits; sehr starkes Geschütz-feuer. Es zeigt sich daß auch dem Gegner eine ansehnliche Zahl schwerer Geschütze zur Verfügung steht.

Das feindl. Feuer konzentriert sich hauptsächlich auf Polinik und Plöckenstrasse. Die Strasse zum Teil für Wägen unpassierbar.

Traurige Nachrichten von Zuhause erhalten.

22.6.

Fronleichnamsfest. Das Wetter ist günstig. Hier in unserem Ort war die Feier, wenngleich sie ein fast ärmliches Aussehen hatte, doch ganz hübsch. Gerade vor unserem Haus war ein Altar aufgerichtet und ich konnte so auch die Feier übersehen.

In Mauthen und Kötschach wurde der Tag besonders festlich abgehalten. Die Infanterie bildete Spalier und eine Militärmusikkapelle spielte. Schon die einfache Feier in unserem Dorf hat mich tief ergriffen. Neben mir aber standen zwei Kameraden, die während der ganzen Feier lachten und frivole Späße machten.

23.6.

Die ganze Nacht und den Tag über heftige Artillerietätigkeit. Die Italiener greifen an. Er macht die größten Anstrengungen um etwas zu erreichen, bisher waren seine Anstrengungen vergebens. Unsere Stellungen werden von schwerer sowie schwerster Artillerie beschossen. Unsere 30,5cm Mörser und die übrige Artillerie erwidert das fdl. Feuer mit gleicher Heftigkeit. Batt. 2/10 auf dem Polinik hat 4 Verwundete. Ein Geschütz demoliert.

Von Beobachtung wird gemeldet: Schüsse von 30,5cm Mörser sind gut; Gegner hat schwere Verluste. Eigene und fdl. Flieger durchkreuzen die Luft.

Unsere hatten an Mann eingebüßt: 1 Fähnrich verwundet, 6 Tote, 57 Verwundete.

Abends: die hier stationierte MG-Abteilung erhielt heute Befehl zum Abmarsch. Infolgedessen muß der Telephondienst, den bisher die Inftr. innegehabt, von uns und Geb.Kan.Batt. 5/13 übernommen werden, und ich wurde als Erster zum Dienst kommandiert. Nun hause ich also in dem alten Schloß, das aus dem 15. oder 16. Jahrhundert stammt. Ein kleines rundes Turmgemach ist als Telephonzimmer eingerichtet. Da sitze ich nun mutterseelenallein und lausche der Gespräche, die in einemfort durch das Telephon summen, mitunter ruft auch mich jemand auf, ich gebe Auskunft wo es möglich ist, nehme Depeschen ab oder gebe welche auf, und gibt es nichts zu tun so lese ich die Zeitung, schreibe Briefe und so vergeht die Zeit.

24.6.

Schon am frühen Morgen wieder sehr starkes Artilleriegefecht.

9 Uhr vormittag: ein fdl. Aeroplan durchkreuzt die Luft, die Abwehrkanonen eröffneten sofort ein heftiges Abwehrfeuer auf ihn, worauf das Flugzeug scinen Kurs wieder südwärts wendet.

Nachmittags in Kötschach. Spät am Abend noch meldet mir der diensthabende Telephonist, die Verbindung sei unterbrochen. Da diese Linie eine sehr wichtige ist, mußte die Verbindung so schnell als möglich wieder hergestellt werden. Nach längerem Suchen fand ich das eine abgerissene Ende, bald auch das zweite, schaltete sie wieder zusammen und die Verbindung ist wieder hergestellt.

25.6. Sonntag
Um 7 Uhr früh durchkreuzten 3 fdl. Flieger in der Richtung nach Villach die Luft. Unsere Abwehrkanonen beschossen sie mit rasendem Schnellfeuer, bald war der blaue Himmel ganz vollgesprenkelt mit kleinen Schrapnellwölkchen, leider aber kein Treffer. Nach 20 Minuten kehrten die fdl. Flieger wieder unversehrt nach Süden zurück. Eine halbe Stunde später zeigte sich ein eigener Flieger, dem bald ein zweiter folgte, dieser nahm seinen Kurs südlich dem Feinde zu.

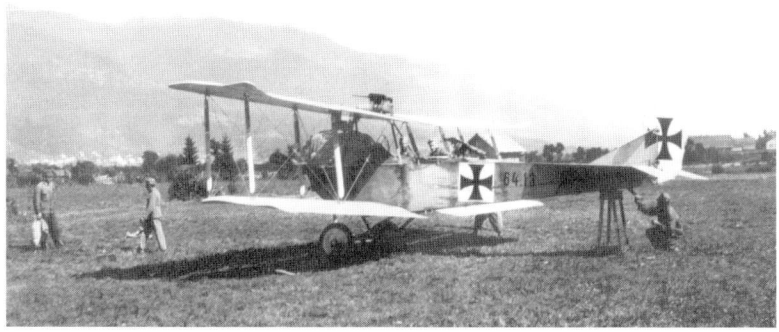

Flugplatz Nölbling; Hansa Brandenburg C I

Unsere Batterie wird dem Kmd. des schw. Feldhaubitz-Rgmt. Nr. 94 unterstellt.

26.6.
Oblt. Schmid vom Urlaub zurück. Mittags starkes Gewitter, das bis gegen

Abend anhält, sehr schwerer Regen mit Hagel vermischt.

Auf Befehl von Hr.Oblt. mußte ich den Dienst beim Stat.Kmd. Telephon aufgeben und die Stat. in der Kanzlei wieder belegen. Ich bat heute nachm. Hrn.Oblt. wieder in die Stellung gehen zu dürfen, da ich das ewige Sitzen beim Telephon schon vollständig satt habe. Erhielt auch sogleich die Erlaubnis und so werde ich morgen hinaufgehen.

27.6.

Oblt. Schmid geht in die Stellung. Um 8 Uhr früh ging ich von Würmlach ab und kam um ½ 11 Uhr in der Mörserstellung an, von da aber gleich wieder weiter, um 12 Uhr kam ich in der Stellung an. Erst aber mußte man über eine mehrere hundert Stufen hohe Leiter hinaufklettern.

Oben angekommen, stand ich dicht vor ein paar Baracken, hinter denen sich, keine 10 Schritte entfernt, die Schützengräben und unsere Geschütze befinden.

Das erste war nun, daß ich mir in einer der Baracken eine Lagerstätte suchte, brachte meine sieben Sachen unter. Dann zeigten mir die Kameraden die Stellungen, die Verteidigungsanlagen und sonstigen Einrichtungen sowie ihren Zweck bei einem eventuellen Angriff.

Mir ist alles ganz neu, denn es ist das erste Mal, daß ich mich in einer Infanteriestellung befinde. Die Stellung wird vom Ldst.Inft.Baon 43 gehalten. Diese Stellungen, es sind ihrer vier, drei darunter unsere auf Cellon, eine gerade gegenüber auf Kl. Pal, sind so ziemlich die Schlechtesten in einem breiten Frontteil. Im Winter von Lawinen stark mitgenommen, von denen eine über 50 Mann das Leben kostete. Sonst aber, besonders die beiden Höhenstellungen, oft von fdl. Artillerie auf's stärkste unter Feuer genommen.

Heute heftiges Artilleriefeuer. Unsere Artillerie auf Mauthneralpe unterhielt bis zu Mittag ein starkes Feuer, stellte aber dasselbe dann ein, während das feindliche bis am späten Abend anhielt.

Duscher und Materna kamen abends von den Mörsern herauf. Da unten hatte ihnen das fdl. Feuer hübsch arg zugesetzt; Baracken waren zerschossen, ein Vormeister tot, von einem Sprengstück den Schädel zertrümmert.

Fdl. Infanterie stürmt unsere Stellungen auf Freikofel und Pal Grande, es kam zum erbitterten Handgemenge. Dann gelang es Unseren wieder,

Artilleriestellung auf der Mauthneralpe, im Hintergrund das Gailtal

die verlorenen Stellungen wurden zurückgewonnen, aber der Feind stürmte wieder an und nahm den Freikofel zum zweitenmal, während sich Unsere am Großen Pal halten konnten. Unsere Infanterie stürmt wieder vor, jagt den Feind aus unseren Gräben und der Freikofel ist wieder Unser.

Viel Blut ist geflossen und hunderte von Toten und Verwundeten liegen am Kampfplatz. Furchtbar sind die Verluste des Gegners, auch Gefangene hatte er verloren. Aber auch von den Unsrigen hat so mancher sein Herzblut dabei vergossen.

In der Nacht gingen drei Kompagnien zur Verstärkung an die gefährdeten Punkte. Polinik 1 Toter, 8 Verwundete. Von 12 bis 2 Uhr Nachts hatte ich Inspektion im Schützengraben. Ganz wenig geschlafen.

28.6.
Jahrestag der Ermordung des Thronfolgerpaares. Sehr schlechtes Wetter. Keine Kampftätigkeit.

29.6.

Gegner eröffnet schon am frühen Morgen ein sehr heftiges Artilleriefeuer. Auch Infanterie-Tätigkeit. Der Donner der Geschütze währt ununterbrochen, erweckt in den Bergen und Felsschluchten ein tausendfaches, schauerlich klingendes Echo. Wir haben 2 Verwundete.

Nachmittags heftige Infanterieangriffe im ganzen Abschnitt, wurden jedoch überall abgewiesen und erlitten furchtbare Verluste. Anders ging es auf Zelonspitze, hier überraschte nach kräftiger Artillerievorbereitung der Feind die geringe Besatzung und gegen 12 Uhr nachts war diese für uns so wichtige Stellung im Besitz des Feindes.

Vom Rgmt.Kmd.94 kam abends der Befehl, bei unseren Geschützen strenge Bereitschaft zu halten. Die Stimmung in unserer Stellung ist sehr gedrückt. Die Besatzung ist kaum 35 Mann stark. Wir verbrachten die ganze Nacht im Schützengraben und besprachen untereinander den Verlust des Berges, es ist für uns ein sehr schwerer Schlag, es droht nun unmittelbar Tod oder Gefangennahme. Schöne Aussichten!

30.6.

Wenn es Gottes Wille ist, daß ich diese schweren Tage überlebe, die heutige Nacht werde ich nie vergessen können. Bis 2 Uhr blieb ich noch, da wir jede Minute einen Angriff erwarteten, dieser blieb jedoch aus. Mich übermannte der Schlaf und auf einem zur Hälfte leeren Kohlensack als Kissen schlief ich bis 5 Uhr früh. Trank dann meinen Kaffee und schlief wieder bis 8 Uhr, immer von wilden Träumen gequält.

Heute ist's ziemlich ruhig, nur einzelne Art. und Inft. Schüsse unterbrechen die angstvolle Stille. Die Spitze des gestern verlorenen Zelon ist in dichtem Nebel gehüllt. Gegen 10 Uhr vorm. kam ein Infanterist zu uns, er war bei Nacht über die fast senkrechte Zelonwand heruntergeklettert. Der einzige Mann von der 150 Mann starken Zelonbesatzung, den wir bis jetzt erblickten. Die Übrigen sind wohl alle tot oder gefangen. Der Mann erzählt schauderliche Vorgänge von da oben.

Um ½ 11 Uhr warf der Feind die erste Mine herunter, jedoch zu kurz. Wir können, ohne uns der größten Gefahr auszusetzen, die Baracken nicht verlassen. Gegen Infanteriefeuer und Minenwerfer sind wir in den

Baracken geschützt, sobald aber fdl. Artillerie auf uns feuert, sind wir der Vernichtung preisgegeben. Das sind schwere Stunden! Unmittelbar das Verderben vor Augen. O teure Heimat! Ihr alle meine Lieben! Werd ich Euch wiederseh'n? Doch ich verzage nicht, vertrau auf Gott, er hilft in Not.

Nachmittag begannen wir mit dem Bau einer kleinen Deckung für das zweite Geschütz. Infanteristen verstärken die Dächer der Baracken, maskieren die Außenwände derselben.

Kurzes, aber kräftiges Artilleriefeuer unserer Batterie auf Mauthneralpe. Am Abend fdl. Artilleriefeuer. Gegner sperrte die Straße, den einzigen Zugang in unsere Stellungen auf kl. Pal und Freikofel, durch Schrapnell. Nach ½ Stunde stellt Gegner das Feuer wieder ein.

3. TAGEBUCH

Juli 1916

1.7.
Am Morgen und im Verlaufe des Vormittags beiderseits ganz schwaches Feuer. Bretmeister und ich bauen an der Stellung weiter. Sehr heißer Tag.
Mittags: Schw. M. schießt auf Zelon und grüne Schneid.
Nachm.: starkes fdl. Art. Feuer auf Zelonschulter.
Abends: Schw. M. beschießt die fdl. Paßsperre mit Erfolg.
Während der Nacht sehr starkes Gewitter, dann wieder beiderseits Art. Feuer.

2.7.
Die Besatzung d. St. wird durch frische Truppen vom 10.Inft.Rgmt. abgelöst.

Vormittags: Unsere Batterien eröffneten ein furchtbares Feuer auf Zelon, das den ganzen Vormittag ohne Unterbrechung anhält. Mittags setzt wieder fdl. Feuer auf die Schulter ein. Die Steine und Sprengstücke sausen bis zu uns herab. Ein Infanterist ist schwer verwundet. Unsere Batterien eröffnen wieder das Feuer auf Zelon. Es ist ein furchtbares Kampfgetöse. Abends setzt starker Regen ein. Dann wieder Art. Feuer.

4.7.

Um 1 Uhr nachts Alarm. Wir machten die Geschütze feuerbereit. Doch war nichts los, nur blinder Alarm. Erst um ½ 5 Uhr früh schlafen gegangen.

Vormittag: Verstärkung der zweiten Geschützdeckung. Gegner beschießt unsere Stellung, doch ohne Erfolg, kein Treffer. Die Infanterie baut um die Baracken Steinmauern auf.

Nachmittags: Feuer unserer Art. auf Zelon.

Die fdl. Art. schießt fast gar nicht mehr, auch die Inft. verhält sich ganz ruhig. Es ist plötzlich eine so eigentümliche, beklemmende Ruhe eingetreten. Es liegt irgendetwas in der Luft. Unsere ganze Position hier ist durch den Verlust des Zelon sehr gefährdet, auf die Dauer aber meiner Ansicht nach unhaltbar geworden.

Laden eines schweren Mörsers

5.7.

Ein gräßliches Gewitter während der Nacht. Bei Tag Regen. Nachmittag ging ich zur Mörserbatterie hinunter, unsere Post zu holen. Unten angekommen staunte ich über die Arbeit, welche die Mannschaft innerhalb 10 Tagen geleistet hat. Geschütze in Stellung gebracht, Kavernen in den Felsen gesprengt, Deckungen gebaut und noch vieles Anderes. Die Mannschaft muß arbeiten vom frühen Morgen bis spät Abends. Dazu eine ganz ungenügende Menage. Dabei werden solche Anforderungen gestellt.

6.7.

Um 2 Uhr nachts auf Wache im Schützengraben, habe noch gar nichts geschlafen. Vom Zelon wirft der Feind einige Minen, die unweit von der Stellung explodieren. Leuchtraketen tauchen auf, erhellen für Augenblicke das ganze Terrain und fallen erlöschend wieder zur Erde.

½ 5 Uhr morgens ist es, nun kommt die Ablösung, ich kann schlafen gehen.

Ich langweile mich auch hier furchtbar, wenn ich nur etwas zu lesen hätte! Aber leider. Der Körper arbeitet, aber für den Geist bleibt hier nichts übrig, man wird denkfaul, stumpfsinnig bei dem ewigen Einerlei. Geistige Erholung finde ich nur in meiner Korrespondenz, das einzige, was die Gedanken ablenkt von der eintönigen Umgebung.

Unsere Wasserquelle hier oben ist versiegt, wir müssen das ganze Wasser mühsam den Berg heraufschleppen. Menage ist sehr mittelmäßig, seit diese Kompanie hier ist, ja ungenügend. Heute z.B. gab's zu Mittag Käse, der ja als Zubuße gefaßt wird und auch als solche verteilt werden soll. Hier aber erhalten wir Käse zu Mittag, dafür zieht man uns von den 30 dkg Fleischgebühr zumindest ¾ ab. Dabei aber werden hohe Anforderungen gestellt, sollen die Leute was leisten.

Abends: da ich auch sonst nichts zu tun wußte, so schrieb ich Briefe in die Heimat. Den Verwandten und meinem treuen holden Lieb. So verging die Zeit, später dann im Gespräch mit Korp. Mitterbauer, dem einzigen Menschen hier, mit dem ich mich unterhalten kann. Denn die Anderen wissen selten etwas anderes zu besprechen als Trunk, Spiel und Weiber. Wir beide unterhielten uns mit gegenseitigem Erzählen bis Mitternacht auf die angenehmste Weise.

Da der Dienst, den wir bisher immer während der Nacht gehalten, aufgelöst wurde, konnte ich nun ungestört der Ruhe pflegen.

8.7.

Am Morgen sah ich, daß die fdl. Stellungen größtenteils in Nebel gehüllt waren. Das wollte ich dazu benützen um auf die Felsen hinaufzusteigen, von wo ich mir Edelweiß holen wollte. Bis ich hinauf kam war leider der Nebel größtenteils verflogen und ich mußte wieder mit leeren Händen abziehen.

Nachmittags: in der Sperre 4 Verwundete. Mußte mit Rybzak zur Mörserbatterie hinunter, von wo wir alsdann 2 Tafeln Wellblech für die 2. Geschützdeckung mit heraufnahmen.

Abends wieder Nebel, da versuchte ich wieder mein Glück, kletterte wieder den Berg hinauf. Der Nebel wurde immer dichter und begünstigte so mein Vorhaben. Ich fand Edelweiß und sogar viel mehr als ich erhofft hatte. Meine Freude darüber, daß ich endlich Edelweiß gefunden, ist groß. Als ich um 10 Uhr abends zurück kam und meinen mit Lebensgefahr gehobenen Schatz zeigte, wollte natürlich jeder davon haben, einigen gab ich, dann ging mir die Geduld aus, denn zum Schluß hätte ich selber nichts gehabt. Es sind ja ihrer viele, die zu faul sind um selbst da hinauf zu klettern.

9.7.

Vormittags war ich damit beschäftigt das Edelweiß schön der Reihe nach zu ordnen. Sandte auch welches meinem Bruder. Eigene Artillerie schießt auf Kl. Pal. Gegner erwidert an keiner Stelle das Feuer.

Nachmittags mit Rybzak wieder bei den Mörsern, von wo wir noch zwei Tafeln Wellblech heraufschleppten.

10.7.

Lebhaftes Feuer der eigenen Artillerie gegen Zelon. Der Nachtdienst, den wir früher gehalten, wird wieder eingeführt.

11.7.

Langsames Feuer eigener Art. gegen die fdl. Stellungen, hauptsächlich auf Zelon, welche in Brand geschossen wurden. Gegner hat ohne Zweifel auf Zelon starke Verluste.

12.7.

Den ganzen Tag über eigenes Artilleriefeuer, hauptsächlich wieder gegen Zelon. Nachmittags setzt auch fdl. Artilleriefeuer ein. Zeitweise Infanterie-Geplänkel. Spät abends marschierte 1 Komp. von Inf.Rgmt. Nr. 21 nebst einer Abt. Sappeure als Verstärkung auf die Zelonschulter. Gegner versuchte wieder einen Angriff auf die schon seit längerer Zeit von uns besetzte Freikofelspitze, wurde aber von den Unsrigen blutig abgewiesen.

Eigene Artillerie hält auch während der Nacht den Zelon unter ständigem Feuer.

13.7.

Fdl. Art. feuert gegen Zelonschulter.

14.7.

Am Morgen dichter Nebel, unter dessen Schutz Bretmeister und ich uns Edelweiß holen wollten. Aber kaum ein paar Sträußchen gepflückt, verzog sich auch schon der Nebel und wir mußten zurück.

Gegner beschießt wiederum die Schulter. Feldwache 3 auf der Schulter wird besonders schwer mitgenommen. Ihre Deckung durch die Granatvolltreffer zertrümmert. Von den 8 Mann, die darin Schutz gesucht, wurden 4 leicht verwundet, wie durch ein Wunder blieben die Anderen unverletzt.

15.7.

Regen. Nachmittags starkes Gewitter. Sehr kalt. Auf höheren Bergen Schneefall. Abends bei den Mörsern um die Post zu holen. Arbeitsmannschaft beginnt mit dem Bau einer zweiten Seilbahn auf die Schulter. Von der Mannschaft, welche abends die Schulterbesatzung ablöst, zwei Mann durch Steinschlag verwundet.

Heute ist Jahrestag der Aufstellung unserer Batterie. Ein volles Jahr sind wir nun bei diesen Spritzen und was haben wir in dieser Zeit nicht alles mitgemacht. Auch ein Jahr voll Mühe und Strapazen, aber schöner, voll anerkannter Leistungen, auf die wir heute stolz zurückblicken können. Drei meiner Kameraden haben in dieser Zeit ihr junges Leben für's Vaterland geopfert. Nur zwei sind ins Spital abgegangen und einer transferiert.

Ein Infanterist der MG-Mannschaft, ein Steirer, spielt Zither. Tief bewegten Herzens lauschte ich den zarten Klängen, die er dem Instrument entlockte. Aber so gern ich den heimischen Weisen auch lausche, immer machen sie mich tieftraurig. Sie erinnern so sehr an eine schöne, längst entschwundene Zeit, an Tage des Friedens, den nun schon die ganze Menschheit so sehr ersehnt und den so viele tausende nicht mehr erleben, weil der Krieg sie gemordet hat.

O schöne Zeit des Friedens, kehre wieder!

Nun 12 Uhr nachts, es ist Zeit, daß ich auf meinen Posten gehe. Also verlasse ich das Zitherspiel, das doch fortwährend übertönt wird von dem Donner der eigenen schweren Artillerie, das unterbrochen wurde von Verwundeten, die sich mühsam vorbeischleppten.

Es ist eine schöne, klare Mondnacht. Ab und zu ein paar Schüsse von unseren Wachposten, wenn sie Verdächtiges bemerken. In der fdl. Stellung herrscht tiefe Ruhe, die uns sehr verdächtig ist. Die Feinde planen etwas gegen uns.

16.7.

Mittags marschierte ich nach Würmlach ab, wo ich verschiedenes für uns besorgte.

17.7.

6 Uhr früh wieder auf und in die Stellung. 11 Uhr oben. Einschießen unserer Mörser auf kl. Pal. Oblt. Schmid mit Obstlt. Kralupa auf Beobachtung. Fdl. Feuer gegen die MG-Abt., Fdl. Sperrfeuer auf Plöckenstrasse.

18.7.

Schon früh morgens gegenseitiges Art. Feuer. Gegner unterhält heftiges Feuer auf MG-Abt.

Korp. Bretmeister geht nach Villach ab. Übernimmt dort ein dr.M.Gesch. [3. Marinegeschütz?] und wird alsdann mit diesem auf Kl. Pal kommen. Vorm. Raiffeis an seiner statt zu uns herauf.

Gegner beschießt die Schulter eine Zeitlang sehr heftig. Ein Verwundeter kam herunter mit einem durch Geschoßsplitter ganz entstellten Gesicht und den linken Oberarm furchtbar zerschmettert. Er wurde hier verbunden und hinuntergetragen.

19.7.
Mit Raiffeis und Mitterbauer wieder auf der Suche nach Edelweiß. Der Nebel verzieht sich indessen viel zu schnell, sodaß wir mit wenigen Sträusschen den Rückzug antreten mußten.

20.7.
Zeitlich am Morgen, da dichter Nebel, mit Raiffeis um Edelweiß; diesmal Glück gehabt, ziemlich viel gefunden. Wir sind beide ganz durchnäßt.
    Abends bei der Batterie um die Post. Erfuhr hier, daß 1 Baon vom IR 14, also meine Landsleute, bei Stat. »Wien« seien. Gleich ging ich mit Duscher hinunter, konnte aber leider keinen Bekannten darunter finden. Daß Vierzehner hier sind, ist wohl der beste Beweis dafür, daß wir schweren Kämpfen entgegengehn. Der Feind belegt die Straße mit einigen Schüssen aus seinen 28igern, aber ohne den geringsten Erfolg. Bei Nacht Gewitter mit starkem Regen.

21.-22.7.
Starke Artillerie-Gefechte. Gegner beschoß heute mittags unsere Sperre. Das Essen ist fast ungenügend, die meiste Zeit kein Wasser, äußerst selten fassen wir mal einen Schluck Wein oder Limonade. Die ganze Mannschaft klagt über die Verpflegung. Das ist schon ein Dasein, nicht mehr lange zum Aushalten. Vorm. Rybzak nach Würmlach einkaufen.

23.-24.7.
Unser Kmdt., Oblt. Schmid erhielt das silberne Signum Laudis, seine dritte Auszeichnung seit Kriegsbeginn. Vorm. Raiffeis, der heute die Post holte, gratulierte in unserem Namen. Dafür bekamen wir 12 Flaschen Exportbier, vier davon wurden noch abends geleert. Heute ist es auch ein Jahr, daß wir mit unseren Geschützen an diese Front gekommen.

25.-26.7.
Am 25. Abends kam der Befehl, strenge Bereitschaft zu halten, da starker Angriff auf Gr. Pal, Freikofel und Kl. Pal erwartet werde. Bald tobte auch schon der Kampf. Um Mitternacht wurde wieder Ruhe, der Angriff war blutig zurückgewiesen worden. Ich war die ganze Nacht wach. Wir spielten Karten auf unserer Pritsche, erst als die Andern der Schlaf

überwältigte, nahm ich eine alte Zeitung zur Hand und hielt allein die Wache bis 6 Uhr früh. Dann erst, nachdem ich Kaffee getrunken, legte ich mich schlafen.

27.7.

Unsere Verpflegung, die in den letzten Wochen so mittelmäßig war, wird nun wieder zusehends besser. Wir erhalten nun häufig Zubußen, heute gab's sogar pro Mann ½ l Bier. Ein Fasttag pro Woche. Da geht's freilich knapp zu: eine Fleischkonserve und 200 gr. Zwieback. Es ist wohl wenig, aber einen Tag ist's immerhin leicht zum Durchhalten.

Am Abend bei den Mörsern. Ich überbrachte den Herren etwas Edelweiß. Fdl. Angriff am Kl. Pal. Längere Zeit hindurch auch starke Artillerietätigkeit auf beiden Seiten.

28.7.

»Ein Parlamentär« Um 6 Uhr früh Alarm. Den Grund wußten wir anfangs gar nicht. Dann wurde uns gesagt, daß von uns ein Generalstabsoffz. als Parlamentär in die fdl. Stellung hinübergehen werde. Das war etwas, was ich im Krieg noch nicht gesehen hatte und das mich darum auf's Höchste interessierte.

Schon am frühen Morgen war mir die schon ganz ungewohnte, tiefe Stille aufgefallen, nun wußte ich auch was dies zu bedeuten hatte. Es war sozusagen Waffenstillstand für einige Stunden. Die Inft. war vollständig in ihren Gräben. Es hieß, daß, wenn der Parlamentär vom Feinde nicht empfangen werden sollte, von der gesamten Inft. und Artillerie ein starkes Feuer gegen den Feind eröffnet werden sollte.

Um 8 Uhr kamen unterhalb Plöcken-Gasthaus vier Reiter in Sicht. Das war der Erwartete. Voran ritt ein Trompeter, in der linken Hand eine große weiße Fahne tragend. Langsam, feierlich, kam der kleine Zug bis zur Sperre. Hier ließen sie ihre Pferde und gingen zu Fuß weiter. Ein paar Infanteristen beseitigten die Drahtverhaue. Laut schmetterte die Trompete in den hier beginnenden engen Paß.

Ich war höchst gespannt was nun kommen werde. Nachdem das letzte unserer Drahtverhaue hinter ihnen war, blieb der kleine Trupp stehen. Durch ein Schallrohr sprach der Offizier auf italienisch zum Gegner hinüber. Dort blieb alles still. Dann gingen sie wieder weiter bis zu unserem Zollhaus, ein paar Schritte weiter war die Reichsgrenze; hier wieder ein kurzer Aufenthalt. Die Straße macht hier eine Krümmung hinter einen Felsen. Erst als sie schon am italienischen Zollhaus vorüber waren, bekamen wir die 4 Männer wieder zu Gesicht. Nach einem abermaligen, diesmal ziemlich langen Aufenthalt, gingen sie noch ein Stück weiter, bis plötzlich eine starke fdl. Truppe unter den Felsen hervortrat und sie in ihre Mitte nahm.

Nun konnte man ihren Weg nicht weiter verfolgen, da die Straße wiederum eine Biegung machte, hinter welcher unmittelbar die fdl. Stellung liegt. Was mögen sie wohl dort verhandeln? Das ist ein Rätsel, dessen Lösung auch unsere Offiziere nicht kennen und das uns wohl niemand lösen wird. Die ungewohnte, tiefe Stille machte einen eigenartigen Eindruck auf mich. Wir setzten uns auf die Deckung um alles gut sehen zu können, was da unten vorging. Auch die Feinde zeigten sich ganz frei vor ihrer Stellung, schwenkten weiße Tücher.

Drüben auf der MG-Nase sangen die Steirer von der MG-Abteilung eines ihrer schönsten Lieder, dessen Klänge gewiss auch zum Feinde hinüberhallten. Der allzu ängstliche Inftr. Oblt. aber verbat ihnen gleich das weitere Singen und die Sänger zogen kopfschüttelnd ab. Für einige Stunden erschien es förmlich als ob tiefster Friede wäre. Kein Schuß war hörbar. Eitler Gedanke. Denn als um 1 Uhr die Parlamentäre wieder zurückkamen, die Drahtverhaue wieder in Ordnung gebracht waren, fiel auch bald wieder der erste Schuß und zwar unsererseits.

Gegen Abend begann auch unsere Artillerie ein lebhaftes Feuer auf Zelon, während der Feind sich die ganze Zeit über ziemlich ruhig verhielt. Der Krieg geht weiter ... weiter ohne Erleichterung, ohne Hoffnung auf baldigen Frieden, Erlösung aus all dem Jammer und Elend, das er über uns gebracht.

Da abends dichter Nebel war, kletterte ich mit Raiffeis wieder den Berg hinauf um Edelweiß. Nachdem wir einige Sträußchen gefunden, verzog sich jedoch plötzlich der Nebel und wir mußten uns schnell verstecken, um nicht vom Feinde ins Kreuzfeuer genommen zu werden. Ganz durchnäßt kamen wir später hinunter.

Vom Vater einen Brief erhalten. Er klagt über die mißlichen Verhältnisse, in denen sie sich Daheim befinden. Seit 3 Wochen, so schreibt er, alle Tage Regen. Das Korn wächst auf dem Acker, das Stroh verfault, weil es nicht unter Dach gebracht werden kann, ebenso faulen die Kartoffel schon jetzt in der Erde. Was soll das werden? Das dürfte wohl doch der Anfang vom Ende sein.

29.7.

Zgsf. Neruda, unser R.U.O., zum Feuerwerker befördert. Starkes Artilleriefeuer beiderseits. Am Abend veranstaltete Fähnr. Berenski unter den Infanteristen eine Sammlung für die 4. Kriegsanleihe.

Die Art und Weise, wie er dabei vorging, empörte mich auf's tiefste. Abgesehen davon, daß er den Leuten vormachte, die Sammlung wäre fürs Rote Kreuz, zwang man die Leute fast, um ja auch einem jeden eine oder zwei Kronen herauszupressen; und die Leute, ohnehin durch die rohe Behandlung seitens der Offiziere gedrückt, geben willig, um nur wieder Ruhe zu haben. So, wie man mit diesen Leuten verfährt, das habe ich noch bei keiner Truppe gesehen.

Auch wir Artilleristen sollten geben, 2 gaben auch je 2 Kronen. Ich gab und gebe nichts, wäre man etwas schonender vorgegangen, dann vielleicht ja. Aber zwingen, meine Löhnungskreuzer zur Kriegsanleihe zu geben, lasse ich mich nicht.

31.7.

Gegner beschießt Mauthen und Würmlach mit schwerster Artillerie. Es kommen wahre Hiobsbotschaften herauf.

Würmlach stark beschädigt, Mauthen soll zum Teil zerstört sein. Viele Tote und Verwundete. Die Leute wandern alle aus. Überall herrscht Verwirrung, Angst und Schrecken.

Ach, wie mag den armen Leuten zu Mute sein, die ihr ganzes Hab und Gut, die Ernte auf den Feldern draußen, ihre Heimstätten verlassen und flüchten müssen! O, der Krieg!

August 1916

Die ersten paar Tage über nichts Besonderes. Am Abend des 3. kam Befehl: «Strenge Bereitschaft«. Wir glaubten, die fdl. Artillerie werde uns beschießen, aber sie blieb die ganze Nacht ruhig, während unsere fast die ganze Nacht hindurch ein langsames Feuer auf die gegnerische unterhielt.

Der Ortskern von Mauthen nach der Beschießung am 31.7.16

4.8.

Um 6 Uhr früh, nachdem wir Kaffee getrunken, durften wir uns wieder niederlegen. Um 8 Uhr wurden wir auch schon wieder geweckt. Es heißt, der Feind greift an. Erst schien mir nicht viel los zu sein, nur die Schulter wurde vom Feind heftig beschossen. Das dauert bis gegen 9 Uhr. Da kommt telephonische Meldung: »Fdl. Infanterie greift vom Zelon aus die Schulter an!« Zugleich begann auf 3 Seiten ein heftiges Infanterie- und MG-Feuer. 20min. später die Meldung: »Die Italiener sind schon auf der Schulter«. Gleich darauf wurde die Telephonverbindung unterbrochen. Ein Gefreiter kommt herunter, blutend, zerfetzt und voll Schmutz, bittet um sofortige Verstärkung, da nur mehr ein Leutnant und 2 Mann sich in der Kaverne halten. Hptm. Surek schickte sofort Korp. ... mit 2 Mann von der Feldwache hinauf und orderte auch schnell weiteren Nachschub an.

Der Cellon (auch Zelon oder Zelonkofel)

Die Schulter in den Händen des Feindes! Das war ein Schlag für uns, denn wenn es nicht gelang, ihn wieder zurückzuwerfen, wären wir, unsere Stellung und damit auch der Paß verloren. Schöne Aussichten! Bald wird der Feind auch uns angreifen, und richtig: Um 10 Uhr fängt unsere vorderste Feldwache an zu feuern. Der Feind kommt von der Sperre, er bläst Sturmsignal. Nun eröffnen auch wir das Feuer. Es blitzt aus den Schützengräben, die MG rasseln und dazu der Donner unserer beiden Geschütze, mit denen wir sofort ein rasendes Schnellfeuer auf den Feind eröffneten. Furchtbar hallt das Knattern und der furchtbare Geschützdonner durch die Berge. Das dauert so 10 Minuten. Dann Befehl: »Feuer einstellen«.

Der Angriff ist abgeschlagen; der Feind hat wohl einsehen müssen, daß er bei solchem Feuer nicht vorwärts kann. Gott sei Dank! Bei unserem Geschütz ist das Fundament zerrissen, durch den starken Rückstoß. Es ist unbrauchbar. Das gibt nun wieder schwere Arbeit für uns, bis wir einen neuen Sockel aus Beton herstellen und das Geschütz wieder feuerbereit wird. Nun setzt das Feuer unserer Artillerie ein. Auch die Schulter wird heftig unter Feuer genommen.

Wie wird es wohl da oben ausschauen? Jeder fragt sich das. Es geht ja auch um uns. Fdl. Artilleriefeuer setzt ein, aber schwach. Um 12 Uhr ist die Verbindung mit Schulter wiederhergestellt. Die Meldung:»Der Feind ist unter schweren Verlusten zurückgeworfen«nimmt allen von uns einen Stein vom Herzen. Nun konnten wir einstweilen ruhig sein.

Raiffeis und ich hatten uns, nachdem das eine Geschütz unbrauchbar geworden, mit Stutzen bewaffnet, um ja nicht müßige Zuschauer vom Kampfe zu sein. Da aber der Feind schon zurückging, verlangsamte auch die Artillerie das Feuer und bald hörte es fast ganz auf. Unsere Artillerie aber beschoß noch lange sehr heftig die rückwärts stehenden fdl. Reserven.

Nachmittags ging wieder Verstärkung auf die Schulter. Nun kam auch Korp. Zorp mit den 2 Mann herunter, die von uns weg als Verstärkung hinauf gegangen waren.

Die drei hatten sich als wahre »Helden« gezeigt: als sie hinaufkamen, verteidigten sich nur mehr ein Leutnant und ein Sappeur in der Kaverne. Sie besetzten nun die am nächsten und zugleich sehr günstig liegende Feldwache Nr.4, während alle übrigen Feldwachen in den Händen des Gegners waren. Von hier aus eröffneten die drei ein Schnellfeuer gegen den Feind. Dieser hatte, 3 Kompagnien stark, die Stellung wohl im ersten Anlaufe nehmen und zirka 30 Mann von der Besatzung gefangen nehmen können, wurde aber durch das sofort auf ihn konzentrierte Feuer unserer Artillerie, die ihm furchtbare Verluste beibrachte, gezwungen, den größten Teil seiner Kräfte zurückzuziehen. Es blieb nur eine starke Besatzung zurück, welche nun der Korp. so stark unter Feuer nahm, daß sie flüchteten. Nur 6 Mann hielten noch Stand, gegen diese ging er mit dem Bajonett vor, nahm 2 gefangen, während die Anderen entkamen.

Jetzt kam auch schon die Verstärkung, eine ganze Komp. herauf. Aber die Schulter war schon wieder Unser, frei vom Feinde, wiedererobert von den 3 heldenmütigen Infanteristen, die eine gewiß 30fache Übermacht siegreich bekämpft hatten. Von unserer Seite waren auf der Schulter einige Tote, mehrere Schwerverwundete. 25 Mann kamen zurück und ebensoviel dürfte der Gegner gefangen haben.

Nachmittags war lebhaftes Artilleriefeuer. Während der Nacht wurden die Verwundeten heruntergeschafft. Erst mit der Seilbahn, als aber diese, wahrscheinlich schon vorher durch ein Sprengstück beschädigt, entzweiriß und der Wagen mit einem Verwundeten in die Tiefe stürzte, wurden die Übrigen mittels Tragbahre herunter geschafft.

5.- 6. 8.

Wir entfernten die Betonstücke aus unserer Deckung. Warten nun auf das nötige Material, um das Geschütz wieder einbauen zu können. Die Nächte hindurch werden immer Leichen von unsrigen und italienischen Soldaten, die auf der Schulter gefallen sind, heruntergebracht. Da oben, wo durchwegs Felsen ist, können keine Gräber geschaufelt werden.

7.8.

Gegner belegte während der Nacht unsere Stellung mit einigen Granaten, doch ohne einen Treffer zu erreichen. Fdl. Infanterie greift unsere Stellungen am Wolayersee an, besetzte 2 Feldwachen.

Tagsüber Feuer unserer Artillerie, das von der fdl. nur schwach erwidert wird. Spät abends Trommelfeuer unserer Artillerie gegen den Feind.

8.8.

Vorm. sehr starke Beschießung des Zelon durch unsere schweren Mörser. Am Abend war in der fdl. Stellung großes Geschrei, dessen Ursache wir uns erst erklären konnten, als die telephonische Meldung kam: »Die Italiener haben Görz genommen.« Es war also Siegesjubel da drüben.

11.8.

Während der letzten Tage hatten wir harte Arbeit, um das nötige Material für die neue Geschützbettung herbeizuschaffen. Heute früh trugen wir die letzten Säcke Sand herauf und begannen gleich mit dem Einbau. Infanteristen mußten Wasser tragen, jeden Tropfen weit unten im Tal holen. Um 4 Uhr nachmittags waren wir fertig, alle schon todmüde.

12.8.

Mittags ging ich nach W. hinunter um frische Wäsche und sonstige Kleinigkeiten zu besorgen. Man sieht unten überall die Spuren der Beschießung von der schweren fdl. Artillerie. Da eine schöne, mondhelle Nacht war, ging ich schon nach 11 Uhr nachts wieder ab und war um 3 Uhr wieder hier oben, bin aber nun furchtbar müde, die Füße schmerzen bei jedem Tritt.

15.8.

Nachmittags starker Regen, auf welchem dichter Nebel folgte. Ich benützte ihn um nochmals Edelweiß zu bekommen.

16.8.

Nachmittags sprengten wir Steine in dem zum oberen Geschütz führenden Laufgraben. Dies ist notwendig, da der Graben in dem jetzigen Zustand bei einem starken Infanteriefeuer eine recht ungenügende Deckung bietet. Abends war ich bei der Batterie unten.

17.8.

Nachmittags im Laufgraben gearbeitet.

Die Post, welche Raiffeis abends von der Batterie holte, brachte mir wieder eine erschütternd traurige Nachricht aus der Heimat: Nanni teilte mir mit, daß nun auch der zweite und letzte Bruder sein junges Leben für's Vaterland geopfert; mir tut es selbst furchtbar leid um Viktor, er war so ein lieber, guter Mensch, jung und schön wie ein Adonis, machte der heimtückische Typhus seinem Leben ein Ende.

Die glorreichen Schlachten in Südtirol hat er mitgemacht, aber als diese geschlagen waren, war auch Viktor am Ende seiner Kräfte angelangt. Der 2. August ist sein Todestag. Wie groß wird der Schmerz seiner Angehörigen sein! Beide Söhne im Krieg verloren, ist ein schweres Opfer und Nanni, mein teures Lieb', was mußt Du nicht noch alles erdulden!

18.8.
86. Geburtstag seiner Majestät unseres obersten Kriegsherrn. Punkt 12 Uhr nachts war die ganze Infanterie im Laufgraben stellig gemacht. Eine Leuchtrakete wird abgeschossen, von der Feldwache vorn eine zweite, dann mehrere auf einmal, die die finstere, stürmische Nacht taghell beleuchten, und nun schallt ein brausendes, dreifaches Hoch auf unseren geliebten Kaiser hinüber zum Feinde. Kurz und einfach war diese Kaiserfeier und doch so erhaben schön. Gott erhalte ... so hat wohl ein jeder heute gedacht und gewünscht.

Nach Mitternacht ging ein sehr starkes Gewitter nieder mit schwerem Regen, gegen Morgen folgte ein zweites, noch viel heftigeres, begleitet von einem förmlichen Wolkenbruch. Von der Zelonschlucht, die sonst vollkommen trocken ist, sauste das Wasser mit furchtbarer Gewalt hernieder, alles was ihm im Weg lag, mit sich reissend. Es hätte wohl nimmer viel gebraucht, und auch um unsere Hütten wär's geschehen gewesen.

Bei Tage sahen wir staunend, was das Wasser alles mit heruntergerissen hatte. Unsere Feldwachhütte war weggerissen, die Mannschaft hatte sich glücklicherweise noch retten können. Vom fdl. Zelon herunter hat das tobende Element wohl eine ganze italienische Feldwache mitgenommen.

Unten, bei der Straße, war ein ganz zertrümmerter Leichnam angeschwemmt worden, die ganze Schlucht war angestreut mit Teilen von menschlichen Körpern: dort ein Fuß, dann wieder eine Hose, in welcher noch ein Stück Oberschenkel verwickelt war, Hände, Ausrüstungsgegenstände, alles Mögliche in buntem Durcheinander. Eine Sanitätspatrouille sammelte abends die Leichenteile.

19.8.
Wir haben nun schon ein paar Tage recht schlechtes Wetter. Viel Regen und Nebel. Der Sommer ist vorbei, nimmer lange wird es dauern und der schreckliche Winter ist wieder da.

20.8.
Korp. Bretmeister, der, nachdem er von Villach zurück und wieder zu

unserer Batterie gekommen, gleich 14 Tage Urlaub bekommen hatte, kam heute abends wieder zu uns herauf und wird nun wieder hier bleiben. Gegner beschoß die M.G.A. mit Artillerie, hatten 3 Verwundete und 1 in der Sperre.

22.8.

Vorm. Raiffeis geht zur Batterie ab, da wir hier für 5 Mann nicht Platz haben, wird in einigen Tagen auf Urlaub fahren. Mitterbauer, unser Kommandant hier, wird zum Zugsführer befördert. Gegner beschoß eine unserer Batterien auf Kl. Pal. Ein Volltreffer, 3 Tote, 7 Verwundete, ein Geschütz demoliert.

23.8.

Beiderseits lebhafte Artillerietätigkeit.

24.8.

Das beiderseitige Artilleriefeuer dauert auch heute noch an.

25.8.

Fdl. Angriff wird erwartet, ist jedoch nur eine Täuschung, wie es sich herausstellt. Raiffeis und Neruda auf Urlaub.

28.8.

Es scheint doch, als ob die nächsten Tage ein hübscher Sturm losgehen sollte gegen die Walischen, da vielfach Verstärkung angekommen ist, noch während der Nacht. Am Morgen kam telephonisch die Nachricht von der Kriegserklärung Italiens an Deutschland, sowie der von Rumänien an uns und unsere Verbündeten, was für den ersten Moment allerdings ziemlich Eindruck machte. Auf uns aber wirkte das keineswegs niederschmetternd, denn wenn auch die Zahl unserer Gegner abermals, und zwar auch diesmal wieder durch einen verräterischen früheren Bundesgenossen von uns verstärkt wurde, wir halten durch! Je größer die Anstrengungen der Gegner, uns zu vernichten, desto fester, unbeugsamer wird unser Wille zu siegen oder zu sterben!

Abends ging ich zur Batterie. Alles war ruhig, auch tagsüber war kaum ein Schuß gefallen. Während ich so langsam die Straße hinunterging, feuerte jedoch unsere schwere Artillerie 3 Granaten auf Zelon, erst als ich schon eine gute Weile bei der Batterie war, setzte auf einmal ein heftiges fdl. Artilleriefeuer ein. Erst wollte ich nun warten, da aber das Feuer nicht aufhörte, so machte ich mich auf den Weg hinauf, man konnte ja nicht wissen ob nicht der Feind einen Angriff plante, und da mußte ich doch bei meinem Geschütz sein.

Hier angekommen, war alles voll mit Infanterie, alles war schon alarmiert worden. Unsere Geschütze feuerbereit. Das Vorgelände stark besetzt. Bis zirka 10 Uhr dauerte das fdl. Feuer, dann flaute es ab, allmählich trat vollkommene Ruhe ein. Das Ganze war wohl nur eine Demonstration vom Gegner, nur zu dem Zweck veranstaltet, unsere Truppen zu binden, oder aus Freude über den neuen Bundesgenossen Rumänien.

Ein pflichtvergessener Unteroffizier: Kurz bevor ich von der Batterie wegging, kam ein Feldwebel von den 21igern in total betrunkenem Zustand die Straße herunter und fragte mich, wo unsere Paßsperre sei, er könne den Weg nicht finden. Ich zeigte ihm diesen, worauf er weiterging.

Als ich bald darauf ebenfalls hinaufging, begegnete er mir wieder und sagte, er könne die Sperre nicht finden, weshalb er wieder umgekehrt war. Nun sagte ich ihm, er solle mit mir kommen. Selbst als wir schon in der Sperre angelangt waren, bestritt er noch, daß dies der richtige Ort sei. In die Mitte der Baracken mußte ich ihn führen, bis er sich auskannte. Hier ließ ich ihn auch stehen.

Ein schöner Unteroffizier, der sich so betrinkt, daß er nicht einmal den Weg in die Stellung findet, in der seine Abteilung seit 2 Monaten stationiert ist. Ja, schon hier angekommen bestreitet er noch, daß dies die richtige Stelle sei. Dies alles an einem Tag, wo alles in strenger Bereitschaft ist, da zur Stunde ein fdl. Angriff erwartet wird. Und der Mann, der erste Unteroffizier der Komp. ist betrunken, daß er kaum gehen kann! Ein schönes Vorbild für seine Untergebenen! Natürlich ist dies kein Deutscher, der Sprache nach ein Czeche.

29.8.
Nachm. wurden 3 Infanteristen, die bei Nacht in der vordersten Postenlinie gestanden und dort schlafend angetroffen wurden, je 2 Std. angebunden. Einer von ihnen heulte und zerrte an den Stricken, ganz erbärmlich.

Militärstrafe in der öst. ung. Armee: „Anbinden"

Das Anbinden ist eine entsetzliche Strafe! Wenn auch die meisten, über welche von ihrem Abteilungskommandant diese Strafe verhängt wird, wirklich welche verdient haben und gewiß nicht unschuldig sind. So weiche ich dem eigens zu diesem Zweck vor der Baracke eingerammten Pfahl nach Möglichkeit aus; kann diesen Anblick nicht ertragen, mein ganzes Innere empört sich dabei.

Am Abend spielte sich ein recht bedauerlicher Zwischenfall ab: Herr Fähnrich Berenski (?) von der Inft. durchstöberte im Verein mit seinem Zugsführer den Vorraum unserer Baracke und fand hier eine bestaubte und schmutzige Patronentasche, die wohl schon monatelang hier gelegen hatte. Sogleich ließ er Zugsführer Mitterbauer holen in der Meinung, daß diese uns gehöre.

Als Mitterbauer zu ihm kam, fragte er ihn, von wem die Patronentasche sei, dieser erwiderte:»hab' keine Idee, Herr Fähnrich, wir haben keine.« Nun wandte sich der Schuft zum Zugsf. Hirsch von der MG-Abtlg. und sagt ihm, er als dienstältester Unteroffizier solle hier Ordnung halten. Dann wandte er sich wieder um und warf Mitterbauer die Tasche vor die Füße mit der Weisung:»Sie Zugsführer hebens die Patronentasche auf!« Dieser sagt:»Nein!« Nun ruft wieder der Schuft:»auf meinen Befehl heben Sie's auf!« worauf dann Mitterbauer sich bückte, die Tasche aufhob und auf den Tisch legte. Nun sagte er:»Herr Fähnrich, melde gehorsamst, ich möchte zur Batterie!«»gut, geh'n Sie!« erwidert dieser. Nun nahm der Zugsf. seinen Leibriemen und wandte sich zum Gehen.

Herr Fähnrich rief seinen Zugsführer, gab ihm den Befehl in die Sperre zum Herrn Hauptmann zu gehen und diesem zu melden, der Artillerie-Zugsführer Mitterbauer sei wegen Nichtbefolgung eines Befehls und Frechheit sofort zu verhaften. Eine Viertelstunde später erfuhren wir auch schon, daß Mitterbauer, nachdem ihm der Herr Hauptmann auch noch ein paar Ohrfeigen versetzt hatte, wirklich verhaftet und von einer Patrouille zum Baonskmdo. und von dort zum Divisionsgericht überführt wurde.

Nun war der Wirbel fertig! Das wird eine schöne Geschichte werden! Schlimm für uns, sehr schlecht kann das für Mitterbauer auslaufen, aber auch für den Fähnrich, da dieser angetrunken war. Bretmeister wollte von dem Vorfall Hr. Oblt. telephonisch berichten, was ihm jedoch Hr. Fähnrich untersagte, da dies, wie er meinte, ohnehin vom Baonskmdo. aus geschehen werde.

136

30.8.

Da es Bretmeister unmöglich war, sich mit Hrn. Oblt. in Verbindung zu setzen, so mußte ich es versuchen. Nachmittags ging ich zum Herrn Hauptmann und bat ihn, zur Batterie gehen zu dürfen, was er mir sogleich erlaubte. Unten angekommen, wußte kein Mensch was von dem Vorfall, auch Hr. Oblt. nicht, der, da ich nun alles meldete, höchst erstaunt und entrüstet war. Er telephonierte sofort zur Art. Kanzlei, welche nun unsere Sache in die Hand nehmen wird und begab sich dann sofort zum Baons-Kmdt. Hptm. Körner.

Ich kam um ½ 6 Uhr wieder herauf und eine halbe Stunde später war auch der Baonskmdt. schon in der Sperre, ließ Korp. Bretmeister und die beiden Zugsf. Hirsch und Foidl von der MG-Abt., die Hr. Oblt. als Zeugen bezeichnet hatte, hinunterrufen und nahm sie ins Verhör, worauf alle frohgemut wieder heraufkamen, alle der Ansicht, daß Mitterbauer's Sache gut stehe.

31.8.

Der Nebel, der nun einige Tage jede Artillerietätigkeit verhindert hatte, ist verschwunden. Nachts hatte sich ein heftiges Gewitter über den Bergen entladen und am Morgen war klares Wetter, aber kühl. Der Wind geht vom Norden her und läßt die Sonne nicht zur Geltung kommen. Schon setzt auch wieder beiderseits schwaches Artilleriefeuer ein.

September 1916

1.9.

Der erste Tag schon sollte recht ereignisreich werden: schon am frühen Morgen bot sich uns das seltene Schauspiel eines Luftkampfes zwischen einem unsrigen und zwei fdl. Fliegern, in welchem der Unsrige, jedenfalls ein tüchtiger Bursche, Sieger blieb. Einen der fdl. Piloten zwang er schon auf dem Polinik nieder, wo sich Unsrige des Fliegers sowie seines Apparates bemächtigten und nach Kötschach brachten.

Dem 2., ebenfalls schwer beschädigten Flugzeug gelang es, die eigenen Linien zu erreichen, wo es aber sofort niederging. Der Sieger aber kehrte, nachdem er noch eine Weile über den fdl. Linien gekreuzt, wieder unversehrt zurück.

Um 8 Uhr vormittags begann die fdl. Artillerie das Trommelfeuer gegen unsere Stellungen auf Kl. Pal, Freikofel und Gr. Pal. Um 9 Uhr bemerkten wir schon eine brennende Baracke auf Kl. Pal.

Um 10 Uhr ein Volltreffer in die Seilbahnstation. Die Seile sind zerrissen, der Aufzug somit kaputt. Die schwere Artillerie schießt, dank der guten Beobachtung, welche die Feinde auf der Zelonspitze haben, ziemlich gut.

Zirka 11 Uhr Volltreffer in ein Munitionsdepot auf Kl. Pal, dem gleich mehrere folgen, die Inftr. Munition, Minen und Handgranaten explodieren und fliegen in die Luft. Das gibt ein grausig schönes Bild. Der Lärm ist furchtbar. Der Feind schießt ohne Pause. Die Explosionen krachen entsetzlich, Steine, Hülsen und Sprengstücke sausen fortwährend um unsere Köpfe. Das dauerte volle 9 Stunden hindurch, bis 5 Uhr nachmittags.

Momentan war das ganze Artilleriefeuer vorbei und die fdl. Infanterie setzte im ganzen Abschnitt zum Angriff an. Zu gleicher Zeit begann auch schon ein rasendes Infanteriefeuer. Auch wir erhielten nun Befehl zum Schießen. Nach 5 Minuten war die fdl., uns gegenüberliegende Stellung ein Trümmerhaufen. Wir stellten auf Befehl das Feuer wieder ein, während das Infanteriefeuer nahezu 2 Stunden anhielt.

Abends kommt die Meldung, daß der Angriff abgewiesen wurde, nur am linken Flügel Kl. Pal, wo die Stellungen nur 30-50m voneinander entfernt sind, gelang es dem Gegner, ein Grabenstück zu erobern.

Die Verluste des Feindes sind schwer. Wir haben in der Sperre nur einige Verwundete. Unsere Artillerie macht Sperrfeuer hinter Kl. Pal. Die Nacht hindurch strenge Bereitschaft.

Am Abend bot sich uns nochmals dasselbe Schauspiel wie am Morgen, nur daß diesmal 2 unsrige und nur ein fdl. Flieger kreuzten und einander verfolgten. Doch kehrten unsere und auch der fdl. unversehrt zurück.

2.9.

5 Uhr früh starkes Trommelfeuer unserer Artillerie gegen den Feind. Bei Tage ungemein schönes, warmes Wetter. Unsere »Schwere« beschießt Zelon sowie die fdl. Artilleriestellungen. Sonst vollständig ruhig.

Hr. Hptm. ist sehr erfreut über unser gestriges wirkungsvolles Schießen gegen die fdl. Paßsperre. Sprach sich sehr anerkennend darüber aus.

3.9.
Beiderseits starke Artillerietätigkeit. Gegner schießt nach Kötschach und Mauthen. Kötschach brennt seit ½ 3 Uhr nachmittags.

4.9.
Wieder trübes Wetter. Deshalb auch keine Artillerietätigkeit. Ein Inftr. auf der Feldwache verwundet.

5.9.
Sehr schlechtes Wetter. Nun haben wir wieder einige Tage Ruhe von den Walischen. Wenn ich nur bald fortkönnte von hier, das ist ein elendes Leben.

6.9.-10.9.
Der Hr. Brigadier, Obst.v. Wasserthal, der neue Artilleriekommandant, ein Obstlt. und Hptm. Körner inspizierten mittags die Stellung. Nachmittags beiderseits schwache Art. Tätigkeit.

11.9.

Nun haben wir auch wieder einen anderen Kmdt.: am heutigen Tage übernimmt Oblt. Simmon das Kmdo. über unsere beiden Geschütze. Oblt. Schmid, unser bisheriger Kmdt., übernimmt das Kmdo. über eine 15cm Mörserbatterie.

15 Monate hindurch war uns Hr. Oblt. Schmid ein guter, überaus gütiger Kmdt. gewesen, besonders die ersten Monate. In letzter Zeit hatten ihn der Undank und schlimme Erfahrungen, die er gerade mit denen gemacht, die er am meisten bevorzugt hatte, allerdings sehr missgestimmt, besonders

Oblt. Simmon

Stockinger und Mitterbauer tragen daran die Hauptschuld.

Von Mitterbauer, der am 29. vorigen Monats verhaftet wurde, haben wir bis heute nicht die geringste Spur, so daß wir schon im Ernste befürchten, er sei vielleicht bei der Beschießung von Kötschach, wo auch das Gerichtsgebäude, in dem er sich höchstwahrscheinlich befunden hat, von Granaten getroffen und eingeäschert worden war, umgekommen. Das wäre dann doch sehr traurig! Vorm. Raiffeis kam heute abends vom Urlaub zurück.

12.9.

Ich ging mittags nach Würmlach, wo ich verschiedenes für uns besorgte.

13.9.

Vormittags in Kötschach, doch sind alle Läden gesperrt. Ich traute kaum meinen Augen, da ich die Trümmer sah und die Verwüstung, welche die fdl. 21cm Granaten angerichtet hatten. Eine hübsche Anzahl Häuser ist vollkommen zerstört und niedergebrannt.

Die Auswirkungen der ital. Artillerie in Kötschach

Ich erkundigte mich auch nach Mitterbauer, leider ohne Erfolg. Abends mit dem Proviantwagen wieder in die Stellung zurück. Hier war inzwischen die Inftr. vom 10. Rgmt. durch solche vom 21. Rgmt. abgelöst worden. Die Zehner stellen nun die Schulterbesatzung. Wir sind recht froh, dass wir diese Leute einmal los haben, besonders den Fähnrich.

Über uns hat nun Hr. Oblt. Kaiser von der MG-Abtlg., ein schon älterer, aber recht netter und freundlicher Offizier, die Aufsicht.

14.9.

Nun haben wir schon seit 3 Tagen recht schönes Wetter, bei Nacht aber sehr kühl. Bin heute außerordentlich sehr müde, kommt von dem gestrigen Marsch.

15.9.

Die Nacht war sehr kalt. Auf den umliegenden Bergen war am Morgen Schnee, der jedoch der Sonne noch nicht standhalten konnte, denn bei Tag war es wieder ungemein schön und warm.

17.9.

Wieder eine Siegesnachricht aus Rumänien. Viele tausend Gefangene. Hier große Freude darüber, dass auch unser jüngster Gegner, der uns den Garaus machen zu können glaubte, so kräftige Hiebe bekommt.

18.9.

Hatten nun Arbeit bei der Deckung für's 2. Geschütz, um einen besseren Ausschuß zu gewinnen.

19.9.

Kalt, den ganzen Tag über schwerer Regen. Den ganzen Nachmittag bis in die späte Nacht hinein spielten wir Karten, erst auf unserer Pritsche, später in der MG-Stellung. Gestern erst hatte ich meine ganze Barschaft verspielt, heute gewann ich sie bis auf weniges zurück. Rybzak ist trotz des Unwetters nach Würmlach.

21.9.

Nun hält auch hier der Winter seinen Einzug. Es schneit! Soweit das Auge reicht ist schon alles in eine jetzt noch dünne Schneedecke gehüllt. Wir aber liegen den ganzen Tag über in unserer finsteren Baracke auf der Pritsche, nicht wissend, was anfangen vor Langeweile! Das ist ein Leben hier! Die 3 Monate, seit ich nun hier oben bin, war erst zweimal ein ordentliches Feuergefecht, auch sonst nichts zu tun, sodaß man kaum weiß, warum man eigentlich hier ist. Dazu noch die meiste Zeit schlechtes Wetter und nun gar schon wieder Winter! Wenn ich nur bald fort könnte von diesen verfluchten Bergen, an irgend eine andere Front!

Mich freut hier wirklich schon gar nichts mehr. Es kümmert sich jetzt gar niemand um uns, sodaß wir jetzt überhaupt nicht wissen, wo eigentlich unser Kmdt. ist, oder ob wir überhaupt einen haben.

24.9.
Ganz unerwartet wieder schönes trockenes Wetter. Der Schnee schmilzt wieder langsam. Heute endlich wieder eine Nachricht von Mitterbauer.

25.9.
Mitterbauer wird aus der Haft entlassen. Kann von Glück sagen, dass er so gut weggekommen ist. Wir alle hatten geglaubt, dass er zumindest degradiert werden würde. Daß dies nicht geschehen, hat er nur Herrn Oblt. Schmid zu verdanken, da dieser sich so für ihn verwendete. Mitterbauer wird jetzt auf die Köderhöhe zu Hr. Oblt. Simmon kommen.

Auch uns ist es lieber, wenn er nicht wieder zu uns heraufkommt, denn durch seine Herbheit gegen Untergebene und Vorgesetzte würde das gute Einvernehmen, das jetzt zwischen uns und der Infanterie herrscht, doch bald wieder einen Schock erhalten, wodurch dann wir alle stark in Mitleidenschaft gezogen werden würden.

30.9.
Noch immer Ruhe. Die Witterung ist wieder sehr schlecht.

Oktober 1916

2.10.
Heute wieder einmal etwas lebhaftere Tätigkeit bei unserer Artillerie. Gegner erwidert das Feuer durch schwere Minenwerfer auf Kl. Pal. Heute

Nacht desertierten wieder 4 Infanteristen von den Einundzwanzigern. Diese elenden Tschechen, das sind feige Hunde.

3.10.

Sehr starkes Feuer der eigenen Artillerie gegen Zelon und andere fdl. Stellungen. Die fdl. schwere Art. beschießt Mauthen und Kötschach. Die Kirche in Mauthen brennt. Das ist die Rache des Gegners!

4.10.

Schon vormittags werden Mauthen und Kötschach von fdl. Artillerie beschossen. Beide Ortschaften brennen!

Bin seit ein paar Tagen unwohl. Ein heftiges, trockenes Husten quält mich Tag und Nacht. Im Rücken immer einen heftigen stechenden Schmerz beim Atemholen. Hatte dieses Übel nun schon über's Jahr und es wird immer schlimmer. Meine Gesundheit ist schon vollkommen ruiniert. Es geht langsam bergab.

5.10.

Das Art.-Feuer ist wieder abgeflaut. Vorm. Rybzak geht ins Spital ab. Nun sind wir noch unser drei von den alten Kameraden, die wir im Juli o.J. in Seebach bei Villach diese Geschütze übernommen haben.

7.10.
Artilleriekämpfe, die auch den 8. u. 9. andauerten.

Infolge des nun schon ziemlich lange anhaltenden schönen Wetters ist auch unsere Wasserquelle versiegt. Wir müssen jeden Tropfen Wasser von unten heraufschleppen.

11.- 12.10.
Gestern schweres Art.-Feuer beiderseits. Heute 12. wieder beiderseitige Art.-Tätigkeit, auf Seite des Gegners war das Feuer sehr heftig. Der Feind hat auf der Zelonspitze schon seit längerer Zeit zwei Geschütze mittleren Kalibers; mit diesen schießt er den Unsern am Kl. Pal direkt in den Rücken. Heute nachmittags nun beschoß der Gegner mit diesen zwei Geschützen einige Baracken auf Kl. Pal. Auf diese kurze Distanz war fast jeder Schuß ein Volltreffer in die Baracken, die nach wenigen Minuten sämtlich brannten. Wir sahen, wie Infanterie aus den Flammen herausstürzte und im Freien unter den Felsen Zuflucht suchten vor dem Schnellfeuer der beiden fdl. Geschütze.

Die Ärmsten! Alles, ihr bißchen Hab und Gut wird ein Raub der Flammen. Die Achterjäger, welche in diesen Baracken ihre Unterkünfte hatten, verloren 7 Tote und eine Anzahl Verwundete.

Noch erhaltene Inschrift vom Feldjägerbataillon Nr. 8 auf dem Kleinen Pal

13.10.

Mittags fdl. Fliegertätigkeit. Drei fdl. Caproni-Flugzeuge durchkreuzten über eine Stunde lang die Luft. Unsere Abwehrkanonen bekämpften die Flieger auf's Stärkste, doch ohne Erfolg.

Man verwendet bei uns eben lauter alte, ausgeschossene, zum Bewegungskrieg vollständig unbrauchbare Geschütze als Luftabwehrkanonen. Da ist es schwer, einen Treffer zu erzielen. Nachmittags wieder schwaches Artilleriefeuer.

Improvisierte Fliegerabwehr

14.10.

In der Früh nach Maria Schnee, wo ich Montur fassen sollte. Da ich jedoch keine Quittung hatte, mußte ich den weiten Weg bis Weidenburg machen, wo ich mittags ankam.

Nach kurzer Rast, mit einer Quittung versehen, machte ich mich wieder auf den Weg. In Maria Schnee mußte ich 3 Stunden warten. Die Proviantur war gesperrt. Erst um 5 Uhr abends erhielt ich die uns zugew. Monturen. Schwer bepackt (5 vollständige Garnituren, 5 Paar Bergschuhe) trat ich alsdann den Rückweg an. Es war schon 9 Uhr abends und stockfinster,

als ich endlich wieder in die Stellung kam. Ich war todmüde, dem Umsinken nahe. 45 Kilometer in einem Tag und zu guter Letzt noch schwer
bepackt zurücklegen, ist keine Kleinigkeit. Meine Füße schmerzten auch
ganz elendig.

15.10.
Na, heute kann ich mich wieder einmal ordentlich ausrasten! Setzte mich
an die Sonne, die übrigens bald hinter den Bergrücken verschwand, da
ist es auch schon wieder kalt. Wird wohl bald schlechtes Wetter geben.
Der Himmel ist voll Wolken.

16.10.
Habe mich leider nicht getäuscht gestern, denn heute ist das Unwetter
auch schon da. Vormittags starker Regen, nachmittags fängt's gar an zu
schneien, bald ist es weiß.

18.10.
Heute besichtigte unser neuer Batt.Kmdt., ein Lt., dessen Namen wir noch
gar nicht wissen, die beiden Geschützstellungen. Scheint ein ganz netter,
liebenswürdiger Mann zu sein.

21.10.
Das Schneewetter dauert an. Ministerpräsident Graf Stürkh wird mittags
in einem Wiener Hotel ermordet. Der Mörder ist der sozialdemokratische
Schriftsteller Dr. Friedrich Adler, ein Sohn des Dr. Viktor Adler, dem
Gründer und Haupt der österreichischen Sozialdemokratie.

26.10.
Das ist heuer eine abnormale Witterung. Voriges Jahr hatten wir zu dieser
Zeit schon 1 ½ m Schnee, während sich heuer Regen und Schneefall fort-
während ablösen. Für uns ist es gut, wenn das Wetter noch eine Zeitlang
hält, Regen ist besser als große Schneemassen, da wir in den nächsten
Tagen viel Arbeit haben werden.

Bretmeister hat Material angefordert, Wellblech und Bretter. Der Unterstand von meinem Geschütz muß verstärkt werden; auch wollen wir
uns eine neue Hütte bauen, nur für uns allein. Dann wird es gut sein im

Winter, wir haben nichts mehr zu tun mit der Infanterie, mit welcher wir ja doch fortwährend in schlechtem Einvernehmen stehen, was aber nicht unsere Schuld ist. Das macht nur der Neid, daß es uns scheinbar besser geht als der Infanterie.

27.10.
Hatte vormittags hart gearbeitet. 100 Kilo Zement über 200 Stufen lange Treppe heraufgeschleppt, die Nacht hindurch gewacht und bin nun dementsprechend müde. Weiser ist abends fort, auf Urlaub nach Mödling bei Wien.

28.10.
Nachmittags half ich den 2 Zgsf. von der MG-Abtlg. Tannenkränze winden, die am Allerseelentage als Schmuck für die Gräber der gefallenen Helden im Plöckenwalde dienen sollen.

O wie öde, wie trostlos einsam ist es hier! Zum Verzweifeln. Und kein Ende, keine Erlösung! Nur aus dem fernen Südosten kommen erfreuliche Nachrichten, Siegesmeldungen.

Alle Hoffnungen sind dorthin gerichtet. Dort unten, in Rumänien oder Südrussland wird die Entscheidung fallen. Hoffe immer, dass Russland, wenn es einen neuen starken Schlag bekäme, einen Separatfrieden schließen würde. Und das hoffen viele, wohl die meisten von uns. Nur so werden wir den vollen endgültigen Sieg erringen können.

Und damit auch einen baldigen Frieden. Friede, Friede! O, welches Glück liegt in diesem einen Wort, welche Sehnsucht, welcher Abscheu vor dem grauenvollen Morden, das nun fast 2 ½ Jahre das Leben zur Hölle macht. Millionen und Millionen rufen das eine Wort, sehnen sich nach ihm, als dem Höchsten, was auf dieser Welt erreichbar ist: Friede!

31.10.
Beiderseits Artilleriefeuer und Minentätigkeit.

Wieder ist ein Büchlein vollgeschrieben. Das dritte schon seit ich im Felde stehe und die Aussicht auf Frieden scheint noch so schlecht wie bei Beginn. Alle meine Erlebnisse, all mein Tun und Lassen, meine Gedanken und Empfindungen innerhalb 4 Monate sind darin verzeichnet.

4. TAGEBUCH

November 1916

1.11.
Allerheiligen. Der hohe Festtag unterscheidet sich durch nichts von den anderen Tagen der Woche. Harte Arbeit, doch heute wird sie vollendet und wir werden wieder Ruhe haben.

2.11.
Allerseelen. Ein Tag der Trauer und des Schmerzes. Wieviel tausende junge hoffnungsvolle Menschenleben deckt heuer der kühle Rasen, die sich vor Jahresfrist noch des Lebens freuten.

3.11.
Der Regimentskommandant des IR 7, Scotti, inspizierte mit dem Hrn. Obstlt. Artilleriekmdt. die Stellung.

5.11.
Die Inft. u. MG-Abtlg. machen sich marschbereit. Sie sollen durch 7er Infanterie abgelöst werden. Der neue Kmdt., ein Obstlt., besichtigt die Stellung.

6.11.
Den ganzen Tag über schwerer Regen! Die MG-Abtlg. und ein Teil der Inft. wird spät abends abgelöst. Die Angekommenen sind alle todmüde von dem weiten Marsch und völlig durchnäßt vom Regen. Es gibt einen Mordswirbel, da viel mehr Inft. herkommt, ist viel zu wenig Platz. Die Baracken sind zu klein.

7.11.
Der Rest der Zehner und Einundzwanziger geht heute ab. Wir sollen ausziehen aus der Baracke, in der wir jetzt solange geschlafen hatten! Haben auch bereits mit dem Bau einer kleinen Hütte für uns begonnen. Aber wo das Material hernehmen?

Kein Brett, kein Balken, keine Nägel! Das Wenige, was wir jetzt gemacht haben, mußten wir uns mühsam zusammensuchen, aus alten Brettern alte Nägel herausziehen, da soll man etwas Ordentliches machen. Seit 3 Wochen beim Art. Kmdo Material angefordert, aber niemand transportiert dasselbe herauf, sogar der Batt. Kmdt. weigerte sich, es zu tun. Es kümmert sich niemand um uns!

8.11.
Vormittag gearbeitet; Nachmittag zum Art. Kmdo um endlich das Material zu bekommen. Es regnet in Strömen und ich war schon ganz durchnäßt, als ich nach Lamprecht kam. Dort erhielt ich endlich doch die bestimmte Zusage, dass das Material sobald als möglich heraufgeschafft werden würde; den ersten Transport sollte ich morgen selbst herauf führen. Von Lamprecht mußte ich noch nach Kötschach in die Artillerie-Reparatur-werkstätte um einen Schlagbolzen zu bestellen. Um 10 Uhr abends kam ich endlich nach Würmlach wo ich mir erst etwas zu Essen kaufte und dann ein Quartier suchte.

Atillerie Reparatur Werkstatt in
Kötschach 23. XII.

9.11.

In der Früh regnete es stark, später begann es zu schneien. Nach dem Frühstück ging ich nach Mauthen zum Oblt. Roden, um von ihm Pferde und Wagen zu bekommen. Mittags wieder nach Kötschach und dann wieder herauf bis zur Seilbahnstation Eder, wo ich den Transport zu übernehmen hatte.

Mußte hier wieder 2 Stunden warten, erst als es schon stockfinster war, kamen die Wägen. Dann schnell aufgebockt und weiter. Kaum fuhren wir eine gute Stunde weit in dem schon ziemlich tiefen Schnee, als wir auch schon stecken blieben.

Vor uns stand eine ganze Kolonne Wägen, die nicht mehr weiterkonnte. Es blieb nichts anderes übrig als abzuladen, die Fuhrwerke zurückzuschicken. Mit größter Mühe schleppte ich einige kleine Bestandteile, die ich nicht im Schnee liegen lassen wollte, bis zur Batt.»Frosch«, dann aber ging nichts mehr. Todmüde, hungrig, bis auf die Haut durchnäßt mußte ich eine Weile rasten.

Von einem Kameraden bekam ich Wein, von anderen Brot. Dann mußte ich wieder weiter. Um ½ 11 Uhr nachts kam ich endlich hierher in die Stellung. Kann mich kaum mehr auf den Füßen halten. Und wieder kein Material! Alles umsonst!

12.11.
Heute abend bekommen wir endlich das versprochene Baumaterial. Also morgen da heißt's wieder tüchtig zugreifen.

13.11.
Den ganzen Tag über wurde gesägt und gehämmert aus Leibeskräften. Das Äußere der Hütte ist fertiggestellt. Weiser kam abends vom Urlaub zurück.

14.11.
Heute wurden wir soweit fertig mit der Hütte, dass wir einziehen konnten.

15.11.
Fdl. Angriff am Freikofel zurückgeschlagen.

Unsere Hütte ist fix und fertig. Wie wohl das tut! Schön warm und ruhig. Das gerade Gegenteil zu früher. Nun geht es uns um vieles besser seit die Siebener hier sind. Lauter deutsche, tüchtige Kerle, die Offiziere freundlich und gut.

Auch die Verpflegung ist eine bei weitem bessere als früher, wo nur der mächtige Hunger es zuwege brachte, dass wir das Futter, das wir erhielten, hinunterwürgten. Jetzt ist alles so reinlich und schmackhaft.

18.11.
Abends Bereitschaft! Von der Köderhöhe bis zur Grünen Schneid Scheinangriff. Am Gr. Pal und Rechter Flügel Kl. Pal gingen Unsere zum wirklichen Angriff vor, wurden jedoch vom Gegner blutig zurückgeschlagen. Besonders das Jäger Baon 8 auf Kl. Pal erlitt schwere Verluste. An dieser Aktion konnten auch wir uns nach langer Untätigkeit wieder einmal mit unseren Geschützen beteiligen. Doch nur für kurze Zeit. Um 11 Uhr nachts hatten wir wieder Ruhe. Das Artillerie- und Minenwerferfeuer dauerte die halbe Nacht hindurch an.

19.11.
In der Nacht wieder sehr starkes Art.- und Minenfeuer. Auf der Zelonalm 2 Mann durch Lawine verschüttet und tot.

21.11.
Den ganzen Tag über Schneefall. Abends ein heftiges Gewitter. Es blitzt und kracht ohne Unterlass. Dabei schneit es sehr stark und fortwährend gehen von den fast senkrechten Wänden die Lawinen nieder.

22.11.
Das Gewitter währte die ganze Nacht hindurch bis 7 Uhr morgens. Die Posten, die in der Nacht draußen standen, waren die Meisten von Lawinen verschüttet worden und mußten ausgeschaufelt werden. Doch waren alle noch glücklich am Leben. Heute früh kam auch die telephonische Nachricht, dass unser guter alter Kaiser Franz Josef gestern den 21. gestorben sei.

23.11.
Heute Mittag dem neuen Kaiser den Treueeid geleistet!
Vorm. Rybzak, der in Weidenburg war, kam nachmittags zurück und brachte meinen Urlaubsschein mit. Welch freudige Überraschung für mich! Daß ich sobald würde fahren können, hätte ich nicht gehofft! Nun schnell eingepackt und fort! Um 5 Uhr abends, nach herzlichem Abschied von den Kameraden, ging ich ab, war um 10 Uhr in Würmlach, wo ich noch Bücher aufgehoben hatte, die nahm ich mit. ½ 5 Uhr früh war ich in Oberdrauburg, todmüde, sodaß ich kaum mehr stehen konnte nach dem 12 stündigen Marsch.

24.11.

5 Uhr 17min. Abfahrt. Lehnte mich in eine Ecke des Wagens und schlief und erwachte erst eine Station vor Villach, wo ich doch schon in Spittal a.d. Drau hätte umsteigen sollen.

Nun einfach hier ausgestiegen und mit dem nächsten Zug zurück nach Spittal, über die Tauern nach Salzburg, eine Stunde Aufenthalt. ½ 5 Uhr Abfahrt nach Linz, wo ich um 9 Uhr 13 min ankam. In Achleitners Gasthof nahm ich ein Bett und schlief bis 8 Uhr früh.

25.11.

Frühstück ohne Brot. Dann ein paar Einkäufe gemacht. Nachher auf Besuch bei meiner einstigen Pflegerin. ½ 1 Uhr mittags von Linz ab und um 1.15 in Perg. 5 Uhr abends daheim im Elternhause. Aber wie schaut es daheim aus! Kein Bissen Brot im Hause. Überall Not und Mangel oft am Nötigsten. Alles ist schon so kriegsmüde.

26.11.

Sonntag. Vormittags in der Kirche nach 6 Monaten zum ersten Male. Nachmittags bei Nanni.

30.11.

Die letzte Zeit über Besuche gemacht bei Bekannten und Verwandten, die Verhältnisse in der Heimat betrachtet, studiert und besprochen. Sie sind leider schon sehr traurig.

Dezember 1916

4.12.

Nach Gresten zu meinem Onkel. Dienstag 5.12. abends zurück.

8.12.

In Windhag. Heute gilt es schon wieder Abschied zu nehmen von meiner Nanni, wie schwer das doch ist.

9.12.

Der letzte Tag in der Heimat. Überall trübe Gesichter. Noch eine Nacht und dann wieder hinaus ins Feld, in den Krieg, in die Schneemassen des Hochgebirges!

10.12.

Sonntag. Früh am Morgen auf, der Rucksack ist schon gepackt. Noch jedem die Hand gedrückt, ein letztes Abschiedswort und dann hinaus, fort, das Herz voll Weh'. Um ½ 9 Uhr abends in Spittal a.d. Drau, blieb im Gasthof Markovits über Nacht.

11.12.

½ 10 Uhr vorm. ab von Spittal. Ein schreckliches Schneewetter, die Bahngeleise sind tief verschneit, so daß der Zug erst mit 1 ½ stündiger Verspätung in Oberdrauburg ankam. Das Schneien hat inzwischen doch so ziemlich aufgehört. Nun heißt's halt wieder den weiten Weg bis in die Stellung zu Fuß gehen, denn die Kursschlitten werden sämtlich von Offizieren belegt.

Ich traute kaum meinen Augen, als ich über den Gailberg marschierte, welche riesige Schneemasse hier lag. Kaum dass die Häuser herausschauten. Wie wird es erst in der Stellung ausschauen!

Auf der Plöckenstraße begegnete mir eine Skipatrouille, die mich davor warnte, den weiten Weg allein und in der Finsternis zurückzulegen, da die Lawinengefahr sehr groß sei.

Dessenungeachtet setzte ich meinen Weg fort. Was sollte ich auch tun? Umkehren und nach Weidenburg? Das wäre zwar nicht so gefährlich, aber noch viel weiter gewesen. Also hinauf! Bei Batterie »Frosch« kurze Rast. Unterwegs hörte ich auch schon vom Lawinenunglück in unserer Stellung, das sich heute früh ereignet und bei dem 6 Mann ihr Leben lassen mußten.

Bergung von Lawinentoten

9 Uhr abends in der Stellung. Herrgott, wie schaut's da aus! Eine solch riesige Menge Schnee, wie sie die beiden Lawinen heruntergetragen hatten! Einige Baracken, darunter beide Küchen, weggerissen! Auf Händen und Füßen kletterte ich den steilen Hang hinauf. Unsere Hütte fand ich, wenn auch halb verschüttet, so doch unversehrt. Ebenso meine Kameraden. Freudiges Willkommen.

156

12.12.

Wieder in Stellung; die Schrecken des Winters. Mittags ging's an die Arbeit, um soweit als möglich die Geschütze, die beide von der letzten Lawine total verschüttet waren, auszuschaufeln.

Ein furchtbar heftiger Schneesturm herrschte derart, dass wir die Arbeit bald wieder einstellen mußten. Es war absolut nichts zu machen. Der Sturm wehte mehr Schnee an, als wir imstande waren, wegzuschaufeln.

13.12.

Der Sturm hält noch immer an. Bei Nacht blitzte und krachte es immerfort. Ein starkes Gewitter! 12 Uhr mittags plötzlich ein Donnern und Rollen und momentan war's auch in unserer Hütte schon finster.

Der gedeckte Laufgraben, der zu unserer Hütte führt, war an beiden Enden verschüttet. Eine Lawine war niedergegangen. Wir sind eingesperrt. Konnten uns aber alsbald einen Ausweg ins Freie bahnen. Draußen sehen wir dann auch schon das Unglück. Eine Mannschaftsbaracke war von den Schneemassen niedergedrückt worden. Die darin befindlichen 24 Mann waren verloren, wenn es uns nicht gelang, schnell hineinzukommen.

Doch die Schneemassen sind zu groß. Wir kehrten durch das Loch, das wir in die Decke unseres Laufgrabens gestoßen hatten, in denselben zurück und versuchten von hier aus das Rettungswerk.

Und mit Erfolg. Es gelang uns, ein Loch bis zum Fenster der zerquetschten Hütte freizubekommen, durch das wir nun die Verunglückten herauszogen.

Die Leute waren zum Teil schon halb erstickt, viele von ihnen verloren auf Augenblicke das Bewußtsein. Schwerer verletzt war nur ein Korporal. Alle anderen waren mit dem Schrecken davongekommen.

Der Erste von ihnen, den wir herauszogen, ein ganz junger Bursche, stürzte bewußtlos zusammen, erholte sich nach einigen Sekunden etwas, worauf er sogleich wieder in die Baracke hineinwollte, um seinen Kameraden zu helfen. Mit weinerlicher Stimme rief er immerfort: «Meine Kameraden, meine Kameraden! Sie sind noch drin, ich muß ihnen helfen!» Erst als wir einen nach dem anderen zum Vorschein brachten wurde er ruhiger und kletterte dann hinaus, um sich ebenso wie die Anderen irgendwo einen Unterstand zu suchen.

Auch in der Paßsperre wurden 2 Hütten zerstört, doch war es diesmal wenigstens ohne Verlust eines Lebens abgegangen. Indes währte der Sturm weiter, auch die ganze Nacht.

14.12.
Vormittags wurde es ruhiger, sodaß wir wieder an die Arbeit gehen konnten. Wir bauten Tunnels durch die stellenweise 7 Meter tiefen Schnee-massen, um auf diese Weise uns einen großen Teil Arbeit zu sparen.

Heute morgens schon hörten wir aus der Richtung Kl. Pal fortwährend gellende Hilferufe. Als sich die Nebel teilten, sahen wir an der 700m hoch senkrecht abfallenden Westseite des Kleinen Pal auf einem nur wenige Quadratmeter großen Felsvorsprung einen Mann stehen, der fortwährend mit den Armen gestikulierte und die gellenden Hilferufe ausstieß, die wir schon vorhin gehört hatten, der Ärmste war schon gestern abgestürzt, in eine Tiefe von 200m.

Ohne sich schwer zu verletzen, hatte er schon die ganze Nacht in dieser entsetzlichen Lage zugebracht, in der furchtbaren Kälte. »Ein Achterjäger bin i« ruft der Ärmste, »helft mir hinauf, helft mir, helft mir!« So rief er den ganzen Tag fort. Vergebens wurde Patrouille um Patrouille hinaufgeschickt. Es war unmöglich, ihm von unten Hilfe zu bringen.

Der Unglückliche schien, da er sich auch selbst unmöglich helfen konnte, rettungslos verloren. Schon wurde es dunkel, die Nacht brach herein und noch immer gellten seine verzweifelten Hilferufe durch die Nacht. Uns allen gingen die Schreie durch Mark und Bein.

15.12.
Heute sahen wir schon den Leichnam des Unglücklichen unten am Paß liegen. Gewiß haben ihn während der Nacht die Kräfte verlassen, vielleicht auch hat sich der Ärmste aus Verzweiflung selbst heruntergestürzt.

Auch wir hatten wieder einen schlimmen Tag. Der Schneesturm wütet mit aller Kraft. Die Verpflegung ist schon seit Tagen äußerst unregelmäßig und sehr knapp bemessen, da kein Proviant nachkommt. Die wenigen Wintervorräte sind größtenteils durch Lawinen vernichtet. Heute erreichte uns auch die Nachricht von dem Friedensanbot an unsere Feinde. Sie erregte große Freude bei Allen. Wie groß würde erst der Jubel sein, wenn der Friede wirklich zustande käme!

Wieder klares Wetter. Schaufelten heute das eine Geschütz aus, so daß wenigstens eines feuerbereit ist.

17.12.
Tunnelbau zum zweiten Geschütz.

18.12.
Fortsetzung und Vollendung des Tunnelbaus. Nun führen zu beiden

Geschützen ziemlich lange und finstere Tunnels. Von Außen ist alles unsichtbar. Wenn künftig wieder eine Lawine niedergeht, wird sie uns nicht mehr soviel Arbeit verursachen können als die früheren.

19.12.
Rybzak vom Urlaub, Weiser vom Spital zurück.

20.12.
Ging in der Früh nach Weidenburg ab. Wünsche dort unserem Kommandanten Oblt. Simmon im Namen Aller angenehme Feiertage. Worauf ich wieder nach Würmlach zurückging, dort Einkäufe für Weihnachten besorgte und mir ein Nachtlager suchte.

21.12.
Wieder zurück in die Stellung.

23.12.
Holte nachmittags ein kleines Tannenbäumchen.

24.12.
Weihnachten im Felde! Liebesgaben in reichlichem Maße erhalten. Nachmittags den Christbaum aufgeputzt. Abends um 9 Uhr Lichter angezunden. Feierliche Feststimmung. Weihnacht, Heiliger Abend!

Welch eine Flut von seligen, wundersamen Empfindungen wecken doch diese zwei Worte in meiner Brust! Die ganze glückliche Jugendzeit vor dem Kriege taucht wieder auf von der Seele, die ferne Heimat, Eltern und Geschwister, eine treue Braut und die Lieben alle, an denen das Herz hängt! Alles, Alles ist vorüber! Heute vor 2 Jahren da lag ich todkrank im Spital. Wer hätte damals geglaubt daß ich noch 2 Jahre Krieg werde mitmachen müssen? Niemand! Und doch ist es so.

Nachts stehen wir außen auf treuer Wacht und feiern die Geburt des Herrn, den Lieben und der Heimat fern. Still betend schau ich Himmelwärts, da fällt ein Hoffnungsstrahl ins Herz. Bis der Stern von Betlehem wieder scheint, sind wir an der Krippe in Frieden vereint.

Wie schwer das Herz ist! So weich, so wehmütig ist mir zumute! Ich möchte jedem Gutes tun an diesem heiligen Tage obwohl ich mich selbst so grenzenlos einsam, verlassen fühle. Wie oft schon habe ich versucht, meine Kameraden umzustimmen, ihnen alles zuliebe getan, gegeben, was ich selbst schwer entbehren mußte! Nur um in ihren Gemütern eine Abwandlung zum Besseren, Höheren zu bewirken; alles vergebens! Ihr Sinn ist nur auf sinnlichen Genuß gerichtet, alles Hohe, Schöne und Überirdische ist ihnen fremd.

Die Hoffnung auf einen baldigen Frieden schwindet wieder. Die Zeitungen schreiben täglich vom Frieden, von Vorverhandlungen, Bedingungen, so daß ich von dem Ganzen nicht mehr viel halte. Es ist wohl nur ein neuer Trick, um das arme Volk noch länger nasführen zu können und dadurch zu bewirken, daß es sich auch in Zukunft noch, wer weiß wie lange, seine besten Söhne auf dem Schlachtfeld hinmorden läßt. Alles nur einigen gewissenlosen Staatsmännern zuliebe!

31.12.

In den letzten Tagen leichte Artillerietätigkeit. Heute starker Schneefall. Nun ist wieder ein Jahr dahingeschwunden aus der Ewigkeit. Zweifellos war dies das schwerste und blutigste des ganzen Krieges, vielleicht der ganzen Weltgeschichte. Millionen haben ihr Blut vergossen für das Vaterland, so wird uns gesagt, in Wirklichkeit aber nur im Interesse einiger gewissenloser Männer und für die reichen Geldsäcke.

1917

1.1.

Während der Nacht lebhaftes Artillerie- und Infanteriefeuer. Es ist ja so der Brauch zu Neujahr. Das läßt man sich selbst im Kriege nicht nehmen. Andere sehen darin ein Vergnügen. Wieder Andere schleppen im Schweiße ihres Angesichts Munition. Wir bekommen heute zum Unterschied eine recht knappe Menage. Ohne Zuspeise oder Zubuße. Abends Tee anstatt Kaffee, was uns doch viel lieber gewesen wäre. Die Herren Unteroffiziere von der Inf. und der MG-Abtlg. aber waren in der Nacht total betrunken. Das nennt man deutsche Kameradschaft, Brüderlichkeit.

Mittags ging wieder eine Lawine ab. Eine Küche sowie Vorratslager verschüttet. Glücklicherweise niemand verunglückt.

6.1.
In den letzten Tagen fortwährend, besonders des Nachts, eine große Kälte. Maschinengewehrfeuer fast ohne Unterbrechung auf beiden Seiten. Gegner hat auf Cellon ein MG aufgestellt und hält damit die Zufahrt zu unserer Stellung unter stetem Feuer. Das Schießen unserer Gewehre ist eigentlich zwecklos, da sie ja doch dem Feind nichts anhaben können. Gestern wurde auch bei der MG-Abtlg. eine Gebirgskanone aufgestellt, um so dem fdl. MG wirksam beikommen zu können.

Arbeit wenig bei uns. Hie und da etwas Holzmachen, das ist so ziemlich unsere Hauptbeschäftigung geworden. Das Leben hier wird immer langweiliger, unerträglicher. Nichts zum Lesen, die mündliche Unterhaltung dreht sich immer um die gleichen Dinge. Einmal von der Heimat, dann wieder vom Frieden, vergangene Zeiten und Zukunft usw.

9.1.
Starker Schneefall und Sturm. Ab Plöckenbaracken jeder Verkehr infolge der Lawinengefahr gesperrt. Wir erwarten jede Minute den Abgang einer Lawine, denn der frische Schnee hat sich schon zu einer großen Masse angehäuft.

10.1.
Um 2 Uhr nachts weckte uns Rybzak, der Bereitschaft hatte, mit dem Rufe, eine Lawine ist niedergegangen. Im Nu sind wir angezogen und eine Schaufel zur Hand! Dann hinaus.

Weiter als bis in die Tunnels konnten wir freilich vorhand nicht, da alle Ausgänge verschüttet waren. 2 Posten waren ebenfalls unterm Schnee, die holten wir zuerst heraus. Nun schaufelten wir schnell ein Loch ins Freie, denn die Tunnels waren schon voller Rauch.

Draußen schauts auch recht wüst aus, die Lawine war von riesigem Umfang und gerade auf die Stellung niedergegangen. Doch ist's diesmal glücklich ohne einen ernstlichen Schaden abgegangen. Von den umliegenden Bergen donnerte ebenfalls Lawine um Lawine nieder. Ein grausiges Bild des Winters!

11.1.
Beide Geschütze ausgeschaufelt. Das Wetter hat sich wieder gebessert. Mittags wagte sich sogar die Sonne für kurze Zeit hervor. Da kein Train

nachkommen kann, ist auch die Verpflegung noch knapper als dies ohnehin der Fall ist. Wir haben anstatt Brot kleine Portionen süßlichen, zähen Zwieback, der, in Kaffee eingebrockt womöglich noch zäher wird. Habe heute heftiges Magenweh, kann dieses Gebäck nicht vertragen. Aber Hunger tut auch weh. Post ist seit Tagen keine eingelangt. Wie ich hörte, ist auch der ganze Eisenbahnverkehr im Tal unterbrochen.

12.1.
Während der Nacht Dienst. Vormittags beschoß eine feindliche Batterie den Kleinen Pal. Unsere Artillerie auf der Mauthner-Alpe eröffnete das Feuer auf diese Batterie, schoß aber zu kurz. Einige Schuß gingen in den Hang oberhalb der Stellung, wodurch sich eine Lawine losriß und mit furchtbarer Gewalt niedersauste.

Hier war niemand darauf gefasst, die Lichtlöcher in den Tunnels offen, so daß auch diese wieder verschüttet wurden. Auch unsere Hütte total versperrt, die Infanteristen mußten erst ausschaufeln, damit wir hinauskonnten. Von der M.G.A. 2 Mann schwer verletzt. Der eine von ihnen war durch den Luftdruck bis auf die andere Seite der Sperre geworfen worden, wo er mit gebrochenem rechten Fuß liegen blieb. Von der Kompagnie ein Mann verschüttet, alle Bemühungen ihn aufzufinden, vergebens.

Den ganzen Tag über schwere Arbeit, um den Schnee wegzubringen; dazu so knappe Verpflegung. Eine Eßschale Zwieback für 3 Tage. Nichts als Schneewasser zum Trinken. Habe immer Hunger.

13.-14.1.
Holten Holz aus dem Schnee, um doch unsere Hütte heizen zu können. Wie man sich da schinden muß um jedes einzelne Stück Holz. Diese 2 Tage erhielten wir doch etwas mehr und besseren Zwieback.

15.-16.1.
Seit drei Tagen schneit es wieder fast ununterbrochen. Die Lawinengefahr ist groß. Drei Lawinenposten sind aufgestellt. Wir müssen uns das magere Essen wieder selbst kochen. Wiederholt schon bewunderte ich in solchen Tagen, besonders nach dem Abgang der letzten Lawinen, die Haltung des Feindes, denn, während unsere MG, sobald sich auch nur einer von den Italienern zeigt, gleich wie rasend auf ihn losknallen,

behelligt er uns nicht im Mindesten, wenn Unsere draußen ohne Deckung Verunglückte suchen oder die Hütten ausschaufeln. Das ist edel und human.

20.1.

Nun geht es uns wieder etwas besser. Es hat aufgehört zu schneien. Wir bekommen wieder bessere Verpflegung, auch Brot. Es war höchste Zeit. Noch ein paar Tage ein solcher Schneefall, und sämtliche Vorräte wären ausgegangen. Der Kaffee war ohnehin schon gar.

Vorm. Rybzak ging nach Weidenburg ab. Anstatt seiner kam Vorm. Fichtinger, ein 46 jähriger verheirateter Mann, herauf. Ein wüster Geselle. Mir gefällt er entschieden nicht. Dafür gefällt er Bretmeister desto besser. Die beiden passen zusammen, da hört man sie den ganzen Tag über allerhand reden. Über Wein, Saufen und Weiber. Je schweinischer alles herauskommt, desto schöner ist es, desto mehr lachen sie. Da soll man zuhören. Wer dagegen redet, wird ausgepfiffen.

Das ist ein Leben hier! Wenn ich nur einen einzigen Freund hätte, mit dem ich mich aussprechen könnte, aber leider! Seit Mitterbauer fort ist, habe ich keinen mehr. In meinem Kopfe sieht es wüst aus, die Gedanken wogen durcheinander. Eine verrohte Gereiztheit hat mich ergriffen, ich weiß nicht wie!

22.-23.1.

Große Kälte.

24.-25.1.

War in Würmlach und Weidenburg. Wurde von dem dortigen Feuerwerker in unerhörter Weise ausgeschimpft, gab es ihm mit Zeichen zurück.

26.1.

Bretmeister fährt auf Urlaub.

27.-30.1.

Die klare Witterung hält noch immer an. Empfindliche Kälte. Unser Holzvorrat ging wieder zu Ende. Ohne Heizung aber ist es in der Hütte nicht auszuhalten, weswegen wir gezwungen waren, einen Baum aus der

Stellung zu fällen. Mit Mühe schleppten wir die schweren Scheite herauf. Vom Kriege spürt man jetzt nicht viel, nur selten fällt ein Schuß.

Das Artilleriefeuer hat nahezu ganz aufgehört, dafür wird's wohl im Frühjahr desto heißer zugehen. Schon jetzt werden scheinbar große Vorbereitungen getroffen.

31.1.
Während der Nacht und tagsüber starkes Artillerie- und Minenwerfer-feuer auf dem Kleinen Pal.

Februar 1917

1.- 2.2.
Beiderseits Artilleriegeplänkel.

3.2.
30,5 cm Mörserfeuer auf Cellon.

4.2.
Hörten die Nachricht von der verstärkten U-Bootkriegsführung gegen unsere Feinde, recht so! Wenn wir hungern, so soll es auch denen nicht besser gehen.

5.2.
Patrouillentätigkeit. Um 2 Uhr nachts kommt Lt. Müke mit der Weisung, wir sollen einige Schuß abgeben, die Vorposten hatten eine fdl. Patrouille sich ins Finanzwachhaus einschleichen gesehen. Dorthin sollten wir nun feuern.

Doch konnten wir infolge der Dunkelheit und des hohen Schnees keinen Aufschlag beobachten und stellten nach dem 4. Schuß das Feuer ein. Abends ging eine starke Patrouille hinaus. Wieder konnten wir beobachten, wie eine Anzahl Gegner sich ins Finanzwachhaus einschlichen. 1 Mann davon wurde von den Unseren niedergemacht, 2 weitere verwundet.

Unsere versuchten das Haus einzukreisen, um die Feinde gefangen nehmen zu können. Heftiges einsetzendes fdl. Minenwerferfeuer vereitelte den Plan und zwang sie zum schnellen Rückzug. Auf Kl. Pal fdl. Min.Feuer.

6.2.
Tagsüber hielten wir das linke Geschütz feuerbereit, da die Feinde noch immer im Finanzwachhaus steckten. Sie wagten sich nicht heraus. Der Tote liegt vorn im Schnee, das Gewehr neben sich. Die Infanterie-Offiziere wollten, daß wir auf das Haus schießen, auf eine Anfrage beim Artillerie-Brigade-Kommando hin wurde es aber verboten.

Ein Infanterist beim Holzfällen verwundet.

8.2.

Um 2 Uhr Nachts Alarm, um 9 und ½ 11 Uhr Abends abermals.

Stollenbau mit Hilfe eines pneumatischen Bohrhammers

9.2.

Den ganzen Tag über beiderseits Artilleriefeuer. Um 5 Uhr nachm. eröffneten auch wir mit dem linken Geschütz das Feuer, um uns auf die

verschiedenen Punkte der fdl. Stellung einzuschießen. Nach dem 9. Schuß stellten wir das Feuer wieder ein. Spät Abends sollten wir mit dem rechten Geschütz ein neues Ziel unter Feuer nehmen, den Ausschuß desselben bildet ein langer Schneetunnel, dieser erwies sich nun für das neue Ziel als zu niedrig, sodaß wir das Schießen auf morgen verschieben mußten.

Es scheint wirklich etwas im Anzuge zu sein, da überall so fieberhaft an dem Ausbau der Stellungen und der Drahthindernisse gearbeitet wird. Die Offiziere kommen mir manchmal so merkwürdig aufgeregt vor. In der Sperre arbeitet ein Bohrzug Tag und Nacht, der ganze Kogel soll unterminiert werden, die Unterstände alle in den Felsen hineinkommen.

Meine Zeitung bringt mir Kunde über den Abbruch der diplomatischen Beziehungen zwischen Amerika und Deutschland. Also bald wieder ein mächtiger Feind mehr! O Gott, wohin soll uns das noch führen. Der verstärkte U-Bootkrieg wütet bereits mit aller Schärfe.

10.2.

Ein fdl. Flugzeug überquert unsere Linie. Batterie »Frosch« beschießt die fdl. Sperre. Oblt. Schmid wirkt selbst hier als Beobachter. Er schießt präzise. Mehrere Volltreffer in die fdl. Stellung.

12.2.

Nachmittags wieder ein fdl. Flieger über uns. Derselbe wirft eine große Anzahl Flugblätter in ungarischer Sprache ab. Der Inhalt betrifft den Skandal einiger ungarischer Großhändler und Eisenbahnbeamter, die mehrere hundert Waggons Getreide nach Italien geschmuggelt haben. Himmelschreiendes Verbrechen! Während wir selbst hungern, versorgen solche Gauner unsere Feinde, die uns aushungern wollen, mit Getreide. Das sind Patrioten!

Abends schlich sich eine Patrouille bis an die fdl. Drahthindernisse, von wo sie ein kurzes lebhaftes Gewehrfeuer auf die fdl. Stellung eröffnete. Gleichzeitig eröffneten wir mit dem linken Geschütz, sowie drei Maschinengewehren das Feuer auf die fdl. Stellung. Ein Hauptmann weilt selbst noch mit seinem ganzen Stab hier, um sich das kleine Schaustück anzusehen.

Als der Feind das Feuer viel zu spät eröffnet, meint er: » Na bei denen geht es schnell bei Alarm, bis morgen früh werden sie wohl fertig sein!«

Erst um 1 Uhr Nachts kommen die Unseren zurück und nun wird auch bald Ruhe.

13.2.
Beim linken Geschütz insgesamt 48 Schuß verschossen. Soviel haben wir schon lange nicht gepulvert. Hat ja eigentlich auch gar keinen Zweck, diese Schießerei. Das Ziel war nur eine Mauer der fdl. Stellung auf der Pal-Rippe. Allerdings ist diese nun in Trümmer geschossen und wäre dies auch nicht der Fall, so wäre auch der Schaden für uns kein großer. Aber der Stellungskmdt. Lt. Müke meinte, das Schießen interessiere ihn riesig. Solange es mit keiner Gefahr für ihn verbunden ist, glaub' ich ihm das gerne, aber dann möcht' ich ihn sehen.

Mit dem rechten Geschütz 7 Schuß in die Palmulde, nach dem 7. Schuß Rücklauf gebrochen, weshalb wir das Feuer einstellten. Das Geschütz ist gebrauchsunfähig und wird als solches auch sofort dem Gruppenkommando gemeldet.

14.2.
Das Geschütz abmontiert. Abends mit Hilfe von Infanteristen zur Straße hinunterbefördert, um sodann per Schlitten nach Kötschach in die Artilleriereparaturwerkstätte transportiert zu werden. Es hat nun genug geleistet. Seit 1.August 1915 sind annähernd 7000 Schuß aus diesem einen Geschütz abgegeben worden.

15.2.
Mit Ausnahme einiger schwerer fdl. Geschosse, die in die Richtung Gailtal surren, herrscht tagsüber Ruhe. Abends war ich in dienstlicher Angelegenheit bei Oblt. W... und Lt. Zurinka.

Auf dem Rückweg war es schon Nacht. Eine wundervolle, sternhelle Nacht, die umliegenden Berge heben sich in großartiger Gestalt von dem nächtlichen Dunkel ab. Besonders der Zelonkofel erhebt sich frei, wie eine riesige Pyramide, von seiner Umgebung ab. Der Feind, der dort oben auf dieser unerreichbar scheinenden Spitze scharfe Wache hält, läßt ab und zu Leuchtraketen in die Höhe steigen. Blitzschnell steigen sie auf, verbreiten ein rötliches Licht, das die ganze Umgebung erleuchtet, um sich dann in tausend kleine Fünkchen zu zerstreuen. Von der Straße aus sieht sich das wunderschön an. Ein Fremder, der dies zum Erstenmal sieht, würde wohl glauben, daß eine Sternschnuppe sich losgelöst und im Niederfallen in so viele kleine Fünkchen zerstoben sei.

16.2.
Nachts schwaches fdl. MG-Feuer. Seit längerer Zeit hatten wir desgleichen beim Gegner nie beobachtet, welches unsererseits keine Seltenheit ist. Auf Hrn. Hauptmanns Befehl nehmen wir die eine uns erreichbare MG-Stellung unter Feuer.

17.2.
Auf die Schulter wurde in der Nacht ein Geschütz hinauftransportiert. Gegen Morgen kam ein Kanonier von Geb. Kan. 6/17 zu uns herein. Er war todmatt, dem Umsinken nahe vor Hunger. Er erzählte, daß sie bei der Bäckerei wöchentlich zweimal nur eine halbe Portion Brot und mittags nur eine halbe Konserve bekommen, dabei aber unerhörte Strapazen mitmachen müssen. Der Arme ruhte sich bei uns ein paar Stunden lang aus.

Abends kurzes Trommelfeuer unserer Artillerie auf Kl. Pal, Inft. Geplänkel. Da ich weiter nichts zu tun hatte, spielte ich mit Korporal Fegusch und noch zwei Infanteristen Karten. Korp. Fegusch ist einj. Freiwilliger, im Zivilberuf ein kleiner Beamter. Er könnte heute Oblt. sein wenn er sich einige Mühe gegeben hätte. Aber noch nie ist mir einer begegnet, der ein solch erbitterter Gegner jeder Obrigkeit wäre wie Fegusch. Er übertrifft Bretmeister noch mit seinen gehässigen Äußerungen über diesen Punkt. Dabei ist er ziemlich intelligent, aber sittlich ganz verkommen.

18.2.
Bretmeister vom Urlaub zurück. Abends ein kleines Spiel.

20.2.
Die MG-Komp. wird abgelöst.

21.2.
Heute spät abends wurde auch die Komp. abgelöst. Tut mir leid um diese Leute. Hatte unter ihnen doch so manchen guten Kameraden, die ich nun alle wieder verliere. Zwar sind auch die Neuen wieder Siebener, aber es

sind halt doch Fremde, an die man sich erst wieder gewöhnen muß. Raiffeis war den Tag über auf der Schulter ein Marinegeschütz aufmontieren. Kam ganz krank zurück. Es ist eine unerträgliche, schlechte Luft da oben in diesen unterirdischen Höhlen und Gängen.

23.2.
Raiffeis geht nach Weidenburg zum Train zur Erholung.

24.2.
Spät abends, um ½ 10 kam das neue Geschütz an. Es mußte noch im Lauf der Nacht herauftransportiert werden. Eine Anzahl Infanteristen und Mannschaft von einer Reservebatterie waren uns zu diesem Zweck zur Verfügung gestellt worden.

25.2.
Um ½ 3 Uhr Früh war der Herauftransport beendet. Müde von der schweren Arbeit und halb erfroren suchen wir unsere Hütte auf, um noch ein paar Stunden der Ruhe zu pflegen. Da stellt es sich nun heraus, daß eine Karbidlampe abhanden gekommen ist. Bretmeister hatte sie leichtsinnigerweise an die fremde Hilfsmannschaft ausgeborgt und die hatten sie eben mitgenommen. Die Schuld an dem Verlust aber schob er, wie gewöhnlich in solchen Fällen, mir in die Schuhe. Ob ich glaubte, redlich meine Pflicht getan zu haben, mußte ich nun zum Lohn dafür eine Flut von Schimpfworten über mich ergehen lassen. Das ist für gewöhnlich mein Los. Ich mühe mich ab, Andere nehmen das Verdienst dafür in Anspruch. Ich aber lasse mich schimpfen ... und das von solchen Leuten!

Um 12 Uhr mittags ist schon das Geschütz wieder fertig aufgestellt, eingebaut und wir konnten »Feuerbereit« melden. Um 2 Uhr nachmittags gaben wir einige Probeschüsse ab. Nun ist wieder alles in Ordnung.

27.2.
Feuerüberfall unserer Batterien gegen die fdl. Paßsperre. Der Überfall fand um 5 Uhr morgens statt. Mittags richtete der Feind Schrapnellfeuer auf unsere Stellung, das aber ganz ohne Wirkung war. Nachmittags stärkeres fdl. Feuer gegen Kl. Pal. Das ist die Rache für heute Morgen. Mit unserem rechten Geschütz einige Schuß auf die fdl. Stellung abgegeben.

28.2.
Sehr kalt, starker Wind. Das M.Gesch. auf Schulter noch immer nicht Feuerbereit. Durch Nachlässigkeit ging der Aufsatz verloren und nun muß ein neuer beschafft werden, ehe das Geschütz schießen kann.

Forstinger ist in Weidenburg, kommt erst morgen wieder herauf. Tut mir wahrhaft wohl, daß der alte Brummbär ein paar Tage nicht hier ist, da ist alles so still in der Hütte!

März 1917

1.3.
Nachts Bereitschaftsdienst. Im Laufgraben vor der Hütte geht Arbeitsmannschaft vorbei, die Munition auf die Schulter getragen und nun wieder zurückkehren.

Ein alter, graubärtiger Zgsf. kommt mit einer Laterne zu mir herein. Ich lade ihn ein sich zu setzen und ein wenig zu erwärmen. Habe mir Kaffee gekocht und gebe nun auch dem Zgsf. davon. Der arme, alte Kerl ist darüber hocherfreut und nachdem ihm warm geworden, verabschiedet er sich mit den herzlichsten Dankesworten.

4.3.
In der Nacht sollte eine Patrouille zum fdl. Finanzwachhaus. Schon beinahe am Ziel, mußte sie sich wegen eintretender Helligkeit wieder zurückziehen. Wir hatten Befehl erhalten, für den Fall, daß die Sprengung gelingen sollte, durch das Feuer beider Geschütze der Patrouille den Rückzug zu decken. Zwei schnell hintereinander aufsteigende grüne Leuchtraketen sollten das Zeichen sein auf welches hin wir das Feuer eröffnen sollten. Leider aber wurde der fein ausgehegte Plan zu Wasser und so hatten wir umsonst eine schlaflose Nacht verbracht.

Vormittags erhielt ich Befehl, nach Dellach zu gehen um dort Azetylenlampen und Karbid zu fassen. Nachdem ich beim Gruppenkommando »Almrausch« die diesbezüglichen Quittungen und Passierschein geholt hatte, marschierte ich gemächlich die Straße hinunter bis Würmlach, wo ich über Nacht blieb.

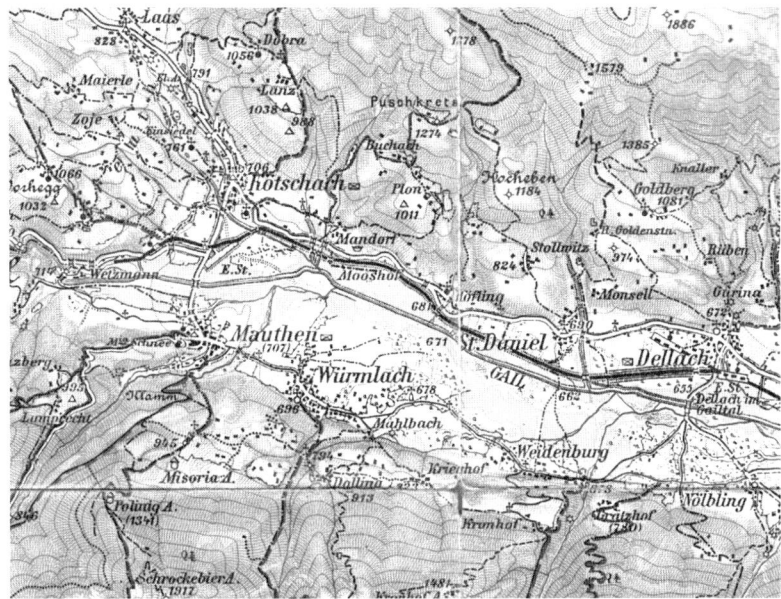

5.3.

Weiter nach Weidenburg. Suchte dort zuerst meinen Freund Raiffeis auf, der natürlich noch in festem Schlummer lag. Nachdem er sich angezogen hatte, begleitete er mich nach Dellach. Erst nach längerem Suchen fanden wir das richtige Magazin. Nachdem ich meine Sachen ausgefolgt erhalten, machten wir uns wieder auf den Rückweg. Es hatte unterdessen ziemlich stark zu schneien angefangen. Nun holte ich mir auch mein Mittagessen: Rindfleisch mit Suppe, als Zuspeise gab es da eine riesige Portion Polenta. Die Russen, von denen gleichfalls eine Arbeiter-Komp. in Weidenburg einquartiert ist, kamen herzu und »bitte Pan, bitte Pan!« ging es in einem fort. Als ich ins Quartier komme ist die Polenta schon fast ausgeteilt, die armen Kerle! Sie haben ja auch immer Hunger. Zum Glück bin ich ohnehin kein Freund dieser italienischen Nationalspeise.

Nun vergehen einige Stunden mit Geplauder mit Raiffeis. Ist es doch wahrscheinlich das letzte Mal, daß wir beisammen sein können. Als ich mich wieder auf den Weg machte nach Würmlach, begleitete er mich noch ein gutes Stück, dann ein letzter Händedruck und Ade.

Den Rest des Tages verbrachte ich in Würmlach bei alten Kameraden. Auch gar heikliche Dinge kamen mir da zu Ohren. Von Fhr. Hekker von der Froschbatterie, Protzenkommandant in Würmlach, er empfing ganz offen die Besuche eines als ungemein liederlich und ausgelassen bekannten Mädchens auf seinem Zimmer. Welche Schändlichkeiten werden wohl da hinter verschlossenen Zimmern begangen!

Heute abends nun fuhr der saubere Hr. Fhr. auf Absentierung. Obwohl es strengstens verboten ist, mit Zivilpersonen, besonders aber mit Frauenspersonen auf einem Wagen zu fahren, und dieses Verbot auch für Offiziere gilt, so nahm sich doch das nette Paar die Freiheit und fuhr in der Nacht zum Bahnhof Dellach.

Ein schönes Beispiel von Gehorsam und Pflichterfüllung für die Mannschaft, die oft hungern muß bei schwerer Arbeit und wo überdies wegen geringfügigen Vergehen gleich zwei Stunden oder noch länger Anbinden verhängt wird. In ganz Würmlach erzählt man sich offen von einer Frau, die von einem Fwk. eine große Butte Fleisch geschenkt erhielt, nur damit sie dessen Verhältnis zu ihrer Tochter dulde. Der ehrliche Fwk. ist, wie ich hörte, von der R.F.K. Batt. 2/94. Schufte alles übereinander.

6.3.

1 Uhr mittags war ich schon wieder in Stellung; gerade recht zur Menage. Dann aber legte ich mich auf einige Stunden nieder, da ich wie gewöhnlich nach solchen weiten Märschen äußerst müde bin.

7.3.

Bekanntmachung einer kaiserlichen Verordnung, nach welcher die barbarische Strafe des Anbindens abgeschafft ist.

Fichtinger erhielt wieder eine Karte von seiner Frau, auf der sie ihm schilderte, wie die Not in Wien immer größer werde. Die Kinder, schreibt sie unter Anderem, weinen oft vor Hunger, und sie müßte dies mitansehen, ohne ihnen helfen zu können. Wie schwer das für eine Mutter sein muß, kann ich mir wohl denken.

Aber Unsinn ist es, dergleichen dem Gatten ins Feld zu schreiben, wo doch dieser selbst oft Hunger leidet, sich auf Grund solcher Berichte erst recht um seine Familie sorgt, ohne ihr indes irgendwie helfen zu können. Ich habe schon öfters bemerkt, wie dem Armen, der seine Frau und Kinder über Alles liebt, beim Lesen solcher Karten die hellen Tränen in den Augen standen, so daß mir selbst schwer ums Herz wurde.

8.3.
Schneefall, nichts Neues.

9.3.
Bekanntgabe eines Befehles, auf Grund dessen, wegen häufiger Verräterei und Unzuverlässigkeit, keine Tschechen mehr auf Posten kommandiert werden.
 Lt. Meisner, Adjt. des Art. Grp. Kdos, war noch spät abends hier. Da wir uns über mancherlei beschwerten, versprach er, uns zur Auszeichnung vorzuschlagen, gewissermaßen als eine kleine Entschädigung der in diesem Winter erlittenen Unbilden. Wenn für uns auch etwas dabei rauskommen möchte! Doch ist dies schwer, viel früher erhält ein Spießling für Nichtstun eine Medaille. Für uns wird nicht viel übrig bleiben.

19.3.
Am 17.3. Abbruch der diplomatischen Beziehungen zwischen China und Deutschland. Meldungen über eine Revolution in Rußland, Abdankung des Zaren usw.
 Es scheint wirklich, als ob die ganze Welt aus den Fugen gehen sollte. Bei uns nichts los, außer einige Schuß auf ein fdl. MG keine Gefechtstätigkeit.

20.3.
Schneesturm. Habe vor Kurzem ein Gesuch zwecks Anbauurlaub abgegeben, werde nun in den nächsten Tagen um Urlaub bitten. Zweifle allerdings ob ich werde heimfahren können.

21.3.
Raiffeis kommt zurück. Er konnte keinen Urlaub bekommen. Auch ins Spital wurde er nicht aufgenommen, trotzdem er schwer leidend ist. Wer heute ins Spital will, der muß eben schon halb tot sein. Während der Nacht mußten wir wieder einige Stunden beim Geschütz stehen, auf Bereitschaft.

22.3.

Wieder sehr starker Schneefall. Ging vormittags zur Batterie ab, um hier um Urlaub zu bitten. Leider ist hier alles umsonst. Ich solle noch warten, ich hätte überhaupt noch keine Gebühren hieß es usw. Also wieder um eine bittere Enttäuschung reicher. Aber noch gebe ich die Hoffnung nicht auf. Werde nun mein Glück woanders versuchen.

23.3.

Heute vormittags sprach ich auch mit Hr. Oblt. Simmon bezüglich des Urlaubs. Erhielt von ihm die gleiche Antwort wie gestern vom R.U.O., nur mit dem einen Unterschied, daß Hr. Oblt. wenigstens freundlich war zu mir.

Hatte mich schon so sehr gefreut auf das Wiedersehn mit meinen Eltern, mit dem lieben Mädchen, das fern von mir stets so treu zu mir steht.

24.3.

Noch immer schlechtes Wetter. Und ich möchte hinauf in die Stellung, um von dort aus noch weitere Schritte bezüglich des Urlaubes zu unternehmen. Auch ist es hier in diesem gottverlassenen Weidenburg so einsam und öde. Keine Bekannten hier, fast lauter Anderssprachige, mit denen ich nicht verkehren kann.

25.3.

Sonntag. Endlich wieder schönes Wetter! Mittags Abmarsch von Weidenburg, in der Stellung angekommen, war von Ausruhen keine Rede. Strenge Bereitschaft mußte gehalten werden. Ein Stoßtrupp, unterstützt von Inft. Patrouillen sollte die fdl. Stellung überfallen. Der großen Helligkeit wegen mußte der Trupp jedoch unverrichteter Sache wieder zurückkehren.

27.3.

1 Uhr nachts Alarm. Draußen ist´s stockfinster. Der Stoßtrupp ist wieder hinaus, aber auch heute wurde der fein ausgeheckte Plan durch die Wachsamkeit der Feinde vereitelt. Unsere konnten nur bis zum fdl. Finanzhaus kommen, vertrieben von dort die fdl. Feldwache, drangen hierauf in das Haus ein, wo sich auch gleich Pulvergeruch bemerkbar machte. Hierauf befahl der Fähnrich, der mit war, den Rückzug.

Skipatrouille beim Abstieg

Wir feuerten mit unseren Geschützen je einige Schuß auf die fdl. MG ab, um diese einzuschüchtern und so der Infanterie den Rückmarsch zu erleichtern. Bis 4 Uhr früh war der ganze Wirbel wieder vorbei. Nun haben wir hoffentlich auch mal eine Zeitlang Ruhe!

Abends traf ich hier ganz unvermutet einen Bekannten aus der Heimat, den Ersten seit 14 Monaten. Er kommt aus Tragwein. Freue mich wirklich sehr über dieses Zusammentreffen. Habe ich nun doch jemand, mit dem ich von der lieben Heimat sprechen kann. Bis 11 Uhr nachts hocken wir so beisammen.

29.3.

In den Schneetunnels und den Laufgräben zur Schulter brennt zum ersten Mal das elektrische Licht.

31.3.

Das schlechte Wetter dauert noch immer in vollem Umfang an.

April 1917

1.4.

Um 10 Uhr abends ging auch die schon lange erwartete Lawine nieder. Ich hatte Dienst und war gerade dabei, einige Osterkarten zu schreiben. Ich eilte sofort hinaus um zu sehen, ob die Posten sich gerettet hätten und die Ausgänge frei seien, was auch der Fall war. Hierauf schaute ich in den hinteren Eingang. Dieser war total verschüttet, ebenso auch die Zugshütte.

Gleich machte ich Alarm, um Leute herbeizurufen. Dann watete ich hinunter zur Offiziersbaracke. Die aber war so verschüttet, daß sie überhaupt nicht gleich zu finden war. Doch nachdem wir eine Zeitlang tüchtig geschaufelt hatten, bekamen wir ein Loch frei, durch das nun Alle wohlbehalten herauskamen. Nun war´s genug für mich. Ging nun wieder in unsere Hütte. So viel steht fest, daß einige Mann wieder verloren sind. Wieviele, konnte heute nicht mehr festgestellt werden. Wäre die Lawine um 10 Minuten später abgegangen, so wäre die ganze 11. Komp., welche auf der Schulter abgelöst wurde, verschüttet worden. Die vordersten 2 Mann waren außerhalb des Schneetunnels und wurden mitgerissen, während die Anderen im Tunnel eingesperrt waren. Auch die elektrische Anlage ist wieder teilweise zerstört.

2.4.

Tagsüber Bergungsarbeiten. Einer der Verschütteten wurde tot aufgefunden.

3.4.

War beim Artilleriegruppenkommando »Almrausch« . Gab dort mein

Urlaubsgesuch ab. Es wurde mir der Urlaub versprochen. Also vielleicht kann ich doch Ostern noch in der Heimat feiern.

4.4.

Endlich scheint sich doch auch das Wetter wieder zu bessern.

5.4.

Morgens schon herrlicher Sonnenschein. Hatte einen Dienstgang nach »Almrausch« zu machen. Mittags verdunkelt sich der Himmel wieder und ein paar Stunden später schneit es schon wieder, daß es eine Art ist.

6.4.

Es schneit den ganzen Tag über sehr stark. Hatte gehofft, heute auf Urlaub fahren zu können, und nun sind alle Wege wegen Lawinen gesperrt. Heute der erste Karfreitag in meinem Leben, an dem ich Fleisch gegessen. Zwieback gab es und Konserven. Kein Brot und nichts zu rauchen.

8.4.

Ostersonntag. Hurra! Sind das Osterfeiertage! Kein Brot, zu Mittag eine Zungenkonserve mit Bohnen, die so sauer war, daß ich´s wegwerfen mußte. Also leerer Magen. Zum Rauchen gibt es ebenfalls nichts, das ist schon zum Teufel holen. Die Leute schindet man, damit sie Stacheldraht und Bretter herauftragen, zum Essen aber wird nichts herbeigeschafft.

Weiser, der bereits seit 27 Monaten an der Front steht, erhielt heute das eiserne Verdienstkreuz. Um 6 Uhr abends brachte mir ein Mann der Geb.Kan.Batt. 6/17 meinen Urlaubsschein und eine Stunde später schon marschierte ich im Eilschritt die Plöckenstrasse hinunter nach Dellach zur Bahn.

Um 3 Uhr morgens ging der Zug ab, um ½ 11 Uhr abends war ich in Linz, wo ich, ermüdet von der weiten Fahrt, mir ein gutes Nachtquartier suchte und auch in Achleitners Hotel wirklich fand.

9.4.

So wohl tat mir der Schlaf in dem langentbehrten guten Bett, daß ich erst um 10 Uhr wach wurde. Da der Zug schon um 12 Uhr abging und ich noch zu tun hatte, so war nun keine Zeit mehr zu verlieren. Nicht einmal frühstücken wollte ich mehr, verspürte auch keinen Appetit. Abends kam ich heim ins liebe, traute Elternhaus, ganz unerwartet. Umso größer war beiderseits die Freude des Wiedersehn´s.

Leider ward ich schon in den ersten Tagen marod. Schwindel und Kopfweh. Erst Freitag wurde es wieder besser um mich. Sonntag nachmittag bei meinem Lieb´.

Nur zu schnell vergingen die wenigen Tage. Nur noch wenige Stunden und dann heißt´s wieder hinaus in die weite Ferne, in das graue Elend. Auch daheim nicht viele angenehme Stunden verbracht. Das Wetter ist erbärmlich schlecht. Nass und sehr kalt. Die Leute sind alle ganz verzagt und kleinlaut.

Furchtbar traurig schaut es überall aus. Nichts als Not und Elend. Kein Tag vergeht, ohne daß nicht mehrere Bettler kommen. Meistens Kinder und Frauen, denen der Hunger aus den Augen schaut. Dieser Anblick zerreißt mir das Herz, läßt nie eine frohe Stimmung in mir aufkommen.

23.4.

Der letzte Tag. War in der Messe, ging auch zur Beichte und Kommunion, dann ein kurzer Abschiedsbesuch bei ein paar Bekannten. Dann eine Zeitlang beim Wirt. Die junge Lehrerin spielte mir auf der Gitarre einige Lieder vor und sang dazu sehr hübsch. In der Nacht ein schmerzlicher Abschied.

Mein Urlaub ist abgelaufen. Zum 5.Male trete ich nun die Reise ins Feld an. Diesmal habe ich doch einen Kameraden, sodaß der Abschied etwas weniger schwer wird. Seit 33 Monaten hatten wir einander nicht gesehen und nun - welch´ herrlicher Zufall! – kommen wir beide an einem Tag nach Hause und heute wiederum entführt uns der gleiche Zug aus der geliebten Heimat. Aber in Schwarzach trennten sich unsere Wege und schweren Herzens nehmen wir Abschied voneinander.

In Villach mußte ich übernachten. In der Restauration gab´s Bier, allerdings zum horrenden Preis von 1 K per ½ l!

5. TAGEBUCH

25.4.
1 Uhr mittags in Dellach, der letzten Station. Den Nachmittag über heißt es tüchtig marschieren. 9 Uhr abends kam ich glücklich herauf in dieses Schneeloch, wo sich während meiner Abwesenheit kaum etwas verändert hat. Das Wetter ist schön und warm. Der Schnee schmilzt doch schon bedeutend zusammen.

30.4.

Die letzten Tage vergingen ohne besondere Ereignisse. Nur in den angrenzenden Stellungen etwas regere Gefechtstätigkeit, die ein paarmal zu größerer Heftigkeit ausartete. Auch die fdl. Artillerie, von deren Vorhandensein wir eine Zeitlang nicht viel spürten, trat jetzt wiederholt vorübergehend in Aktion. Am Kl. Pal und Freikofel Minenfeuer.

Eine Woche ist nun wieder entschwunden, seit ich Abschied nahm von der Heimat, von meinen Lieben, um wieder hier herauf zu ziehen in den mörderischen Krieg, den ein paar gewissenlose, von Größenwahnsinn befallene Fürsten und Diplomaten zwischen den Völkern entfesselt haben.

O, möchte doch der liebe Gott dieses schreckliche Elend bald von uns nehmen. Wenn nicht alles trügt, so dürfte die gegenwärtige Episode vielleicht doch die Letzte des Krieges sein. Die Anzeichen, daß der Friede naht, mehren sich langsam, aber stetig. Die Völker erwachen. Langsam taucht in Allen das Bewußtsein auf, daß eine weitere Fortführung nicht bloß nutzlos, sondern geradezu ein Verbrechen an der gesamten Menschheit ist; daß wir dadurch nichts mehr gewinnen, aber alles verlieren können. Noch sind zwar in den meisten Staaten Männer am Ruder, die durch den Krieg nichts verlieren, dafür aber umso mehr verdienen können. Aber wie lange noch?

Von meinem Gesichtspunkt aus bereitet sich nicht nur ein völliger Umsturz in wirtschaftlichen Dingen vor, sondern auch ein großer sozialer Umschwung wird nach dem Kriege eintreten, so groß und tiefeinschneidend in das menschliche Leben, wie ein ähnlicher seit Beginn unserer Zeitrechnung nicht stattgefunden hat. Die Zukunft wird mich lehren, ob ich mit dieser Anschauung das Richtige getroffen.

Mai 1917

1.5.

Der Monat Mai hält seinen Einzug bei denkbar schönstem Wetter. Endlich, endlich! Nach 6 Monaten harten Winters will es Frühling werden. Möchte doch auch ein großer herrlicher Völkerfrühling seinen Einzug halten in die durch Kampf zerwühlte Welt!

Ein kleiner fdl. Beobachtungsposten wurde von unserer Artillerie unter Feuer genommen und zum Teil zerstört. Wohl aus Rache dafür, setzte nachmittags der Feind einen starken Feuerüberfall in Szene. Unsererseits traten nur ein paar Geschütze in Aktion.

2.5.

Einen Schuß nur gab das fdl. Italia-Geschütz gegen unseren Artilleriebeobachtungsposten auf der Schulter ab und erzielte einen Volltreffer. Der Beobachtungsoffizier, ein Leutnant, erlitt eine schwere Verletzung am Fuße.

Nun schmilzt auch der Schnee schon bedeutend zusammen. Die Tunnels werden von Tag zu Tag dünner. Draußen auf den Schneeflächen kommen hie und da Leichen zum Vorschein. Es sind die Überreste solcher, die während des Winters durch Lawinen oder Absturz verunglückt waren und nicht gefunden wurden.

Das elektrische Licht, das kurz nach seiner Einleitung von einer Lawine wieder zerstört wurde, funktioniert nun wieder so halbwegs. Auch in unserer Hütte haben wir eine Lampe. Früher brannte das Licht die ganze Nacht, seit 2 Tagen aber wurde die Brenndauer auf einige Stunden eingeschränkt.

5.5.

Eines unserer Geschütze, welches heute die fdl. Trainlager beschoß, erzielte einen Volltreffer in ein Munitionsdepot, dasselbe flog in die Luft.

6.5.

Nachmittags dichter Nebel. Ich stieg deshalb vor die Stellung hinunter, da dort eine Menge Holz verstreut lag, das wir als Brennholz gut gebrauchen konnten. Beim Umherklettern kam ich auch auf eine Stelle, von der die Sonne schon den letzten Schnee verdrängt hatte. Hier fand ich die ersten Blumen, allerdings noch recht armselige Dinger. Aber es sind doch die Vorboten des Frühlings. Man könnte nur so aufjauchzen vor Lust und Wonne, wenn nur dieser Krieg nicht wäre.

Nachtrag zum 4.5.: Generaloberst Frh. v. Krobatin, der frühere Kriegsminister, der nach seiner Verabschiedung als solcher mit dem Kommando der 10. Armee betraut wurde, besichtigte heute unseren Abschnitt. Wir bekamen von dem hohen Herrn allerdings nichts zu sehen. Die Schützengräben sind ja auch nichts für solche Leute. FMLt R.v.Scotti, unser bisheriger Armeeführer übernahm das Kommando des 15. A.Korps.

7.5.

Raiffeis vom Urlaub zurück. Fichtinger, der alte Stänkerer, ist nun auch schon seit einiger Zeit auf Urlaub. Bin wirklich froh, diesen Menschen ein paar Wochen möglichst fern zu wissen.

12.5.

Unsere Artillerie beunruhigt die fdl. Infanterie durch einige gutgezielte Schüsse. Gegner rächt sich, indem er den Kleinen Pal mit schwerem Minenfeuer belegt. Laut telegraphischer Meldung leitet der Feind am Karst nunmehr die 11. Schlacht durch heftiges Trommelfeuer ein.

13.5.

Artillerieduell.

14.5.

Der Zelon (Cellon) unter dem Feuer eines unserer 21cm Mörser. Bei jeder Explosion lösen sich eine Menge Steine, Schutt und alte Schneekrusten, die dann einer kleinen Lawine gleich durch die tiefe Schlucht bis zu uns herniederbraust. Durch eine schwere Mine, welche der Feind vom Zelon auf unsere Schulterstellung warf, wurden 2 Mann schwer und 4 Mann leicht verletzt. Einer der Schwerverwundeten hatte Verletzungen an beiden Füßen, Unterleib, Brust und Kopf. Das eine Auge ist verloren – »Soldatenlos«!

Abends zog ein Gewitter von Regen begleitet über uns hin. Starker Donner hallt von den Felswänden wider.

16.5.

Vormittags unterhielten unsere Batterien auf Mauthner-Alpe ein starkes Feuer gegen Zelon. Abends mit unseren Geschützen Einschießen auf die neuen Ziele.

18.5.

Nachmittags unternahm ich eine kleine Klettertour in der Richtung Zelon; hoffte, auf dem nun stark zusammengeschmolzenen Schnee vielleicht ein paar Kriegstrophäen zu finden, in welcher Annahme ich mich zu meiner Freude nicht täuschte.

Abends Vorbereitungen bei den Geschützen für die kommende Nacht; wie verlautet soll es diesmal einen ordentlichen Wirbel abgeben.

Seit 2 Monaten wird unablässig an einem Schneetunnel gearbeitet, der unsere Stellung mit der feindlichen verbinden soll. In der nächsten Nacht soll das letzte Stück vollendet werden und hierauf soll ein aus 8 Sturmpatrouillen zusammengesetzter Stoßtrupp den Gegner überfallen. Infolge dessen ist schon jetzt strenge Bereitschaft anbefohlen und um 1.50 Uhr soll jeder Mann auf seinem angewiesenen Posten und demnach auch wir bei den Geschützen sein.

19.5.

Nachdem wir zur bestimmten Zeit an unsere Geschütze geeilt waren, kam 20 Minuten später der Befehl »Abtreten«, was wir auch bereitwilligst befolgten. Der Überfall aber muß, da der Tunnel bei weitem nicht vollendet werden konnte, auf später verschoben werden. Mittags überprüfte ein Artillerieobermeister und einige andere Leute aus Kötschach unsere Geschütze und nahmen auch einige kleine Reparaturen daran vor. Nach Beendigung derselben feuerten wir auch einige Schuß ab.

20.5.

Mittags wieder eine kleine Klettertour unternommen. In den östlich an uns angrenzenden Abschnitten starker Gefechtslärm. Auch Artilleriefeuer war vernehmbar, es artete zeitweise in Trommelfeuer aus. Gegen Abend gewann die Schießerei an Ausdehnung, denn auch am Kl. Pal traten fdl. Artillerie und Minenwerfer in Aktion. Will der Gegner seine Offensive etwa bis zu uns ausdehnen? Fast scheint es so. Oder sind es nur Scheinangriffe, durch welche er verhindern will, daß Truppen von hier ab und an andere Fronten verschoben werden. Nach den bisher gemachten Erfahrungen bin ich geneigt, eher das Letztere anzunehmen.

Nachdem es Abends allmählich ruhiger geworden, setzte um 8 Uhr plötzlich wieder heftiges Infanterie- und kurz darauf auch Minenfeuer am Rechten Flügel Kleiner Pal ein. Der Gegner setzte damit einen Feuerüberfall in Szene. Auch die Schulterstellung wird von Minen großen Kalibers stark mitgenommen. Unsererseits treten nur MG in Aktion. Die Nacht scheint recht ungemütlich zu werden.

Nachdem wir noch alarmiert wurden und bei den Geschützen weiterer Befehle harrten, konnten wir endlich zur Ruhe gehen. Noch lange konnte ich keinen Schlaf finden und selbst dann, als die Müdigkeit mir endlich die Augen zudrückte, gellte mir noch das MG-Feuer in den Ohren.

21.5.

Ein herrlicher Morgen graute; alles war ruhig, die Schießerei von gestern Abend ist verstummt. So konnten wir auch ungestört an die Arbeit gehen, die darin bestand, eine zusammengebrochene Mauer vor unserer Hütte wieder aufzubauen.

Nachmittags verzog sich der Himmel mit dichten Wolken, bis es gar zu regnen anfing. So wurde dann die Arbeit aufgegeben und der Unterstand aufgesucht.

Ein erschütternder Krach rüttelte uns wieder auf die Beine. Der Feind warf Minen vom Cellon herunter, zum Glück ohne uns ganz erreichen zu können. Einige wohlgezielte Schüsse aus einem 21cm Mörser brachten ihn wieder zum Schweigen.

Abends setzte wieder das nervenzerrüttelnde Gerassel der MG ein. Ich konnte trotz Müdigkeit keine Ruhe finden, als sie aber endlich kommen wollte, da war es 2 Uhr und ich mußte den Dienst antreten.

Seit Monaten wird unablässig, ja fieberhaft, am Ausbau unserer Stellungen gearbeitet. Pioniere und Sappeure arbeiten, von der Infanterie unterstützt, Tag und Nacht. Bohrmaschinen sind in Tätigkeit und zu den bestimmten Sprengzeiten morgens, mittags und abends dröhnen oft hundert Sprengschüsse durch die Schluchten.

Berge werden unterminiert und in ihrem Inneren entstehen ganze Katakomben, die allerdings nicht wie die des alten Rom frommen Zwecken, sondern zur Verteidigung gegen den Erbfeind, dem rauhen Kriegshandwerk dienen. Das Ganze macht fast den Eindruck, als ob der Krieg überhaupt kein Ende mehr nehmen und wir unser Leben für die ganze noch übrige Zeit hier verbringen würden.

Und doch sind wir es alle schon so müde, dieses friedlose, elende Dasein. Freilich, wenn wir es so fortführen müssen, wenn das Ende desselben von jenen Macht- und geldgierigen Männern abhängig ist, die ihn entfesselt haben um ihres Geldsacks willen, so werden nur wenige es erleben und auch diese werden einen traurigen Lebensabend herannahen sehen. Es steht bei mir fest, daß jene Kriegshetzer und Schuldigen uns solange das Blut aussaugen werden, bis auch der letzte Zipfel ihrer Säcke mit Geld gefüllt ist.

Darum ist es notwendig, daß das nun lang genug gepeinigte Volk selbst dem endlosen Hinschlachten ein Ende mache, nicht nur bei uns, nein, in allen kriegführenden Staaten muß es so kommen. Erst dann wird der wirkliche Friede kommen. Völkerfriede soll dann herrschen für Immer.

22.5.

Also für die kommende Nacht ist nun der Überfall festgesetzt. Wie es wohl werden wird? Ich halte nicht viel davon. Aber die Herren Offiziere versprechen sich scheinbar viel von dieser Unternehmung. Der Hauptmann versammelte Nachmittags die Sturmpatrouillen um sich zwecks einer nochmaligen Besprechung der ganzen Sache.

23.5.

Um 2 Uhr nachts warteten wir bei den Geschützen auf den Befehl zum Schießen. Bald darauf ging auch schon der Wirbel los. Minen und Handgranaten explodierten, außerdem war starkes Gewehrfeuer. Der Gegner war aber auf der Hut. Durch Leuchtraketen beleuchtet er das ganze

Terrain. In das Finanzhaus, wo sich eine starke fdl. Feldwache befand, drangen Unsere zuerst ein. Die ganze Besatzung (bei 20 Mann) desselben wurde mit Handgranaten niedergemacht.

Fhr. Päckert, der Führer der Sturmpatrouillen, wurde gleich zu Beginn von einem fdl. Posten tödlich in den Unterleib getroffen. Er war der erste Tote. Ein weiteres Vordringen der Unseren wurde durch die Übermacht des Gegners verhindert, sie mußten sich mit einem Verlust von 4 Toten und 10 Verwundeten zurückziehen. Die ganze Beute besteht aus 2 Gefangenen. Das ist das Ende dieser doch ganz zwecklosen Unternehmung. Wenngleich die Verluste des Feindes ungleich größer sein dürften, so ist damit doch gewiss noch kein besonderer Vorteil errungen.

Zwei Monate lang hatte man die Leute mit diesem Tunnelbau geplagt und warum? So frage ich mich. Die Antwort darauf ist leicht.

Abends kam Fichtinger vom Urlaub zurück. Ganz traurig und niedergeschlagen kam er daher. Mit feuchten Augen erzählte er uns wie groß die Not bei der armen Bevölkerung sei und wie die Seinen Hunger litten. Eine Menge Kräuter brachte er mit, die ihm hier den Rauchtabak ersetzen sollten.

24.5.
Mittags mußte ich nach Weidenburg gehen, da um 4 Uhr nachmittags in Mauthen das Begräbnis des gefallenen Fhr. Päckert stattfand, so

sollte ich auch demselben beiwohnen. Doch hatte ich gar keine Lust dazu. Warum denn auch soll ich mich da eine Stunde hinstellen, wo ich ohnehin schon müde bin. Ich sah nur, wie sich der Zug vom Feldspital in Bewegung setzte.

Eine Menge Offiziere, unter ihnen auch der Divisionär, der Brigadier, begleiteten nebst einer Ehrenkompagnie und einer Abordnung von Unteroffizieren und Mannschaften der 12. Komp. den Sarg. Da wird großes Aufsehen gemacht, die armen Infanteristen aber, deren Leben und Blut doch wohl nicht weniger wertvoll ist, werden in ein Zeltblatt eingerollt und im Plöckenwalde unten geräuschlos eingescharrt. Stille Helden.

25.5.

Abends keuchte ich mit meinem an die 40 kg schweren Rucksack von Weidenburg herauf. Hier war unterdessen ein Musterpäckchen, das unter Anderem auch etwas Tabak enthielt, für mich angelangt. Fichtinger teilte ich davon mit und der Alte hatte darüber eine fast kindliche Freude, nun wenigstens eine kleine Mischung unter sein elendes Rauchzeug zu haben.

Einst war ich selbst ein Liebhaber der Pfeife, aber mangels an Tabak habe ich es mit der Zeit aufgegeben und bin nun die Zigaretten so gewohnt, daß ich sie gar nicht mehr entbehren kann. Was doch der Krieg nicht alles mit sich bringt!

27.5.1917 Pfingstsonntag

Wieder wird ein hohes Fest entweiht durch den tobenden Weltenbrand, den Krieg. Der Festtag unterscheidet sich in keiner Weise von den anderen Tagen. Es sei denn deshalb, daß es Mittags nur Konserven und bloß halbe Portionen Brot gibt. Dieser Fasttag ist ja schon seit einigen Monaten eingeführt, aber daß gerade der Sonntag als solcher auserwählt wird, konnte ich erst seit Mitte des Vormonats feststellen.

Habe tagsüber bei meinem Geschütz, wo es allerlei auszubessern galt, gearbeitet. Abends trat das ein, was wir schon lange vorausgesehen und befürchtet hatten: das hatte der Feind zwar auch früher schon oft, doch stets ohne uns erreichen zu können, versucht. Infolgedessen fühlten wir uns schon ziemlich sicher. Umso unangenehmer war die Überraschung, als heute abends zwei schwere Minen inmitten der Stellung krepierten.

Das hatte für's erste zur Folge, daß alle Unterstände verlassen wurden und wir die Kavernen aufsuchen mußten. Erst nach anderthalbstündigem Warten in dem finsteren Loch durften wir, da wieder alles ruhig war, unsere Hütten aufsuchen. Daraufhin arbeiteten wir noch bis zum Einbruch der Nacht, um das Dach unserer Hütte mit einer Schicht von Steinen zu beschweren, um so einigermassen gegen dieses Minenfeuer gesichert zu sein.

Vor Kurzem langte die Nachricht ein vom Rücktritt des ungarischen Ministerpräsidenten Tisza, dem Feind des allgemeinen Wahlrechts. Eben dieses Wahlrecht war auch die Ursache, derentwegen er demissionierte. Mit ihm scheidet ein eingefleischter Gegner des kleinen Mannes, ein rücksichtsloser Gewaltmensch, vom höchsten Amte. Lange Zeit war er der führende Staatsmann Österreich-Ungarns. Nun mußte er aber doch mit seinem ebenso chauvinistischen Anhang der neuen Ära der Freiheit und Gerechtigkeit weichen, die mit dem Regierungsantritt unseres jungen vergötterten Kaisers eingesetzt hat. Ein frischer Wind weht durch das alte morsche Gefüge. Das Vaterland wird neu erstehen!

Seit einiger Zeit sind auch stets Gerüchte von einem Zerwürfnis zwischen Österreich und Deutschland im Umlauf. Deutschland ist mit der Politik des Grafen Czernin unzufrieden. Gewisse reichsdeutsche Parteien und deren Organe flegeln Czernin in der widrigsten Weise an. Und warum? Weil Graf Czernins ganzes Tun auf die Herbeiführung eines baldigen und ehrenvollen Friedens gerichtet ist. Deutschland müßte sich glücklich schätzen, wenn es über einen Staatsmann wie unseren Minister des Äußeren verfügen könnte. Deutschland scheint es, will ewig Krieg. Sie wollen die Welt sich untertan machen. Auf der gegnerischen Seite verfolgt England das gleiche Ziel. Unser Blut komme über Euch!

28.5.
Wetter neblig, trüb. Zeitweise auch Regen.

31.5.
Eröffnung des Reichsrates. Der heutige Tag ist zu wichtig, zu bedeutungsvoll für's ganze Reich, ebenso wie für jeden Einzelnen, als daß ich ihn in meinen Aufzeichnungen stillschweigend übergehen könnte.

Nach mehr als dreijährigem Absolutismus, dessen Aufrechterhaltung Ministerpräsident Graf Stürkh mit seinem Leben bezahlen mußte, traten heute unsere Abgeordneten wieder zum Erstenmal in dem bei Kriegsbeginn in ein Notreservespital verwandelten Reichsratsgebäude zu einer Sitzung zusammen. Im ganzen Reich wird unserem jungen Herrscher zugejubelt, der sich, nachdem er in den wenigen Monaten seiner Regierung schon soviel für seine Völker getan, nun auch entschlossen hat, ihnen die alten Rechte wieder zu geben.

Wohl kaum sind jemals so große Hoffnungen auf eine Volksvertretung gesetzt worden, als gegenwärtig auf die Unsere. Und das mit Recht. Erwarten wir doch von dem Reichstag nichts weniger als den Frieden, oder doch die Anbahnung desselben und eine Neuordnung der zerfahrenen Zustände im Inneren des Reichs. In früheren Zeiten durften wir Österreicher von unserem Abgeordnetenhaus nicht zuviel erwarten, ohne nachher auf's Schlimmste enttäuscht zu werden. Nun dürfte aber doch die Hoffnung berechtigt sein, daß der erbarmungslose Krieg und die durch ihn heraufbeschworenen traurigen Zustände, auch das Pflichtbewusstsein jener Abgeordneten gekräftigt hat, die früher durch ihre kleinliche Gesinnung eine erfolgreiche Tätigkeit unmöglich machten. Wir haben in den letzten Jahren allerdings der Enttäuschungen so viele erlebt, daß man auch jetzt ein leises Misstrauen nicht überwinden kann.

Juni 1917

2.6.

In aller Frühe schon mußte ich Hr. Oblt. Eibner und Bretmeister auf die Schulterstellung begleiten. Ein Vergnügen war's gerade nicht, die vielen hundert Stufen hinauf und hinunter zu klettern, noch dazu dem fdl. Minenfeuer ausgesetzt. Nachmittags mit 2 Schuß einschießen auf ein neues Ziel.

3.6.

Vormittags in dienstlicher Angelegenheit beim Gruppenkommando »Almrausch«. Es herrscht heute eine drückende Hitze.

Nachmittags warf der Feind wieder schwere Minen vom Zelon. Bretmeister und Raiffeis waren gerade auf der anderen Seite der Sperre, um dort die neue, noch im Bau befindliche Geschützstellung zu besichtigen, als der Befehl kam, das Feuer auf die fdl. Stellungen zu eröffnen, als Revanche für die Minen. Ich tat das auch sofort mit 2 gutgezielten Schüssen in das fdl. Finanzhaus, die ein großes Loch in die Mauer rissen. Ein lautes Bravo der Offiziere und auch der Übrigen belohnte mich dafür. Eine Zeitlang war nun Ruhe.

Nach einer Stunde kam wieder eine fdl. Mine und die Schießerei ging auf's Neue los. Diesmal währte sie, da sich der Gegner auch nicht mehr einschüchtern lassen wollte, bis spät in die Nacht hinein. ½ 2 Uhr früh gab ich den letzten Schuß ab. Ich wollte in den kurzen Pausen schreiben, mußte es aber doch so oft unterbrechen, daß ich's schließlich ganz aufgab. Der Gegner hatte von 11 bis 1 Uhr 80 Minen geworfen.

4.6.

Nachdem ich vormittags einige Stunden geschlafen hatte, weckte mich um 11 Uhr der Krach einer Mine, auf welche noch mehrere folgten. Sofort kam auch der Befehl, zur Revanche 6 Schuß in die fdl. Stellung abzugeben. Leider haben die Minen auch schon wieder Opfer gefordert. 2 Tote, 2 Schwer- und ein Leichtverwundeter.

Mittags trug man die Ärmsten an unserer Hütte vorbei. Der eine hatte schreckliche Verletzungen am Kopf, während dem Anderen ein Fuß gänzlich abgerissen wurde. Beide jammerten herzzerbrechend. Nach der Aussage des Assistenzarztes wird keiner von ihnen mit dem Leben davonkommen.

Nachmittags über und bis in die späte Nacht hinein hatten wir strengste Feuerbereitschaft. Der Feind gab ohnedies keine Ruhe, weshalb auch wir wiederholt schiessen mußten. Auf Feldwache Nr. 5 sind 1 Toter und 3 Schwerverwundete, die des Minenfeuers wegen nicht heruntertransportiert werden können. Gegen Abend traten unsererseits auch andere Batterien in Aktion, sodaß die Schießerei vorübergehend ganz lebhaft wurde. Die Nacht war ziemlich ruhig.

5.6.

Heute tagsüber das gleiche Geplänkel wie gestern. Unser Munitionsvorrat schmilzt infolgedessen bedenklich zusammen. Ein ganzes Jahr lang haben wir kaum mehr verschossen, als jetzt in wenigen Tagen. Und voriges Jahr gings doch manchmal viel erbitterter zu als heuer, wo doch weiter gar nichts los ist. Nur diese blöden Minen machen uns so zu schaffen. Artillerie scheint der Gegner ohnehin nur wenig hier zu haben, wird's wohl anderswo brauchen. Ein fdl. Flieger, der mittags über unseren Linien kreuzte, wurde von einer Abwehrkanone auf Mauthneralpe abgeschossen.

Ich hatte wieder bis in die späte Nacht hinein Feuerbereitschaft zu halten. Um 1 Uhr nachts gab ich die letzten 10 Schuß ab; infolge der Finsternis war es mir unmöglich, das Ziel genau zu erfassen, und es ging deshalb die Hälfte fehl. Ich ärgere mich zwar recht darüber, aber es ist nicht zu ändern.

6.6.
Dieselbe Gefechtstätigkeit wie in den Vortagen. 1 Toter und 1 Verwundeter durch Minen.

7.6.
Heute war mal den ganzen Tag über Ruhe. Nachmittags ein leichter Regen.

Abends: - da bin ich wieder einmal ausgegangen! Infanteriekugeln wollte ich mir suchen, der Feind erblickte mich aber in dem lichten Gebüsch, die Kugeln surrten in meiner nächsten Nähe und ich mußte eiligst unter einem Stein Deckung suchen. Da sitze ich nun und warte, ob die Schufte nicht bald aufhören werden zu schießen. Eine halbe Stunde mußte ich warten, dann ward es still und ich kehrte, jeden Stein als Deckung benützend, zurück. Nachts ging die elende Schießerei wieder los.

8.-9.6.
Gefechtstätigkeit dieselbe wie in den Vortagen. Drei Sappeure wurden auf dem Wege von »Unter-Brück« bewußtlos aufgefunden. Von der Sanität hinweg getragen und in Behandlung genommen kamen sie wohl bald wieder zu sich, aber der eine von ihnen ward wahnsinnig. Man hat die drei in Verdacht, Gift genommen zu haben.

Abends wartete ich stundenlang auf den angekündigten Munitionstransport. Doch die Bande kam nicht. Um 12 Uhr kehrte ich, des Wartens überdrüssig, in die Stellung zurück.

10.6.
Ein starkes Gewitter, das nachmittags über unsere Berge zog, brachte starken Regen mit. Heute war einmal etwas früher Ruhe. Um 11 Uhr gab ich den letzten Schuß ab.

11.6.
Nebel und Regen. Auf Feldwache Nr.1 zwei Tote, ein Verwundeter. Heute den ganzen Tag Munition heraufgeschleppt. Habe mich wieder einmal schrecklich gerackert und bin infolgedessen hundemüde, alle Knochen tun mir weh. Nachts konnten wir wieder einmal ruhig schlafen, ohne durch fdl. Minen gestört zu werden.

12.6.
Bis abends wieder harte Arbeit. Das rechte Geschütz mußte abmontiert und ganz neu eingebaut werden. Abends wieder Gefechtstätigkeit. Nicht einmal mein Nachtessen konnte ich in Ruhe verzehren, da ich schiessen mußte. Rächte mich für diese Störung durch 2 gute Treffer in den fdl MG-Stand. Die MG entwickeln beiderseits lebhafte Tätigkeit. Man könnte wirklich nervös werden bei diesem Höllenlärm, wenn man's nicht schon lang wäre.

Heute vor 2 Jahren war's, da ich von Budweis aus ins Feld abging. Welch lange Zeit! Hätte damals nicht geglaubt, daß diese elende Wurstlerei so lange dauern - und noch weniger, daß ich's solange mitmachen würde.

13.6.

Der heutige Tag dauert mir doch schon etwas lange; bin ich doch seit ½ 4 Uhr früh auf den Beinen und habe nun auch Dienst bis wieder ½ 4 Uhr früh.

Vormittags hatten wir alle noch beim rechten Geschütz Arbeit. Mittags war's fix und fertig und konnte »feuerbereit« gemeldet werden. Nachmittags fand ich endlich Zeit, meine Wäsche, die ich schon vor 5 Tagen ins Wasser gegeben hatte, zu waschen. Abends gab's auch wieder eine saubere Schießerei. Der Feind warf nebst einer Anzahl schwerer auch eine große Menge kleiner Brandminen vom Zelon herunter. Das Gebüsch brannte eine kleine Strecke weit lichterloh. Schaden wurde jedoch keiner angerichtet.

Heute gab's wieder eine kleine Zigarettensendung von daheim. O, wie froh war ich doch dabei! Ohne diese müßte ich halt wieder die ganze Nacht hier sitzen, ohne rauchen zu können, was ich stets so hart entbehre.

Wie ich heute erfuhr, sind wir wieder zu einer Auszeichnung eingegeben, zum Zweitenmal schon im Laufe dieses Jahres. Das Erstemal sind wir mit Ausnahme von Weiser alle durchgerutscht. Ob wohl diesmal was Ordentliches rauskommen wird? Hätte eine große Freude damit.

14.6.

Gegner beschoß uns aus kleinkalibrigen Geschützen, ohne jedoch Schaden anzurichten. Die fdl. Artillerie scheint übrigens in der letzten Zeit bedeutend verstärkt worden zu sein. Von unserem Artilleriebeobachter auf der Schulter wurden eine ganze Reihe neuer fdl. Geschützstellungen entdeckt. Das Feuer dieser Batterien nimmt täglich zu.

15.6.

Verstärkt fdl. Feuer. Fliegeraufklärung. Zwei unserer Flieger machten den Anfang, nach deren Rückkehr wagte sich auch ein fdl. heran und überquerte unsere Linien. Trotz des denkbar stärksten Abwehrfeuers, das ihn umbrandete, kehrte er unversehrt zurück.

Nachmittags nur vereinzelte Schrapnellschüsse gegen unsere Stellung. Abends Aufklärungsflug eines eigenen Fliegers und hernach stetig zunehmendes fdl. Feuer, besonders Minenfeuer von größter Heftigkeit bis Mitternacht.

16.6.
Seit 4 Uhr früh Trommelfeuer unserer sämtlichen Batterien gegen die fdl. Stellungen. Selbst für uns, die von etwas derartigem keine Ahnung hatten, war dies eine große Überraschung. Das Feuer dauert ohne Unterbrechung bis zum Abend an, um dann nach ½ stündigen Intervallen stets auf's Neue einzusetzen. Die Wirkung muß für den Gegner geradezu vernichtend sein. Selbst wir sind schon betäubt von dem unaufhörlichen Brüllen und Surren in der Luft.

17.6.
Im Laufe der Nacht erreichte das Trommelfeuer seinen Höhepunkt, flaute dann langsam ab und gegen Morgen ward es wieder still und ruhig. Laut eintreffenden Meldungen sind die fdl. Gräben zum Großteil zerstört oder doch empfindlich beschädigt. Über die Verluste des Feindes wird nichts verlautbart. Über den Zweck des Feuers wird verschieden geredet. Die Einen glaubten an einen Vorstoß, die Anderen wollten es noch besser wissen und nun stellte es sich heraus daß keiner recht hatte. Unsere Artillerie hatte nur Vergeltung geübt für das in den letzten Tagen fast unerträglich gewordene Artillerie- und Minenfeuer des Gegners.

Heute herrscht Ruhe. Nur die Maschinengewehre vom fdl. Zelon setzen uns wie immer, so auch heute, wieder hart zu, wir haben 3 Verwundete. Sonst heute die geringste Gefechtstätigkeit zu verzeichnen. Wir geben bloß einen Schuß ab und auch diesen nur infolge eines Mißverständnisses.

Die zwei letzten Abende waren zum Teil recht gemütlich, soweit diese Gemütlichkeit nicht durch fdl. Minen und unser stets regelmäßig darauffolgendes Vergeltungsfeuer beeinträchtigt wurde. Es hatte sich eine kleine Sangesgemeinschaft zusammengefunden, meist Kärntner, die durch den Vortrag trauter heimischer Lieder recht angenehm unterhaltend wirkte. Diesen Kärntnern scheint das Talent zur Musik schon angeboren zu sein, denn die Meisten zeichnen sich durch ihre schöne, klangvolle Stimme aus.

18.6.
War heute recht zeitlich aufgestanden, schon um ½ 4 Uhr. Die Morgenstunden sind jetzt doch bei Weitem die Schönsten, wozu die um diese

Zeit meist herrschende Gefechtsruhe nicht wenig beiträgt. Denn, wenn auch in der Regel das Gewehrgeknatter die ganze Nacht nicht aufhört, gegen Morgen stellt sich doch die Müdigkeit ein und Freund wie Feind geben sich der Ruhe hin. So auch Heute.

Nachdem ich verschiedene kleine Arbeiten erledigt hatte, gab ich mich für eine Weile ungestört dem Genusse des herrlichen Sommermorgens hin. Zwischen dem niedrigen Gebüsch pflückte ich allerlei bescheidene Blumen, verband sie zu einem Strauß, eine ausgeschossene Messing-Patronenhülse mußte als Blumenvase dienen und so auf das Tischchen gestellt, bildet das Ganze einen bescheidenen Schmuck in unserer armseligen Hütte. Hier, wo es keine Rosen und Nelken oder sonstige der duftenden Zierden unserer heimischen Gärten gibt, ist man auch mit den armseligen Waldblumen zufrieden. Mich erfreut doch auch jedesmal ihr Anblick.

Mittags beschoß uns der Feind mit Granaten und wir mußten deshalb in die Kavernen gehen. Doch dauerte es nicht lange, konnten wir wieder an's Tageslicht. Nun war Ruhe den ganzen Nachmittag und auch Abend. Erst um ½ 11 Uhr begann der Feind wieder schwere Minen zu werfen. Wir antworteten auf jede Mine mit je einem Schuß pro Geschütz. Nach Mitternacht stellte auch der Gegner das Feuer wieder ein. Ich mußte bis ½ 4 Uhr Bereitschaftsdienst halten. Allmählich stellte sich aber der Schlaf ein und ich hatte eine Zeitlang ordentlich Mühe, um seiner Herr zu werden.

19.6.

Vormittags Ruhe. Nachmittags durch Maschinengewehrfeuer von Vetta Capot 2 Tote. Unser Kamerad Weiser wurde am rechten Oberarm verwundet und ging Abends ins Spital ab. Wieder einen guten Kameraden weniger. Uns allen tut es recht leid um den netten, stillen Burschen. Ihm selbst machte die Verwundung anscheinend nicht viel; er ist wohl froh, ins Hinterland zu kommen. Es gibt unter den Infanteristen wohl viele, die ihn sogar beneiden. So weit ist es heute schon, daß vielen sogar der Preis ihres Blutes nicht mehr zu hoch wäre, um von der Front auf eine Zeitlang wegzukommen.

Wir revanchierten den Kameraden, indem wir sofort das Feuer auf die schon bekannte Stellung eröffneten und selbe total zerstörten.

Einer von den Toten, ein junger Korporal, hatte einen Kopfschuß; nie habe ich ähnliches gesehen, denn obwohl das Gehirn aus der Wunde herausquoll, lebte der Unglückliche noch eine volle Stunde. Das Bewußtsein freilich hatte er sofort verloren. Gott gib ihm die ewige Ruhe.

20.6.

Den dichten Morgennebel benützte ich dazu um wieder eine kleine Bergtour zu unternehmen und dabei ein wenig nach Edelweiß auszugucken, doch ist's noch zu früh, bloß einige Knospen konnte ich finden. Dafür aber pflückte ich einen schönen Strauß aus verschiedenen Blumen, der wieder einen recht hübschen Schmuck für unsere Hütte abgibt.

21.6.

Heute gelang es mir endlich nach langem vergeblichen Suchen, einen Punkt in der fdl. Zone zu entdecken, von dem aus wir oft heftig beschossen wurden. Wir gaben sofort ein paar Schuß darauf ab und nun haben wir von dorther Ruhe.

Es würde der Inft. hier oft schlecht ergehen, wenn ihr nicht unsere Geschütze zur Verfügung ständen, mit denen wir keine fdl. Überlegenheit aufkommen lassen. Dieser unser Verdienst wird auch von der ganzen Infanterie dankbarst anerkannt. Besonders bei den Herren Offizieren haben wir einen Stein im Brett.

22.6.

Hatte den ganzen Vormittag über fleißig gearbeitet. Unser Divisionär, Generalmajor Lawrowski, war Vormittags hier. Doch kam der hohe Besuch nur bis in die Sperre, sodaß wir hier oben von ihm nichts zu sehen bekamen.

Abends kam der Ersatzmann für Weiser. Da derselbe den Weg nicht kannte, mußte ich ihn abholen. Es war schon ½ 12 Uhr als wir endlich in die Stellung zurückkamen, von Schlafen war, da ich nun den Dienst antreten mußte, keine Rede mehr.

23.6.

Morgens, nachdem ich meinen Schwarzen getrunken hatte, machte ich mich auf den Weg nach Kötschach in die Artillerie Reparaturwerkstätte, wo ich einen Rohrwischer zur Reparatur abgab und dann nach Weidenburg ging, um dort Montur zu fassen. Ein regnerischer Tag war's und ich war, als ich Abends nach Würmlach zurückging, vollständig durchnäßt. Auf einem Heuboden hatte ich ein Nachtlager gefunden.

Trainlager in Weidenburg

24.6.

Nachdem ich in der Früh bei einer Bäuerin eine Schüssel Milch mit Polentasterz verspeist hatte, machte ich mich wieder auf den Marsch; zuerst nach Kötschach um dort den Wischer abzuholen und von dort weg herauf in die Stellung. Der bis zum Platzen angepfropfte Rucksack, der ebenso volle Brotsack, in dem Alles, aber nur kein Brot war, der 3m lange Wischer und die sengende Uniform bewirkten, daß mir der Schweiß aus allen Poren drang und ich erst Abends, schon ganz ermattet, in der Stellung ankam. Die letzte Strecke des Weges war, da vom Feind eingesehen, die gefährlichste. Die fdl. Posten nehmen jeden Mann unter Feuer. Wiederholt waren Leute getroffen worden.

In der Stellung recht rege Gefechtstätigkeit, an der ich aber für Heute nicht mehr teilnahm. Bin zu müde dazu.

Während ich abwesend war, erhielten wir in Fähnrich Sokol einen neuen Zugskommandanten. Bis jetzt hatte diese Stelle immer ein Unteroffizier inne, der natürlich den Herren von Art. wie Inft. ein willenloses Werkzeug abgeben mußte. Daß dabei auch wir niemals auf unsere Rechnung kamen, ja im Gegenteil bei jeder Beförderung und Auszeichnung übersehen wurden, ist wohl klar. Wir beschwerten uns wiederholt bei den vorgesetzten Kommandos über diese Mißstände.

Nun erst, nach einem vollen Jahr, konnte sich der nunmehrige Batteriekommandant, Oblt. Simmon, dazu entschließen, einen Offizier als Zugskommandanten hierher zu kommandieren und auf diese Weise die Übelstände zu bessern. Ob der Hr. Fähnrich der rechte Mann dazu ist, mußte ich gleich, nachdem ich ihn heute Abend das erstemal gesehen, stark bezweifeln. Ein derart nervöser und wie es scheint auch ganz energieloser Mann passt nicht in den Schützengraben.

25.6.

Vormittags wieder der alte Tanz: feindliche Minen und unsererseits Vergeltungsfeuer. Nachmittags mußte ich mich dem neuen Zugskommandanten vorstellen. Der Arme wagt sich den ganzen Tag über kaum aus seiner Hütte heraus; er zittert förmlich vor Angst und Aufregung. Habe noch wenig derart nervöse Menschen getroffen.

Abends wieder sehr strenger Dienst. Bis 2 Uhr nachts stand ich, ab und zu einen Schuß abfeuernd, beim Geschütz.

26.6.
Nach dem Kaffee suchte ich meine Liegestatt auf, um der verdienten Ruhe zu pflegen. Abends wieder das alte Spiel. Der Herr Fähnrich wurde von einem Oberleutnant irgendwohin auf Beobachtung mitgenommen. Wohin ist mir unbekannt.

27.6.
Der Herr Fähnrich ist noch immer nicht zurück, trotzdem es nun schon spät Abends ist. Wo der nur stecken mag? Wieder die elende Schießerei. Immer und immer!

Herrgott, wann wird denn dieses erbärmliche Spiel einmal ein Ende nehmen? Kaum eine Minute Ruhe. Heute ist's gerade ein volles Jahr, seit ich das gemütliche Telefonstübchen in Würmlach verließ und hierher in Stellung ging.

28.6.
Diese Tage rufen mir so manches kleine Erlebnis, das sich vor einem Jahr zugetragen hat, ins Gedächtnis zurück. Unter Anderem auch, wie ich voriges Jahr an dem gleichen Tage mit Mitterbauer und Bretmeister zum erstenmal auf die Edelweiß-Suche ging, die ein so klägliches Ergebnis hatte.

29.6.
Auch der heutige Tag bringt mir ein Ereignis, und zwar eines der traurigsten, die ich mitgemacht, in Erinnerung. Voriges Jahr, am 29. Juni hatte doch der Feind den Zelon, einen der wichtigsten Punkte dieses Frontabschnittes, besetzt, wodurch wir hier unten in eine verzweifelte Lage gebracht wurden.

Ach Gott, wenn ich an jenen Abend zurückdenke, wo wir das Unglaubliche, was niemand für möglich gehalten hatte, erfuhren, und an die darauffolgende Nacht, wo wir stündlich unseren Untergang erwarteten, da läuft es mir noch heute kalt über den Rücken. Und doch, wie verhältnismäßig glimpflich ist die Sache schließlich für uns abgelaufen.

Doch nun zur Gegenwart. Kanonier Valenta kam heute vom Urlaub zurück und brachte guten Istrianerwein, Eier und Salat mit. Die Eier wurden sofort gekocht, der Salat gereinigt und dann beides mit größtem

Appetit verzehrt; dazu der gute Wein, das gab einen Schmaus wie wir lange keinen solchen gehabt. Zum Monatsabschluss gab's auch eine kleine Schießerei, die freilich alles eher als erwünscht war.

Juli 1917

1.7.

Vormittags mußte ich mit Fhr. Sokol auf die Schulterstellung gehen. Vierzehnhundert Stufen zu ersteigen, das ist fürwahr keine Kleinigkeit. Kam dann auch völlig atemlos oben an.

   Der heutige Tag war, zeitweises fdl. Geschützfeuer ausgenommen, einer der ruhigsten seit langer Zeit. Bloß einen Schuß haben wir abgegeben, und auch diesen nur irrtümlicherweise. Auch der Feind verschonte uns einmal ganz mit seinen Minen.

3.7.

Die vergangene Nacht hat wieder Blutopfer gekostet. 1 Toter und 7 Verwundete. Nachmittags setzte der Feind durch eine schwere Mine die Seilbahn zum 3. Male außer Betrieb.

4.7.

Bretmeister trat heute mittags seinen Urlaub an.

5.7.

War ich schon um ½ 5 Uhr Früh bei »Almrausch«. Der Kommandant der 9.Kompagnie, Oblt. Götsch, ward am Fuße verwundet. Abends gaben wir einige Schuß auf Vetta Capot ab.

7.7.

Mittags fdl. Artilleriefeuer auf die Stellung, setzte aber bald wieder aus, um Abends mit vermehrter Heftigkeit wieder einzusetzen. Da es der Feind hauptsächlich auf die neben unserer Hütte befindliche Seilbahnstation abgesehen hat, so war auch unsere Baracke der größten Gefahr ausgesetzt. Alles mußte in die Kavernen gehen.

8.7.

Vormittags schossen sich zwei eigene Batterien auf die fdl. Sperre ein. Gegner revanchiert sich, indem er die Schulterstellung sowie den Hang mit schweren Minen belegt, während uns eine Batterie unter Feuer nimmt. Wir mußten wieder alle in die Kavernen gehen. Als Mittags Ruhe ward und ich in die Hütte zurückkehrte, sah ich, daß der Schuft wirklich einen Treffer in dieselbe erzielt hatte. Doch ist der angerichtete Schaden nicht groß.

Auch die Infanterie-Deckung hat einen Volltreffer aufzuweisen, desgleichen sind auch die Laufgräben von einigen Granaten getroffen worden. Nachmittags kamen nur vereinzelte Schüsse, Abends jedoch ward das Feuer sehr stark, sodaß wir wieder ausziehen mußten. Erst ein heftiges Gewitter mit starkem Regen machte der Schießerei ein Ende und aufatmend kehrten wir in die Hütte zurück.

9.7.

Vormittags entwickelte sich beiderseits wieder eine ziemlich lebhafte Schießerei. Nachmittags herrschte derart schlechtes Wetter, daß dadurch jede weitere Gefechtstätigkeit verhindert wurde. Es regnete seit Mittags sehr stark, Abends kam noch ein starkes Gewitter dazu, das bis Mitternacht anhielt. Durch das von der Granate beschädigte Dach dringt das Wasser in unsere Hütte. Bei schlechtem Wetter ist es geradezu zum Verzweifeln hier!

10.7.

Während es die ganze Nacht geregnet hatte, war auf den umliegenden Bergen Schnee gefallen. Sogar ziemlich viel. Jetzt im Juli! Dergleichen erlebe ich auch heute zum ersten Male.

13.7.

Der Gegner kann halt doch nicht umhin, uns täglich einige Granatengrüße herüberzusenden. Nachdem wir nun einige Tage gar nichts geschossen hatten, gaben wir gestern und heute spät Abends je ein paar Schuß ab. Heute Abends wieder ein Toter durch MG-Feuer, Brustschuß. Das Wetter ist, wenngleich wieder trocken, fast kalt zu nennen. Wiederholt fror mich sogar empfindlich an den Füßen.

14.7.

1 Toter, 1 Verwundeter.

15.7.

Inspizierung durch den Oberst Artilleriekommandanten. Auf der Schulter 3 Tote, 3 Verwundete.

16.7.

Abends auf der Suche nach Edelweiß. Hübsche Ausbeute. Starkes fdl. Minenfeuer. Nachts starkes Gewitter, von einem fürchterlichen Sturm begleitet.

17.7.

Beginn der Arbeiten zum Bau einer neuen Baracke.

20.7.

Für 10 Uhr Abends war ich nach »Almrausch« zu Hrn. Hauptmann Eigenbauer befohlen. Wollte dem Herrn einen sicheren Weg in die Paßsperre zeigen. Über eine Stunde mußte ich dort warten, da die Herren noch in der Offiziersmenage, die mir aber in ein hübsches Trinkgelage auszuarten schien, waren. Da ging's hoch her! Bier und Wein in Hülle und Fülle, Braten und Mehlspeisen, wie in der Zeit des tiefsten Friedens. Dazu die Klänge einer Geige und abwechselnd auch Grammophon. Ich aber stehe draußen, müde von des Tages schwerer Arbeit, mit leerem, hungrigen Magen.

Am Kleinen Pal hat der Feind einen schon ziemlich lang anhaltenden, sehr heftigen Feuerüberfall in Szene gesetzt. Dort das Gejammer unglücklich Getroffener, der Todesschrei eines Sterbenden – hier eitel Lust und Fröhlichkeit. Das ist die Menschlichkeit, die Brüderlichkeit, die uns der Krieg gebracht hat.

Es war über 11 Uhr Nachts, als der Herr Hauptmann sich endlich von den übrigen Zechgenossen verabschiedete und wir den äußerst beschwerlichen Weg antraten. 1 ½ Stunden brauchten wir zu einer Strecke Weges, die ich bei Tag in 20 Minuten zurückgelegt. Um 1 Uhr kam ich erst wieder in der Stellung an. Noch ein paar Ruhestunden, dann geht wieder die Schinderei los.

23.7.

Bretmeister spät abends vom Urlaub zurück.

24.7.

Nachmittags das erste Geschütz abmontiert. Nachts transportierten wir das-selbe mit Hilfe von Infanteristen in die neue Stellung auf der MG-Nase. Bis 4 Uhr Morgens dauerte diese beispiellose Rackerei, dann erst konnten wir auf einige Stunden der Ruhe pflegen. Nachmittags das Geschütz fertig auf-montiert. Abends Munitionstransport. Ein äußerst schmerzhaftes Geschwür in der linken Hand behindert mich noch dazu bei der Arbeit und raubt mir außerdem den nach solch anstrengender Arbeit so nötigen Schlaf.

26.7.

Raiffeis ging Mittags ins Spital ab. Nun ist auch der Letzte meiner Freunde fort und ich fühle mich einsamer als je. Abends wie gewöhnlich Arbeit bis Mitternacht.

27.7.

Wurden wir alle mit Gasmasken ausgerüstet.

28.7.

Heute wurde auch das dritte Kriegsjahr voll. Nach dem Kaffee in dienstli-cher Angelegenheit nach Laas zum Art. Ref., von dort ab nach Kötschach in die Artillerie-Reparaturwerkstätte, hier traf ich einen Kameraden, der gerade vom Urlaub zurückkam. Da ich hier Heute nichts mehr zu tun hatte, so blieben wir bis zum Abend zusammen und verlebten so einen leidlich vergnügten Tag. Abends kam ich nach Weidenburg zu unserer Protzenstellung, wo ich übernachtete.

29.7.

Vormittags in Dellach. Nachdem ich Mittag gegessen hatte, packte ich meinen Rucksack und marschierte nach Würmlach, nach 1 stündiger Rast bis Mauthen, wo ich meinen schweren Rucksack deponierte; dann weiter nach Kötschach, von hier nach Laas zum technischen Referat und wieder zurück nach Kötschach. Ein Blick auf meine Uhr machte mich erschrocken: 7 Uhr und einen noch so weiten Weg vor mir!

Mauthen und Kötschach i. G.
Seehöhe 710 m

Die kurze Strecke bis Mauthen ging's ja noch ganz gut, als ich aber dort angekommen den schweren Rucksack zu tragen hatte, da mußte ich ein langsameres Tempo einschlagen. Kam daher auch erst gegen Mitternacht totmüde in die Stellung zurück. Zum Lohn für die Mühe und Anstrengung empfing mich mein lieber guter Freund und Vorgesetzter Bretmeister mit einer Flut von Vorwürfen, weil ich seine unmöglichen Aufträge nicht ausführen konnte, wie er es verlangt hatte.

O, wie ich ihn manchmal hasse! Diesen Menschen, der mir dieses elende Leben noch mehr verbittert, der sich aber, sooft ich eine kleine Liebesgabe von Daheim erhalte, als ein liebenswürdiger Schmarotzer entpuppt, um dann sobald seine Gier einigermaßen befriedigt ist, sofort wieder sein altes Wesen hervorkehrt.

Ein Gutes hatte jedoch die gehabte Anstrengung für mich: ich habe mich wieder einmal ordentlich sattgegessen und da man mir während meiner Abwesenheit mein Brot aufgehoben hatte, so bin ich noch auf ein paar Tage versorgt. Auch Zigaretten konnte ich diesmal bekommen, sodaß ich auch davon für die nächsten Tage etwas habe.

30. u. 31.7.
Fortwährend harte Arbeit. Und dabei Ärger genug.

206

August 1917

1.8.

Es ist wirklich unerhört wie man uns jetzt dressiert und was alles von uns verlangt wird. Der Artillerie-Untergruppenkommandant Hauptmann Eigenbauer, der sich wieder einmal zu einer Besichtigung herüberwagte, verlangte, daß bei jedem Geschütz Tag und Nacht ein Posten stehen müsse, und unser Herr Fähnrich sagte ja und Amen dazu. Trotzdem er wissen müßte, daß dies geradezu unmöglich sei. Denn 5 Mann und 2 Posten stellen, bei Tage arbeiten wie eine Maschine und dabei hungern, das geht nicht.

Freilich, den Herren, denen man es an ihren Bäuchen ansieht, daß sie den Hunger nie kennengelernt haben, ist ja alles zuzutrauen. Nun vorläufig bleibt es wieder beim Alten. Das kann mal einen schönen Skandal geben, wenn es an den Tag kommt. Den Kopf wird's jedenfalls nicht kosten. O, wenn ich nur schon auf Urlaub wäre! Es ist auch wirklich schon fast zum wahnsinnig werden!

10.8.

Die letzten 10 Tage vergingen ohne besondere Ereignisse. Sehr lebhaft war beiderseits die Fliegeraufklärung. Täglich konnte man mehrere beobachten.

Gestern Abends habe ich wieder einmal tüchtig draufgezahlt bei der Arbeit; als wir um Mitternacht fertig waren, wurde alles alarmiert und erst um 4 Uhr Früh konnte ich mich zur Ruhe begeben. Gott sei Dank, daß der Urlaub schon so nahe ist, noch 2 Tage!

6. TAGEBUCH

Nun bin ich einmal in der angenehmen Lage, das 6. Büchlein meiner Aufzeichnungen mit der Schilderung eines Urlaubes mit allem, was drin und dran ist, beginnen zu können. Mein 5. Urlaub ist vor der Tür. Innerhalb 27 Monaten Felddienstleistung 5 Urlaube zu bekommen, dazu gehört viel Glück, wie es in gleichen Maßen nur wenigen zuteil werden wird.

11.8.

Abends schickte Herr Fähnrich eine Ordonnanz zum Gruppenkommando, die nebst anderen Dienststücken auch meinen Urlaubsschein dort abzugeben hatte. Um 10 Uhr Abends, nachdem die Ordonnanz zurück war, wollte ich mir sogleich das für mich so wertvolle Reisedokument abholen, mußte aber zu meinem größten Bedauern hören, daß dasselbe nicht gekommen sei. Nun hatte ich schon alles vorbereitet zum Abmarsch und nun sollte ich wieder warten! Warum das? Ich verbrachte aus Ärger eine fast schlaflose Nacht.

12.8.

Der Herr Fähnrich war kaum aus seinem Bette und erst halb angezogen, als ich auch schon bei ihm war mit der Frage nach dem Urlaubsschein. Hier ist er, ward mir zur Antwort. Dann die Frage:»Wo glauben Sie, daß er war?«»Hab' keine Idee davon« gab ich zur Antwort, darauf der Fähnrich:»In meinem Bett. Ich habe darauf geschlafen.« Nun war das Rätsel gelöst. Der Fähnrich war, als die Ordonnanz zurückkam, schon im Bette, hatte das Kuvert eilig geöffnet und dabei war dies eine Stück heraus- und zwischen die Decken hineingerutscht. Die Anderen lachten dazu, mir aber war nicht danach zumute, büßte ich doch durch diesen elenden Zwischenfall einen Tag Urlaub ein.

Mittags, nachdem ich gegessen hatte, dampfte ich ab nach Weidenburg in die Protzenstellung, erhielt dort gleich meine Urlaubsgebühren ausbezahlt, dann hatte ich noch Zeit bis 4 Uhr Früh, um welche Stunde der Zug von Dellach abging. Nun wußte ich nicht, wie ich mir die Zeit vertreiben sollte. Eine fieberhafte Unruhe war in mir, so geht es mir immer, wenn ich kurz vor dem Urlaub stehe. Die Minuten schleichen dahin wie sonst eine Stunde. Eine Zeitlang unterhielt ich mich mit den Kameraden und Abends beschloß ich, mit ihnen ins Kino zu gehen.

Als wir kurz vor Dellach an den Baracken der Kriegsgefangenen-Arbeiterkompanie vorüberkamen, bot sich uns ein ergreifendes Bild. Vor einer der Baracken befand sich ein großes Kruzifix mit dem Bilde des sterbenden Heilandes und davor stand eine große Anzahl gefangener Russen, die vor demselben ihre Abendandacht (es war auch gerade Sonntag) verrichteten. Einer machte den Vorbeter während die große Menge ihm nachbetete. Darauf sangen alle ein Lied - wohl ein geistliches, dessen Inhalt in Worten mir zwar fremd war, doch aus der Weise wie es gesungen wurde, konnte ich entnehmen, mit welcher Andacht und Inbrunst die armen Gefangenen ihrer religiösen Pflicht nachkamen. So viel Leid und Sehnsucht lag in dem Liede, daß ich von tiefem Mitleid mit diesen Allerärmsten unter unseren Kriegsgefangenen ergriffen wurde. Ich hörte zu bis zum Schluß und ging dann in Gedanken versunken den Kameraden nach, fast wäre mir bei diesem Zuhören die Lust zum Kinobesuch vergangen.

Vor dem Kino angelangt, bereute ich es wirklich, mitgegangen zu sein und ich nahm mir gleich vor, nicht leicht mehr eine derartige Veranstaltung im Felde zu besuchen. Es herrschte ein schreckliches Gedränge und ein geradezu ohrenbetäubender Lärm. Bei dieser Gelegenheit lernte ich wieder einmal die Zügellosigkeit und niedrige Gesinnung so vieler Soldaten kennen, besonders die Ungarn sind es, die sich dabei am Meisten hervortun.

Kurz vor 9 Uhr begann die Vorstellung; ein paar Schwänke, die die Zuschauer zum Lachen brachten, hierauf ein widerliches Verbrecherdrama. 10 Uhr 15 Min. war Schluß. Wir machten uns auf den Rückweg. Auch hier waren wieder ein paar recht Ausgelassene darunter, die ihrem Übermut auf alle mögliche Weise Luft machten. In meinem Quartier angekommen, verspürte ich schon das Bedürfnis nach Ruhe. Ich bat die Stallinspektion, einen Tschechen, mich um 3 Uhr zu wecken, er versprach es mir, obgleich widerwillig und ich legte mich mit der Überzeugung nieder, daß der Kerl mich ganz gewiß nicht wecken werde und dann war es leicht möglich, daß ich den Zug versäumte.

13.8.
Es ist wirklich so gekommen, wie ich gefürchtet. Der faule Tscheche hat mich nicht geweckt, hat wahrscheinlich selbst seinen Dienst verschlafen und als ich um ¾ 4 Uhr wach wurde, war es zu spät. Wohl versuchte ich den Zug noch zu erreichen und eilte im Laufschritt mit dem schweren Rucksack zur Bahn. Mußte aber schon auf dem Weg dorthin erfahren, daß der Zug bereits abgefahren sei.

Nun blieb mir nichts Anderes übrig, als wieder umzukehren und geduldig bis 11 Uhr zu warten. Solches Pech zu haben! Zweimal solch einen Unsinn. Nun ist wirklich ein ganzer Urlaubstag dahin. Ich konnte es kaum mehr erwarten bis der nächste Zug fuhr und ging schon eine Stunde früher zur Bahn. Aber endlich ertönte doch das Abfahrtssignal und ich atmete wie erlöst auf, als der Zug sich in Bewegung setzte - der Heimat zu.

Ach, welch' ein herrliches Gefühl! Gerade so muß einer armen Seele im Fegefeuer zumute sein, wenn sie von ihrem Leiden erlöst wird; nur mit dem Unterschied, daß sie dann auf Immer erlöst wird, während mir armen Erdenpilger nur 14 Tage beschieden sind, worauf das alte Lied auf's Neue beginnt.

Heimfahrt

Sengend heiß brannte die Sonne, das Kupee war erfüllt von einer dumpfen, staubigen Luft, die einem das Atmen erschwerte und die Kehle austrocknete. Doch das alles genierte mich wenig, ging es doch der Heimat zu, ich hätte um diesen Preis viel Schlimmeres ohne zu murren ertragen.

Nur eines fehlte mir: mit meinem Rauchzeug war es schlecht bestellt. Doch auch da ward mir bald geholfen. Mit mir war ein Sanitätssoldat eingestiegen. Wir setzten uns zusammen und führten bald ein lebhaftes Gespräch miteinander. Im Verlaufe desselben erwähnte ich unter Anderem auch, daß ich nichts zu rauchen hätte, worauf er mir von seinem Vorrat fast ein halbes Paket guten Zigarettentabak gab.

In der nächsten Station stieg er aus und ich war eine Weile allein bis sich dann ein Achterjäger zu mir setzte. Aber bald ging er auf seinen alten Platz zurück, ich war ihm wohl zu einsilbig. Ich war schweigsam geworden und während ich zum Fenster hinaus die Landschaft betrachtete, eilten meine Gedanken voraus in die teure Heimat, zu meinen Lieben, denen mein ganzes Herz gehört.

In Vellach, wo wir ½ Stunde Aufenthalt hatten, sah ich, wie ein Soldat Zigaretten verkaufte und holte mir gleich 25 Stück zum Preis von 2K. Sie waren mit dem allergewöhnlichsten Tabak gestopft und daher viel zu teuer. Der Achterjäger war zu spät gekommen. Gutmütig gab ich ihm von meinen die Hälfte, hoffend, daß ich, wenn mein kleiner Vorrat zu Ende, doch wieder irgendwo welche bekommen würde.

In Arnoldstein mußte umgestiegen werden, dann ging's weiter bis Villach, wo wir, ohne umsteigen zu müssen, längere Zeit Aufenthalt hatten. Alsdann wieder weiter. Wir sollten ja an diesem Tage noch nach St. Michael in Obersteier kommen. Nur in St. Veit und Knittelfeld gab es längere Aufenthalte. In St. Veit hatte ich endlich Gelegenheit, meinen schon großen Appetit zu stillen. Dann begnügte ich mich bis St. Michael, wo der Zug um 11 Uhr Nachts einfuhr. Hier gab es wieder zu Essen, auch schwarzen Kaffee, der aber vielmehr nach geschwärztem Wasser schmeckte. Das Alles natürlich zu möglichst hohen Preisen. Auch meine Zigaretten waren mir auf der Fahrt ausgegangen, aber hier gab es welche zu kaufen. Nur minderwertiges deutsches Fabrikat, Schmugglerware, und doch mußten wir hier einen 3-4 fach höheren Preis zahlen, als sie in Deutschland kosten würden.

Gegen Mitternacht mußten Alle, ob gutwillig oder nicht, die Restauration räumen. Man führte uns in eine riesige Baracke, wo an den Seitenwänden die altbekannten Pritschen angebracht waren. Kein Stroh, keine Decke, kein Mantel, da sollte man schlafen. Doch was war zu machen? So legte ich halt meine Rüstung ab, benützte den steinharten Rucksack als Kopfpolster und streckte mich der Länge nach hin.

14.8.
Um 5 Uhr Früh wurden wir geweckt, alle Glieder schmerzten mich, als ich von dem elenden Lager aufstand. Nachdem ich mich gewaschen hatte, ging's wieder in die Restauration, um zum Frühstück wieder ein paar Glas von dem famosen Schwarzen zu trinken, denn Besseres gab es leider nicht.

Um 6 Uhr Früh Abfahrt. Eine Zeitlang betrachtete ich die Gegend, doch bald ward es mir zu langweilig. Ich schlief wieder ein. In Kl. Reifling hieß es wieder umsteigen, dann setzte ich mein Schläfchen wieder fort, um erst vor St. Valentin, meinem letzten Umsteigbahnhof, zu erwachen. Nun war's 12 Uhr mittags und somit Zeit zum Essen, was ich dann auch sofort tat. Um 1 Uhr ging der Zug ab, der mich endlich an's Ziel bringen sollte. Rasselnd ging es über die Donaubrücke. Mauthausen; durch das riesige Gefangenenlager, dann Schwertberg und Perg.

Noch eine Stunde zu Fuß. O, wie leicht kommt mir nun mein Rucksack vor, kaum spüre ich die schwere Last auf dem Rücken. Auf dem Hauptplatz angelangt schwenkte ich nach rechts ab, in mein altes Stammgasthaus, um dort zu warten bis die Sonne, die furchtbar heiß herniederbrannte, etwas kühler geworden. Daheim war ja gewiß auch Alles bei der Arbeit draußen. Nachdem ich einige Krügel Most getrunken und verschiedene Kleinigkeiten besorgt hatte, ward es allmählich Zeit, mich auf den Weg zu machen. Wohl schien die Sonne noch heiß, aber länger warten mochte ich nicht.

Auf der Höhe draußen angelangt, blieb ich stehen. Hochaufatmend schweifte mein Auge über die Gegend, die ich meine Heimat nannte - die mir so über Alles teuer ist. Wie habe ich früher oft geringschätzig gedacht über diese kleinen Hügel, kurzen Waldstreifen, die demjenigen, der an dieses Bild gewöhnt ist, so wenig Schönheiten bietet. Heute aber ist mir, als wäre ich unversehens in ein Paradies versetzt worden, von dem ich im Felde draußen fast jede Nacht träumte.

Um 6 Uhr abends überschritt ich die Schwelle des Elternhauses, in dem mir von Eltern und Geschwistern das denkbar herzlichste »Willkommen« geboten ward. Da ging's nun an's Erzählen, gegenseitig. Und es gab ja so viel! Meinem scharfen Auge entging auch nicht, daß die Stirn des Vaters umwölkt schien, obgleich er sich Mühe gab, heiter und unbefangen zu erscheinen. Bald ist ja auch der Grund heraus: infolge der großen Trokkenheit war die Ernte zum Großteil eine ganz ungenügende. Das war es, was ihn drückte.

Dann erinnerte ich mich noch meiner Anmeldepflicht und ging zum Bürgermeister, um auch dieser Genüge zu tun. Im eifrigen Gespräch mit dem Vorsteher, der von jeher ein guter Freund von mir ist, bemerkte ich kaum, daß der Himmel sich überwölkte und ein Gewitter im Anzug war. Erst der nahe Donner mahnte mich daran, daß es Zeit sei zum Aufbruch, wollte ich nicht auf dem Heimweg durchnäßt werden. So verabschiedete ich mich und eilte so schnell es ging heimwärts. Der Wind blies so stark, daß er mich beinahe umwehte. Doch mit dem Regen war es nicht viel. Das Obst fiel in großer Menge von den Bäumen.

Nach dem Nachtessen verbrachte ich noch eine Stunde im trauten Familienkreise, um dann mein Kämmerlein aufzusuchen.

15.8.
Ein Feiertag. Zeitlich stand ich auf, um mit meinem Bruder die Frühmesse in Perg zu besuchen. Nach derselben machte ich mich bald auf den Heimweg. Nachmittags nach Allerheiligen. Hier kannte ich von klein

auf jeden Menschen, hier fühlte ich mich wohl. Den Abend verbrachte ich wieder daheim.

16.8.

In den nun folgenden Tagen stand ich regelmäßig mit den Anderen auf und half beim Mähen. Ebenso regelmäßig nahm ich nach dem Essen mein Mittagsschläfchen. Wenn die Stunde Feierabend schlug, machte ich noch irgendeinen kurzen Besuch.

Auch auf mein Lieb' vergaß ich nicht. Wie könnte ich dies auch? Bei ihr, die ich immer als meinen Schutzengel betrachte, der mein ganzes Sein, meine Zukunft gehört, verbrachte ich die schönsten Stunden. Hier hole ich mir immer wieder Trost, um dann mit gestärktem Mut der Zukunft entgegen zu sehen.

19.8. Sonntag.

Heute unternahm ich einen Ausflug nach Steyregg, um auch meinen dortigen Freunden von Anno 15 einen Besuch abzustatten. Verbrachte recht angenehme Stunden in dem vertrauten Nest. Nach dem denkbar herzlichsten Abschied fuhr ich um 5 Uhr nach Gaisbach, denn ich wollte nicht in dieser Hitze nach Mauthausen gehen.

In Gaisbach angekommen, lenkte ich, ohne mich dort länger aufzuhalten, meine Schritte heimwärts. Auf halben Wege, im Gasthaus in Hohensteg, hielt ich Einkehr, denn die Hitze war noch immer groß. Schon als ich in die Nähe des Hauses kam, hörte ich das Lärmen eines Grammophons. Beim Eintritt in die Gaststube blieb ich überrascht stehen. Der sich mir bietende Anblick kam mir zu unerwartet. Das ganze Zimmer war nämlich voll von halbwüchsigen Burschen und Mädchen, die ihre Sonntagsruhe in sonderbarer Weise hielten. Das leichtsinnige Volk tanzte, was es nur konnte. Daß dergleichen in dieser so furchtbar ernsten Zeit noch möglich ist, besonders aber auf dem Lande, das schien mir fast unbegreiflich. Ein Glück noch für die Wirtin, daß sie eine Verwandte von mir ist, denn andernfalls würde ich die Sache rücksichtslos zur Anzeige gebracht haben.

Nachdem ich mich ordentlich gestärkt hatte, kehrte ich der Spelunke den Rücken. Es war inzwischen schon kühl und auch fast dunkel geworden. Um 10 Uhr abends kam ich schon sehr ermüdet nach Hause.

29.8.

Der letzte Urlaubstag. Unter abwechselnder Arbeit, Besuchen bei den Bekannten, ist die Zeit nur allzuschnell vergangen. Das ist nun ein wahrhaft trüber Tag heute. Überall trübe Gesichter, trübe auch das Wetter. Ach wie umgekehrt doch alles ist. Ich, den doch der Abschied am schwersten trifft, muß mir immer Mühe geben, heiter zu scheinen, nur um die trüben Gesichter der Anderen auch zu erhellen.

So schwer es mir auch fällt, eine frohe Miene zu zeigen. Aber ich muß mich beherrschen, denn die Andern können es nicht. Unsäglich schwer ward mir der Abschied von meinem treuen Lieb. Und doch, gerade von ihr ging ich neu gestärkt und mit dem festen Vertrauen, daß der liebe Herrgott, der mich schon 5 Mal hatte hinaus ziehen lassen und mich stets behütet hatte, mich auch zum 6ten Male nicht verlassen werde. Dies allein ist's auch, das die Hoffnung in mir aufrecht hält, daß mein höchster Erdenwunsch, das geliebte Weib einst für Immer mein Eigen nennen zu dürfen, in Erfüllung gehen wird.

Durch 5 Jahre hindurch war sie nun mein Schutzengel, der mich vor einem leichtsinnigen Lebenswandel behütet hat. Wie könnte es auch anders sein? Solange ich dieses Bild im Herzen trage, ist es mir unmöglich, ein schlechter Mensch zu werden. Und von dem Gebete dieses Engels behütet, fühle ich mich gegen Unheil gefeit.

30.8.

Um 3 Uhr Früh weckte mich die Mutter; die Stunde des Abschieds ist gekommen. So schnell als möglich machte ich mich reisefertig, aß meinen Kaffee, dann ein letzter Händedruck, auf Wiederseh'n! Und hinaus zur Tür, denn ich konnte meinen Schmerz nicht länger verbergen. Der Bruder begleitete mich zur Bahn, trug den ziemlich schweren Rucksack für mich. Nach kurzem Warten braust der Zug heran, Einsteigen, dann geht es wieder fort.

Lebwohl du teure Heimat, Lebwohl ihr alle meine Lieben! In trübes Sinnen versunken, so verbrachte ich die Fahrt bis Villach, wo wir um 10 Uhr Abends ankamen, und wo ich übernachten mußte.

31.8.

½ 8 Uhr Früh von Villach Abfahrt und um 1 Uhr Mittag in Dellach. Nun gilt es noch 25 Km zu Fuß marschieren. In der Protzenstellung Weidenburg meldete ich mein Einrücken und marschierte dann, ohne mich irgendwo lange aufzuhalten, hinauf. Um 9 Uhr Abends war ich glücklich oben. Hier meldete ich wiederum mein Einrücken und war erstaunt darüber, einen Oberleutnant als Kommandant anzutreffen, wo wir doch früher nur einen Fähnrich hatten.

Noch größer ward mein Erstaunen, daß außerdem noch ein Oblt., ein Lt. und ein Fhr. zu den drei Geschützen kommandiert waren. 4 Offiziersdiener dazugerechnet sind also 8 Personen, die nichts machen und ebensoviele, die kaum genug arbeiten können. Ich komme nicht in die alte Stellung zurück, sondern zum Geschütz »Willi«.

September 1917

1.9.

Vormittags richtete ich mich wieder etwas häuslich ein, holte meine Sachen herüber. Nachmittags ging es schon wieder an die Arbeit. Der Oblt., der das Geschütz kommandiert, kam alle Augenblicke nachschauen, ob wir ja nicht müßig seien. Die Infanteristen hatten, soweit sie außer Dienst waren, Vormittags Kirchgang gehabt.

Beim Baonskommando heroben, ½ Stunde von der Stellung zurück, wird nämlich hie und da eine Feldmesse abgehalten. Nach derselben hatten nun eine Anzahl der Kirchgänger dem Soldatenheim in Unter-Brück einen Besuch abgestattet und dabei war es ganz natürlich, daß manche stark berauscht zurückkamen.

Auch diejenigen, welche in unserer Baracke schlafen, kamen in solchem Zustande heim. Lauter rohe Tschechen, von denen es mich nicht Wunder nahm, daß sie sogleich in eine Rauferei miteinander gerieten und sich gegenseitig die Gesichter ordentlich zerkratzten.

2.9.

Vormittags langte meine Beförderung zum Vormeister sowie die Bretmeisters zum Zugsführer ein. Kurz darauf erhielt ich Schußbefehl. Doch war's nur ein Alarmschuß, den ich abzugeben hatte. Nachmittags wieder viel Arbeit.

3.9.

Schon um 6 Uhr Früh mußte ich marschfertig beim Leutnant gestellt sein. Er übernahm das Kommando über's Geschütz »Midi« auf Zelonschulter. Um ½ 8 Uhr hatten wir glücklich die 1500 Stufen, die hier heraufführen, hinter uns. War ganz durchnäßt vom Schweiß.

Da bin ich nun in dieser gefürchteten Stellung, die schon so viele Opfer an Blut und Leben gekostet hat. Die Aussichten für die Zukunft sind für mich nun etwas trüb geworden. Man könnte sich in ein Bergwerk versetzt fühlen. Baracken, Geschützkavernen und Beobachtungsstände, alles in den Felsen gesprengt und eingebaut. Nur die eigentliche Infanteriekampfstellung ist außen. Die Unterstände sind stockfinster und werden nur von düsteren Petroleumlampen erhellt. Nur ich bin so glücklich, eine Karbidlampe zur Verfügung zu haben.

4.9.

Für den Anfang habe ich hier Arbeit in Hülle und Fülle. Das Geschütz mit Allem, was noch dazu gehört, ist total verwahrlost und es wird mir keine geringe Mühe kosten, das alles wieder in guten Zustand zu versetzen. Auch meine drei Leute bekommen das zu spüren, sie müssen ebenfalls hübsch zugreifen. Mein Kommandant ist in allen Dingen sehr genau und anspruchsvoll. Die Leute müssen bei Nacht jeder 3 Stunden beim Geschütz Alarmposten stehen, ein ganz zweckloser Dienst, da der Posten weder etwas hört noch sieht. Ich selbst muß jede Nacht als Beobachter im Freien stehen. Überhaupt sind hier die Verhältnisse so ganz anders als in der alten Stellung. Bei Tage gibt es nur Kaffee, den wir uns selbst kochen müssen. 9 Uhr Abends Menage und um Mitternacht wird die Brot- und Tabakfassung verteilt.

Meistens gibt es auch etwas weniges zum Trinken oder sonstige Zubuße, die Verpflegung wäre also im Großen und Ganzen nicht schlecht. Besonders schlimm ist der Umstand, daß man nie ordentlich zur Ruhe kommen kann. Nicht bei Nacht und noch weniger bei Tage. Von einem erquickenden Schlaf ist keine Rede, ich fühle mich oft wie zerschlagen.

9.9.

Die letzten Tage verliefen unter stetiger Arbeit, jedoch ohne besondere Ereignisse, denn das feindliche Artillerie- und Minenfeuer ist hier etwas alltägliches. Lt. Ehlozky ging Abends weg und übergab mir das Kommando über das Geschütz »Midi«, denn so ist mein Geschütz getauft. So bin ich nun Richtvormeister, Geschützführer und Kmdt. in einer Person, habe nun eine Menge Pflichten, eine große Verantwortung, ohne daß mir ein Vorteil daraus erwachsen würde.

10.9.
Nachmittags kurzes Feuergefecht. 6 Schuß auf die feindliche Stellung.

Abends ging ein schweres Gewitter mit furchtbarem Regen über unseren Bergen nieder. Das Wasser sickert durch den Felsen in unsere Kavernen und überschwemmt auch hier alles. Von 12 bis 3 Uhr Nachts hatte ich Hilfsbeobachtungsdienst, natürlich im Freien und ward dabei bis auf die Haut durchnäßt.

12.9.
Abends visitierte Hr. Hptm. Eigenbauer das Geschütz, bei welcher Gelegenheit ich eine Belobung erntete.

14.9.
Meine Mannschaft ward Abends abgelöst, ich aber muß weiter in diesem elenden Loch stecken bleiben.

15.9.
Nachmittags bearbeitete uns der Feind über 2 Stunden lang mit seinen schweren Minen. Die Explosion ist so stark, daß selbst in unserem tief unterm Felsen eingebauten Unterstand alles zittert und sogar das Karbidlicht auslöscht.

19.9.
So trübe und einsam schleichen die Tage dahin. Noch nie fühlte ich mich so seelisch elend, als in der letzten Woche. Die 3 Mann, welche am 14. die Andern ablösten, sind so faule, widerspenstige Burschen, daß ich bis jetzt noch nichts anderes als Ärger mit ihnen hatte.

20.9.
Abends wurden die Siebener, bei denen ich nun volle 10 Monate zugeteilt war, durch ein Feldjäger-Baon abgelöst.

22.9.

Nachmittags kurzes Feuergefecht. Obwohl ich gut getroffen und das fdl. Geschütz zum Schweigen gebracht hatte, war man doch noch unzufrieden mit mir. Es geht jetzt wirklich alles schief. Als ich am 15. l. M. erfahren hatte, daß Ablösung sein werde, wodurch sich auch unsere Adresse wieder änderte, ließ ich meine Post, um deren Verlust vorzubeugen, in unsere Protzenstellung adressieren.

Heute erst erfuhr ich, daß Kanzlei und Protzenstellung aufgelöst sei. Nun ist die Post erst recht verloren. Zu allem Überfluß aber wurde auch noch bekannt gemacht, daß der Feldpostverkehr überhaupt eingestellt sei. Nur gedruckte Feldpostkarten werden befördert. Solche habe ich jedoch keine. Kann also meinen Angehörigen keine Nachricht senden. Wie die sich wieder um mich sorgen werden! War selbst ganz untröstlich, als ich von dieser Postsperre hörte. Nur wer so wie ich mit allen Fasern seines Herzens an der Heimat, an seinen Lieben hängt, kann begreifen, wie schmerzlich mir dies ist. Ein Anderer würde mich vielleicht gar auslachen, wollte ich dies offen zeigen.

23.9.

Heute brachte ich in Erfahrung, daß die Feldpostsperre vorübergehend wegen Truppenverschiebung verhängt wurde und am 28. wieder aufgehoben werde. Mir fiel ein Stein vom Herzen, als ich dies hörte, denn ich könnte diesen Zustand auf Dauer nicht ertragen. Das würde mich ins Spital bringen.

24.9.

Abends visitierte Hptm. Eigenbauer ganz unvermutet das Geschütz. Als er bei demselben keinen Posten vorfand, erteilte er mir darob eine ziemlich scharfe Rüge. Das ist die Frucht meiner Gutheit.

Als ich am 3. heraufkam, mußte von 9 Uhr Abends bis 6 Uhr Früh ein Posten stehen, während ich selbst jede Nacht 3 Stunden Hilfsbeobachtungsdienst hatte. Das ging so bis 14. l. M., dann gelang es meinen Bemühungen, den Geschützposten abzubringen. Dafür mußte nun Bereitschaftsdienst gehalten werden, auch der Beobachtungsdienst blieb. Diesen teilte ich nun so ein, daß jede Nacht ein Anderer von uns drankam. Anstatt mir nun dafür dankbar zu sein, daß ich ihnen diese Erleichterung verschafft hatte, schienen es meine Leute unter sich verabredet zu haben, mir das Leben hier oben auf alle mögliche Weise zu verbittern. Nachlässigkeit und Widersetzlichkeit im Dienst sind bei ihnen an der Tagesordnung.

Am meisten zeichnet sich dabei der Kanonier Rohrer aus. Sogar ein Oberösterreicher, ein junger, starker Bursche. Aber so faul und störrisch, wie wohl selten ein Mensch sein wird. Schon oft habe ich mir vorgenommen, ihn anzuzeigen, damit ihm die verdiente Strafe zuteil werde, aber ich bin immer wieder zu gut, um jemand Leids zu tun. Auf mich aber nimmt niemand Rücksicht. So war es auch heute wieder. Ich wurde vom Hrn. Hptm. wieder verdonnert und die Anderen lachen sich schadenfroh ins Fäustchen.

Die Tatsache, daß sie jetzt wieder Posten stehen müssen, paßt ihnen allerdings nicht, doch dagegen hilft nun keine Beschwerde mehr. Gebe mir auch keine Mühe mehr. Beobachtungsdienst brauche ich nun keinen mehr zu halten, muß aber dafür die Posten überwachen und komme so vor 3 Uhr Früh nie zur Ruhe.

28.9.
Nachmittags erhielt ich Befehl, auch unter Tage einen Posten zu stellen. Ich führte ihn ohne Weiteres aus. Meine Leute sind zwar höchst erbittert darüber, doch was hilft's? Beschwerte mich telefonisch bei meinem Kommandanten darüber und er versprach mir auch, Abhilfe zu schaffen.

6 Uhr Abends erhielt ich Befehl zum Schießen, wurde vorher vom Art. Beob. Lt. M... noch tüchtig geschimpft, ohne daß ich wußte warum. Dann gab ich 5 Schuß ab auf einen fdl. Minenwerfer am Kl. Pal, brachte denselben zum Schweigen und stellte hierauf das Feuer ein. Von dem furchtbaren Luftdruck war ich ganz betäubt, Kopf und Brust schmerzten, sogar Blut spuckte ich aus.

29.9.
Auf des Lt. Befehl mußte ich Mittags einen Mann zum Artillerie-Gruppenkommando schicken. Darob wieder allgemeiner Entrüstungssturm bei den Leuten.

Auch Bretmeister teilte mir telefonisch mit, daß ich solchen Befehl nicht befolgen solle, dem Hrn. Oblt. sei es nicht recht, doch ich kann mir nicht helfen. Widersetze ich mich, weiß ich im Voraus, was mir bevorsteht. Befolge ich ihn, so setzt es von der anderen Seite Rüge um Rüge. Der Infanterieleutnant hat uns verboten in unserem Ofen zu heizen und Kaffee zu kochen, da, wenn Ostwind geht, in die Offiziersbaracke Rauch eindringt. Mit der Infanterie können wir auch nicht kochen, also was tun? Ich weiss kaum mehr, wo mir der Kopf steht!

Abends kam Kanonier Rohrer, den ich zum Gruppenkommando geschickt hatte und machte mir unter schadenfrohem Grinsen die Mitteilung: Zugsf. Bretmeister lasse mir sagen, auf seinen Befehl müsse auch ich Posten stehen. Also auch das noch. Dieser Schuft möchte auch noch seinen Teil dazu beitragen, um meine Lage noch schwieriger zu gestalten. Aber der Herr soll sich täuschen! Für Heute werde ich's tun, doch der morgige Tag soll und muß Abhilfe bringen. Gott im Himmel, hat sich denn wirklich alles gegen mich verschworen? Das ist ja das reinste Fegefeuer, das ich hier durchzumachen habe! Hunger und Durst leiden, Tag für Tag die verpestete Luft einatmen – ich kann dies alles unmöglich auf die Dauer mehr ertragen.

In den letzten Tagen herrschte lebhafte beiderseitige Kampftätigkeit. Artillerie und Minenwerfer treten täglich in größerer Anzahl in Aktion. Unsere Höhlen erzittern wieder unter den Explosionen der schweren fdl. Minen. Heute haben wir durch einen Volltreffer 2 Tote und 1 Verwundeten, der die Nacht kaum überleben wird.

Die Feldpost ist noch immer gesperrt. Habe nun schon so lange keine Nachricht aus der Heimat und kann auch selbst meinen Lieben kein Lebenszeichen von mir zukommen lassen. Die Truppenverschiebungen nehmen noch immer kein Ende. Mannschaften, die aus dem Gailtal heraufkommen erzählen, daß dort unten alles voll Militär sei. Allem nach zu schließen, stehen wir wieder vor einer gewaltigen Offensive, die, wenn alles gut geht, unseren Erbfeind zermalmen dürfte. Das würde uns dem Frieden auch wieder einen Riesenschritt näher bringen.

30.9. Sonntag

In der verflossenen Nacht und auch untertags habe ich wirklich Posten gestanden. Und ich finde, daß das noch bei Weitem das Schlimmste nicht ist; trotzdem werde ich mein Möglichstes versuchen, um nicht mehr stehen zu müssen. Meine Mannschaft wurde heute wieder abgelöst und ich danke

Gott, daß ich diese Bande los habe. Die Neuen sind anständige Burschen, mit denen ich schon das erstemal gut ausgekommen bin und ich hoffe, daß es auch diesmal so werden wird. An mir soll es gewiß nicht fehlen.

Einer von ihnen brachte Kartoffel mit, die er von einem Bauern in Würmlach geschenkt bekommen hatte. Sobald Wasser zu bekommen war, kochten wir auch gleich eine Menageschale voll in Salzwasser. Ich verzehrte allein die Hälfte davon mit dem denkbar besten Appetit. Sicher ist, daß mir zuhause mein Leibgericht: Geselchtes mit Kraut und Knödel nicht besser munden könnte als hier diese gesalzenen Erdäpfel.

Oktober 1917

1.10.

Montag. Vormittags Visitierung durch meinen Kommandanten Oblt. Pragula. Heute versprach er mir endlich, die Ablösung noch Heute heraufzuschicken. Also habe ich doch endlich Hoffnung in 1-2 Tagen, wenn die Übergabe vorbei ist, hinuntergehen zu können. Gott sei Dank, wenn's einmal soweit ist.

2.10.

Um 3:20 Uhr Früh hatten wir Alarm. Den Alarmschuß hatte schon der Posten abgegeben. Nach halbstündigem Warten kam der Befehl: Bedienung abtreten! Tagsüber wurde tüchtig geputzt und rein gemacht, denn es muß alles in tadellosem Zustand übergeben werden. Abends bat ich meinen Kommandanten noch Heute hinunter gehen zu dürfen, was er leider nicht erlaubte. Muß schon noch eine Nacht hierbleiben.

3.10.

Schon nach dem Frühkaffee packte ich meine wenigen Habseligkeiten zusammen und wartete den ganzen Vormittag sehnsuchtsvoll auf die Erlaubnis, hinunter gehen zu können. Doch wurde meine Geduld auf eine harte Probe gestellt.

Um 2 Uhr nachmittags bemerkte der Posten, daß das fdl. Geschütz »Italia« das Feuer auf uns eröffnete. Ich machte ebenfalls meine »Midi« feuerbereit und nahm dann sofort den Kampf auf. Und mit Erfolg, denn schon der 2. Schuß war ein Volltreffer, der Gegner war zum Schweigen gebracht. Nachdem ich noch 3 Schuß auf dasselbe Ziel, ebenfalls mit guter Wirkung, abgegeben hatte, wollte ich das Feuer einstellen, als ich bemerkte, daß auch ein zweites fdl. Geschütz das Feuer eröffnete. Also-gleich nahm ich dasselbe auf's Korn. 16 Schuß gab ich dorthin ab, dann war die Stellung gründlich demoliert und ich stellte das Feuer ein. Eine Viertelstunde später kam vom Artilleriegruppenkommando »Max I« Befehl, ich solle nochmals das Feuer auf »Italia« eröffnen. Ich vollführte den Befehl ohne Verzug, erzielte abermals ein paar schöne Treffer und nach dem 7. Schuß stellte ich die Schießerei ein.

Nun setzte die fdl. Artillerie ein und zwar gleich eine ganze Batterie,

Eine nicht detonierte ital. 240 mm Sprenggranate

die ihre Stellungen auf dem Monte di Terzo hatte, schien es besonders auf uns abgesehen zu haben. Doch war ihre Mühe fast ebenso erfolglos wie das Feuer der Maschinengewehre, deren Kugeln noch während ich schießen mußte, überall im Geschützstand und auch am Schutzschild einschlugen. Schon während des Feuergefechts waren Oblt. Pragula und Lt. Elovsky heraufgekommen.

Lt. Elovsky übernahm wieder das Kommando über die »Midi«. Nachdem ich alles ordnungsgemäß übergeben hatte, konnte ich endlich der Zellonschulter den Rücken kehren. Mußte zum Geschütz »Willi« gehen um vorderhand ein Quartier zu haben.

4.10.

Vormittags hatte ich Oblt. Pragula gebeten, mich für ein paar Tage nach Würmlach gehen zu lassen. Nach längerem Widerstreben wurde mir dann doch die Erlaubnis hiefür zuteil. Mittags nach dem Essen wollte ich weggehen, doch der gute Hr. Oblt. hatte mir schon wieder eine für mich nichts weniger als angenehme Aufgabe zugedacht. Ich mußte nämlich nochmals den Weg auf die Schulter hinauf machen. O du lieber Gott, daß ich denn überall her muß!

Von der Schulter zurückgekommen ruhte ich mich eine Zeitlang aus und Abends nach dem Kaffee machte ich mich auf den Weg nach Würmlach hinunter. Habe es doch durchgesetzt 2 Tage unten bleiben zu dürfen. Doch muß ich mich während dieser Zeit selbst verpflegen, da wir nicht einmal eine Protzenstation haben. Dieses sich selbst verpflegen wird mich zwar ziemlich Geld kosten, doch geniert mich dies wenig. Hauptsache ist: nun kann ich wieder einmal gut und genug essen.

Kurz vor 7 Uhr, es war schon nahezu finster, traf ich in Mauthen ein, wo ich mir im Gasthaus »Zur Kellerwand« sogleich ein respektables Nachtmahl anschaffte. Nach 10 Minuten war ich damit fertig und bezahlte dafür eine Zeche von 7 Kronen und 10 Heller. Nun war der Magen befriedigt und meine Brieftasche um einen netten Betrag leichter geworden.

Ich ging frohgemut weiter nach Würmlach, um mir ein Quartier zu suchen. Ein solches findet sich dann auch bald, und zwar in Gestalt eines Futterbodens mit stark durchlöchertem Dach. Nachdem ich von der Bäuerin noch eine Schüssel Milch mit Kartoffeln verspeist hatte, machte ich es mir auf meinem Heuboden bequem. Auf den Schlaf brauchte ich nicht lange zu warten, müde von dem weiten Marsch, schlief ich bald ein.

5.10.

Im Laufe des Vormittags ging ich langsamen Schrittes nach Weidenburg. Hoffte dort Post zu erhalten, hatte aber den Weg umsonst gemacht. Zurückgekommen war es bald Mittag und ich bestellte mir ein Essen. Nach demselben machte ich mich auf nach Kötschach in die Artillerie-Reparaturwerkstätte 94.

Abends fing es stark zu regnen an. Ich war äußerst missgestimmt, wozu der Umstand, daß ich gar nichts zu Rauchen hatte, nicht wenig beitrug. Abends suchte ich Thurner's Gasthof auf, um dort ein paar Gläschen Kirschenbranntwein zu trinken. Für ein Glas von diesem erhielt ich von einem mir ganz unbekannten Artilleristen 10 St. Zigaretten. Da war nun nichts eiliger als eine anzurauchen und bei dem Dufte derselben verschwand sogar meine üble Laune. Erst ziemlich spät suchte ich wieder mein famoses Lager auf.

6.10.

Vormittags besorgte ich verschiedene Einkäufe. Unter Anderem kaufte ich auch 10 Kilo Kartoffeln und 8 Kilo Obst im Auftrage meiner Kameraden. Das sollte gemeinschaftlich bezahlt und ebenso gemeinschaftlich gegessen werden.

Nachmittags schulterte ich meinen Rucksack und kehrte in die Stellung zurück. Die Kameraden machten sich sogleich über die Äpfel her und ich glaube, sie fraßen noch an diesem Abend alle auf.

7.10.

Da in der Baracke bei Geschütz »Willi« kein Platz für mich ist, so bat ich Hrn. Oblt. zu »Otto« zurückgehen zu können, was mir auch gestattet wurde. Nun bin ich wieder in meinem alten Quartier, dem ich fast 2 Monate hindurch hatte fernbleiben müssen. Im Verlaufe des Tages half ich bei der Arbeit mit. Nachmittags hatten wir auch ein kurzes Feuergefecht. Ich gab einige Schuß auf fdl. MG ab und erzielte gute Treffer.

8.- 9. 10.
Keine besonderen Vorfälle. Kurzes Feuergefecht.

10.10.
Alles beim Alten. Sehr starker Regen.

11.10.
Starker Regen, infolgedessen machten wir den ganzen Tag nichts.

12.10.
Winter. Über Nacht hat es stark geschneit, sodaß jetzt eine dichte Schneedecke über die Berge gebreitet ist.

13.10.
Den ganzen Tag über gearbeitet. Der Schnee verschwindet ja doch wieder.

14.10.
Da ich von 12 Uhr Nachts ab im Dienst bin, so habe ich Zeit genug, um
über die Ereignisse der letzten Zeit nachzusinnen. Es scheinen sich große
Dinge vorzubereiten. Schon seit Wochen wird von einer großen Offensive
gegen den welschen Erbfeind gesprochen.

Freilich ist das nun schon so lange, daß ich an der Wahrheit dieser
Gerüchte zu zweifeln beginne. Wohl würde ich dem Feinde eine tüchtige
Niederlage vom Herzen gönnen. Vielleicht, ja sogar höchstwahrscheinlich
würde uns dies den Frieden bringen. Daß wir uns demselben auch so in
grossen Schritten nähern, glaube ich fest. Die Anzeichen dafür mehren
sich in letzter Zeit stark und ich gebe aus diesem Grunde die Hoffnung,
daß uns noch das laufende Jahr den Frieden bringt, nicht auf. Freilich,
die Zeit ist schon kurz.

Die Post ist noch immer geschlossen und wir müssen uns damit
begnügen, die gedruckten Feldpostkarten schreiben zu dürfen. Konnte
aber in den 4 Wochen, seit die Sperre verhängt wurde, erst 4 Stück davon
bekommen. In der letzten Zeit erhielt ich doch, wenn auch mit großer
Verspätung, Nachrichten von Zuhause, was mir wieder einigermassen
das Herz erleichtert.

Während der Nacht tobte ein schreckliches Unwetter. Regen und Windstürme. Am frühen Morgen visitierte Grp. Kmdt. Hptm. Eigenbauer das Geschütz. Bei dieser Gelegenheit übergab er Oblt. Pragula ein Eingabenformular und bestimmte ihn, uns, die wir nun schon so lange in der Schwarmlinie sind, zur Auszeichnung vorzuschlagen und gab ihm auch das Versprechen, die Eingabe auf's wärmste zu befürworten.

Nun bin ich gespannt darauf, ob diesmal was rauskommen wird. Bretmeister und mir ist die »Silberne« versprochen. Wenn ich wirklich das Glück hätte, so wäre damit einer meiner sehnlichsten Wünsche erfüllt.

15.10.

Im Laufe des Vormittags kamen zwei Artilleriemeister, um die neuen Richtmittel, die wir für's Geschütz bekommen haben, anzupassen und auszuprobieren. Zu diesem Zwecke mußten wir an die 20 Schuß auf alle Ziele abgeben. Eine Gebirgskanonenbatterie von der Mauthner Alpe schoß sich auf das fdl. Finanzhaus ein. Wir mußten die Schüsse beobachten und die Wirkung, die jedoch nur eine ganz negative war, ans Kommando weitermelden.

16.10.

Zeitig in der Früh war Tagwache. Wir sollten Bretter von der Sperre heraufschleppen, wobei uns Infanteristen behilflich sein sollten. Fast 2 Stunden wartete ich mit Bretmeister auf sie, aber keiner kam. Ich fühlte mich ohnehin recht elend und es kam noch ein heftiger Frost dazu.

Nachmittags unterhielten wir ein Wirkungsschießen auf die fdl. Geschütz- und MG-Stellungen. Sie sollten vernichtet werden, so lautete der Befehl und wir stellten auch das Feuer erst dann ein, als uns durch die Kraft des Luftdrucks die Ausschußscharte zusammengefallen war. Doch hatten wir unsere Aufgabe so gut als möglich gelöst. Die heftige Erschütterung bei jedem Schuß, das Einatmen der giftigen Pulvergase und das stundenlange Hocken in der ekelhaften Kaverne haben mich noch viel elender gemacht. Heftige Kopfschmerzen machten sich fühlbar und ich mußte mich niederlegen.

17.10.

Während der Nacht peinigte mich heftiges Kopfweh und starkes Fieber.

Ich wälzte mich in wilden Phantasien auf dem harten Lager. Vormittags ward mir etwas besser. Ich ging zur Marodenvisite. Bretmeister ebenfalls. Der Arzt schickte uns beide ins Spital. Wir gingen zurück in die Stellung, packten unsere Sachen.

Nach der Menage wollten wir weggehen. Währenddem kam Oblt. Pragula, dem wir telephoniert hatten, in höchst aufgeregtem Zustand herüber, sagte was ist denn los, daß ihr beide zugleich ins Spital geht usw., da für die kommende Nacht auf der Front kleine Unternehmungen geplant sind, auch hier in der Sperre, so könne er uns unmöglich entbehren, sagte er. Wir sollten wenigstens bis morgen Früh bleiben. Nach langem hin- und herreden sagten wir zu. Nun war er hocherfreut, schenkte uns Zigaretten, versprach uns Tee zu senden worauf er sich wieder entfernte. Wir wickelten uns wieder in die Decken, um für die Nacht gut ausgeruht zu sein.

18.10.

Um ½ 2 Uhr Früh Tagwache und zum Geschütz. Um 3 Uhr begann in den angrenzenden Abschnitten unsere Artillerie ein rasendes Trommelfeuer auf die fdl. Stellungen. Um Punkt 4 Uhr ging auch bei uns der Wirbel los. Die Jäger unternahmen einen Angriff auf die fdl. Feldwache im Finanzhaus. Wir eröffneten auf ein schon vorher verabredetes Zeichen das Feuer auf die fdl. MG-Stellungen und schossen, was das Zeug nur halten konnte. Nach 5 Min. war alles vorbei. Halberfroren suchten wir die Baracke auf, holten uns von der Küche den heißen Frühstückskaffee.

Um 6 Uhr eröffneten wir abermals das Feuer und zwar auf's fdl. Finanzhaus. Wir hatten Befehl, dasselbe vollends in Trümmer zu schießen, was der herrschenden Dunkelheit wegen leider nicht vollkommen gelang. Nachdem auch dies vorüber war, mußten wir für eine Gebirgskanonenbatterie auf der Mauthner Alpe, welche ebenfalls das Finanzhaus auf's Korn nahm, beobachten. Das Schußresultat war jedoch so kläglich, daß bald das Feuer eingestellt wurde. Hierauf legten wir uns zur Ruhe. Nachmittags ging's wieder an die Arbeit.

20.10.

Heute traf ein 10 Mann starker Nachschub ein. Derselbe wurde schon in der neuen Baracke untergebracht. Ich fühle mich jetzt wieder vollständig wohl. Nur Abends habe ich regelmäßig starkes Kopfweh. Seit gestern ist Gott sei Dank auch die Feldpost wieder offen und ich bin infolge dessen in meinen freien Stunden vollauf mit Korrespondenz beschäftigt.

22.10.

Nachdem wir ohnehin bis 4 Uhr Nachmittags angestrengt gearbeitet hatten, fällt es dem Oberfeuerwerker ein, einige Schuß auf das fdl. MG auf Vetta Capot abzugeben. Kaum war der erste Schuß draußen, als wir auch schon vom nahen fdl. Geschütz »76 A« Feuer erhielten. Das Geschoß krepierte knapp vor unserem Ausschuß, dessen ungeachtet eröffneten wir sofort das Feuer auf das fdl. Geschütz, ohne leider ein besonders günstiges Resultat erzielen zu können.

Einbrechender Dunkelheit wegen mußte dann das Feuer eingestellt werden. Wir waren höchst erbittert auf den Oberfeuerwerker, der uns durch sein unnötiges Draufgängertum diese Suppe eingebrockt hatte. Mein Kopf tat mir Heute vor Ärger doppelt weh. Dieser Mensch ist uns Allen schon höchst verhaßt. Bei allen möglichen Anlässen sucht er sich hervor zu tun, nur wenn's gefährlich ist, läßt er uns gewöhnlich sitzen, um nachher das Maul umso weiter aufzureissen.

23. u. 24.10.

Während dieser zwei Tage nahmen wir eine gründliche Reparatur unserer Hütte in Angriff. Wir tapezierten dieselbe mit weißer Holzpappe aus, sodaß dieselbe nun ein ganz nettes, freundliches Aussehen hat. Am 24.10. brach in der Sperre unten im Motorhaus durch Explosion ein Brand aus, dem 4 Baracken zum Opfer fielen. Auch ein Magazin mit Proviant sowie der 16 Pferde kräftige Benzinmotor wurden zerstört. Abends hatten wir angestrengte Arbeit bis Mitternacht.

26.10.

Die Nacht hindurch strenge Bereitschaft. Mußte ebenfalls meine total zerfetzten, nassen Schuhe anbehalten und konnte deshalb vor Kälte die ganze Nacht nicht schlafen. Erst gegen Morgen konnte ich mich ausziehen und bis 8 Uhr ruhig schlafen. Tagsüber wie gewöhnlich viel Arbeit. Abends langten große Siegesnachrichten vom Isonzo ein, die Freude darüber ist allgemein groß.

27.10.

Tagsüber waren wir noch damit beschäftigt, einen trockenen Munitions-unterstand zu bauen. Abends 10 Uhr begab ich mich zur Ruhe.

Um ½ 12 Uhr wurde ich schon wieder geweckt. Es war Befehl, strengste Bereitschaft zu halten. Der Hr. Oblt. selber hatte ihn gebracht, gleichzeitig mit der Nachricht, daß Görz von unseren siegreichen Truppen genommen sei und der Feind sich fortwährend zurückzieht, welche Nachricht eine durchwegs gehobene Stimmung erzeugte. In der Nacht sollte die fdl. Paßsperre gestürmt werden.

28.10.

Ab 3 Uhr Früh standen wir beim Geschütz, jeden Moment schussbereit. Die ganze Nacht schon tobte ein furchtbares Unwetter. Die Infanterie, schon zum Vormarsch bereit, lagert haufenweise im Freien. Die Leute zittern vor Kälte und Nässe. Wir harrten bis 7 Uhr Früh auf unserem Posten aus, alle halb erfroren. Um die genannte Stunde erhielten wir die Erlaubnis, abtreten zu dürfen. Der Angriff war aus uns unbekannten Gründen unterblieben. Um 8 Uhr erhielten wir Befehl, die fdl. Stellung unter Feuer zu nehmen. Wir vollführten denselben auch sofort und zer-störten, was in unserem Wirkungsbereich lag. Unsere Munition ist auf unter 100 Schuß zusammengeschmolzen. Um 9 Uhr Vormittags kamen wir endlich zur ersehnten Ruhe. Ich schlief mit kurzer Unterbrechung zur Menage bis 7 Uhr Abends.

Nun erhielt ich Befehl, bei der Seilbahnstation Plöcken einen Muni-tionstransport zu übernehmen. Das war eine nette Aufgabe. Draußen tobte ein so schreckliches Gewitter, begleitet von wolkenbruchartigem Regen, wie ich deren noch wenige erlebt hatte. Um 8 Uhr machte ich mich auf den Weg. Schon nach wenigen Schritten war ich bis auf die Haut durchnäßt. Schwere fdl. Artillerie gab ab und zu noch einen Schuß auf die Strasse ab. Nach einstündigem Warten konnte ich mit dem Transport von der Seilbahn abmarschieren. Ich zitterte vor Nässe und Kälte und das Gehen ward mir schwer. Die Strasse war stellen-weise fast unpassierbar und es war mir unmöglich, den Transport ganz bis in die Stellung zu bringen. Zu Tode erschöpft kam ich gegen Mitternacht zurück. Gott sei Dank konnte ich mich gleich umziehen und erwärmen.

Unterdessen waren alarmierende Nachrichten eingelangt. Der Feind hat auch hier schon den Rückzug begonnen. Ohne Kampf räumte er seine Stellungen. Die hinter denselben liegenden Ortschaften wurden in Brand gesetzt, zahllose Baracken und Magazine in die Luft gesprengt.

Unsere Infanterie ist schon auf der ganzen Linie im Vormarsch begriffen. Der Gefechtslärm ist fast verstummt. Nur ab und zu ertönt noch die Explosion einer schweren Mine oder Granate. Um Mitternacht trat völlige Ruhe ein.

29.10.

Wir müssen mit unseren für einen Vormarsch ungeeigneten Geschützen vorläufig am Platze bleiben. Die Schützengräben sind leer, die Kämpfenden bereits in weiter Ferne. Man hört keinen Schuß mehr.

Vormittags unternahm ich mit Bretmeister einen Ausflug in die vom Feinde verlassene Stellung. Wir besichtigten die Stellen, wo unsere letzten Granaten eingeschlagen hatten und die angerichteten Verwüstungen. Wir bewunderten die Festigkeit der Stellung. Alles in Felsen gesprengt oder betoniert. Noch mehr staunten wir aber über die elenden Unterkünfte, in denen der Feind gehaust hatte. Man konnte diese Löcher eher für einen Schweinestall halten, denn für eine menschliche Behausung. Wir untersuchten alles nach für uns brauchbaren Sachen, ohne jedoch etwas besonderes zu entdecken. Da entdeckten wir einen Serpentinenweg und folgten seinen Windungen. So kamen wir hinauf zu einer Geschützstellung. Noch waren hier die Spuren unserer beiden letzten Volltreffer zu sehen. Das demolierte Geschütz war noch da, doch war der Gegner bereits wieder im Begriff gewesen, ein Neues aufzustellen. Die Einheiten desselben lagen vor der Kaverne.

Hier waren auch die Unterstände besser, wohnlicher. Wie es scheint, haben auch beim Feinde die Artilleristen einiges voraus. Da fanden wir auch das Gesuchte. Prachtvolle Wäsche, Wein, Kaffee und Anderes. Große Freude machten mir ein Paar ganz neue, prächtige Schuhe.

Nachdem wir ordentlich gespeist und von dem guten ungewohnten Wein sogar einen kleinen Schwips bekommen hatten machten wir uns, beladen wie Maulesel, auf den Rückweg. Daheim angekommen, erregte unsere reiche Beute den Neid der Kameraden. Obwohl es schon 3 Uhr Nachmittags vorüber war, machte sich doch die Mehrzahl derselben, der

Oberfeuerwerker an der Spitze, auf, um sich ebenfalls ihren Teil zu holen. Auch sie kamen reich mit Beute beladen zurück. Von dem erbeuteten Fleisch wurde Abends Gulasch gekocht und dieses mit Makkaroni als Zuspeis genossen, ergab ein Nachtmahl, wie wir schon seit langem kein so gutes gehabt hatten.

Oblt. Pragula übergaben wir einen guten Teil unserer Beute, worüber er sich hocherfreut zeigte. Seine gute Laune machten wir uns sofort zunutze, indem wir ihn ersuchten, uns morgen nach Würmlach gehen zu lassen, um dort die große Menge Wäsche, die wir ja nicht immer mitschleppen konnten, und die für uns arme Teufel einen ziemlichen Wert repräsentierte, deponieren zu können. Nach einigem Zögern erhielten wir auch die Erlaubnis dazu und wir legten uns frohgemut zu Bett. Wir konnten nun ruhig schlafen, denn die Gefechtsbereitschaft ist aufgehoben.

30.10.

Bretmeister und ich machten uns frühzeitig auf den Weg nach Mauthen. Das Wetter war miserabel. Schnee fiel in dichten Mengen. Unten angekommen, tranken wir zuerst heißen Tee, nachher Milch. Unser schweres Gepäck deponierten wir bei einer uns gut bekannten Frau, die uns dasselbe gut aufzubewahren versprach.

Den erbeuteten Bohnenkaffee, zirka ein halbes Kilo, vertauschte ich in Mauthen gegen Tabak und Zigaretten. Bretmeister tat desgleichen in Würmlach. Nun bin ich auch einige Wochen mit dem mir unentbehrlichen Genußmittel versehen. Nachdem wir beide unsere ohnehin ziemlich mageren Geldbeutel fast ganz erschöpft hatten, traten wir den Rückweg an. Um 9 Uhr Abends waren wir wieder an Ort und Stelle.

31.10.

Heute unternahm ich mit dem Oberfeuerwerker und noch 4 Kanonieren abermals einen Beutezug. Diesmal ging's weiter hinein in's Hinterland. Wir wollten irgendein größeres Magazin entdecken.

Nach stundenlangem Marsch fanden wir auch ein solches auf der Collinetta, wo jedenfalls auch ein höheres Kommando stationiert gewesen war. Hier war alles was wir suchten in Hülle und Fülle vorhanden. Wäsche, Monturen und Proviant. Wir suchten von Allem das Beste aus und schleppten soviel wir konnten mit. Der Oberfeuerwerker war mir vorausgeeilt, während die Anderen noch weit hinter mir waren. Schon hatte ich das fdl. Finanzhaus hinter mir und ich war froh, nun bald an Ort und Stelle zu sein. Ahnungslos ging ich auch an unserem Finanzhaus vorüber, als ich plötzlich von hinten angerufen wurde. Ich drehte mich um und erblickte einen Finanz-Oberaufseher, der mir bedeutete, daß ich ihm meine Beute übergeben müsse. Fluchend und schweren Herzens trennte ich mich von der herrlichen Leibwäsche, der tadellosen Montur und dem vielen Bohnenkaffee. Nur Brot und Zwieback und einige Kleinigkeiten durfte ich behalten.

Dem Oberfeuerwerker war es nicht besser ergangen. Ebenso auch den Anderen. Nur Bogdan gelang es, in der Dunkelheit durchzuschlüpfen. Der Oberfeuerwerker war fast außer sich vor Wut. So was ist aber auch nur bei uns möglich. Anstatt an Ort und Stelle einen Posten aufzuführen, der die Sachen zu behüten hätte, läßt man sich von den geplagten Mannschaften die Sachen zuschleppen, um ihnen dieselben dann unter einem höhnischen Lachen abzunehmen. In den Magazinen aber wird doppelt soviel zertreten, doch darum kümmert sich niemand.

November 1917

1.11.
Heute hielt ich einmal Rasttag. Brachte meine Sachen in Ordnung und nahm mir einmal Zeit, die Ereignisse der letzten Tage in Ruhe durchzudenken. Was ist in dieser kurzen Zeit nicht alles geschehen! Der Feind ist in weiter Ferne, die Infanterie ist fort. Wir sind allein in der alten Stellung. Auf der Strasse wird fieberhaft gearbeitet um dieselbe für schwere Transporte instandzusetzen. Große Truppen Gefangener ziehen tagtäglich durch die Sperre, erbeutete Geschütze werden zurückgeführt. Soweit das Auge die Strasse überblicken kann, wimmelt dieselbe von Menschen, Pferden, Geschützen und Trainwagen. Alles geht in Feindesland. Bei Nacht wird die Strasse von zahllosen Lagerfeuern erleuchtet.

Bis 9. November sämtliche Infanterie-und Artilleriemunition aus Schulter und Sperre gesammelt.

10.11.
Abmarsch von der Sperre. Elendes Quartier in den Plöckenbaracken.

7. TAGEBUCH

1918

Mauthen, am 1. Jänner

1917, das alte Jahr, ist versunken im Meer der Ewigkeit. Reicher an welterschütternden Ereignissen, an Blutvergießen war es als all seine Vorgänger. Es war aber auch – besonders für uns Soldaten der Südwestarmee – reich an kriegerischen Erfolgen, sind doch kaum erst ein paar Monate verflossen, seit wir einen Sieg errungen, wie ihn größer, herrlicher die Welt noch nicht gesehn. Aber das Eine, Einzige, auf das sich die Wünsche ungezählter Millionen von Menschen vereinen, weil sie es als das höchste Erdenglück betrachten – den Frieden – den hat es uns auch nicht gebracht.

Nun hält das Neue seinen Einzug und wir arme nichtige Menschlein stellen uns die bange Frage: was wird es bringen? Wird es auch seinen 4 Vorgängern gleichen, oder sollen wir es heuer erleben, daß uns die Sonne des Friedens wieder scheint? Fürwahr eine inhaltsschwere Frage.

Doch nun will ich mir vor Allem die kleinen persönlichen Erlebnisse des heutigen Tages ins Gedächtnis zurückrufen. Es ist bald getan. Für mich ist dieser Neujahrstag nicht gut verlaufen. Dem alten Brauche gemäß habe ich in froher Gesellschaft – in welche ich mit meinem ernsten Sinn freilich nicht hineinpasste – den Abgang des alten wie den Einzug des neuen Jahres mitgefeiert. Des Weines ungewohnt hatte ich nun Heute tagsüber mit Kopfschmerzen zu tun, die mich das frohe, festliche Treiben auf den Gassen und in den Gasthäusern vergessen ließen. Ich bin, wie das ja meistens der Fall ist, ganz allein. Die Ruhe tut mir wohl.

2.1.

Das Alltagsleben nimmt wieder seinen gewohnten Lauf. Es gibt viel zu tun. Der Monatsakt harrt seiner Vollendung. Den ganzen Tag habe ich gerechnet, mein Kopf ist mit Zahlen vollgepfropft. Doch nach der Arbeit ist gut zu ruh'n, das empfinde auch ich jetzt, während ich die kurze Chronik des Tages hier niederschreibe.

6.1.

R.U.O. Oberbinder und Stabsfwk. Buker gingen auf Urlaub. Kagerer kommt nun als Gehilfe zu mir. Dieser Wechsel ist mir sehr angenehm, denn während der Rechn. Unteroffz. ein ungemein liederlicher, leichtlebiger Bursche von 21 Jahren ist, dessen oft wirklich widerliches Wesen mich direkt abstößt, ist Kagerer gerade das Gegenteil von ihm. Es ist eine Lust, mit dem gesetzten Mann zu arbeiten. Seine Unterhaltungen sind geistvoll, zeigen einen guten Humor und doch auch wieder eine tiefe Innerlichkeit.

12.1.

Eine Anzahl Urlauber sind während der letzten Tage eingerückt, darunter auch Zugsf. Bretmeister, mein bester Kamerad. Er brachte eine Menge Neuigkeiten aus unserem geliebten Oberösterreich. Mit Kagerer bin ich schon gut Freund geworden. Er ist wirklich ein edler Charakter.

17.1.

Oblt. Hammer vom Urlaub zurück. Oblt. Sanderski ging heute auf Urlaub, schade! Ich hatte ihn seines stillen, freundlichen Wesens wegen sehr schätzen gelernt. Nun ist Oblt. Hammer wieder Batterie-Kommandant. Er ist in Vielem das gerade Gegenteil seines »ersten Offiziers«.

23.1.

Oberbinder vom Urlaub zurück. Gott, wie sieht der aus! So verlebt! Der hat seinen Urlaub eher zu Allem, als zur Erholung ausgenutzt. Nun ist Kagerer wieder seines Amtes enthoben. Schade! Wir hatten uns so gut verstanden. Nun geht das alte Spektakel wieder los.

27.1.

Es sind Gerüchte in Umlauf, daß wir bald von hier fortkommen sollen. Das täte mir leid. Oberfeuerwerker Buker trifft Anstalten zu einem Artillerie-Abschiedskränzchen. Diese Idee findet überall begeistert Aufnahme.

31.1.

Die Vorbereitungen zu dem Kränzchen sind in vollem Gange, da selbiges schon am 2. Februar im Gasthof Ortner stattfinden soll. Oberbinder ist nach Arnoldstein Wein fassen, schon gestern. Heute Mittag sollte er zurück sein. Nun ist schon spät Abends. Oblt. Hammer ist schon wütend auf ihn.

Februar 1918

1.2.

Abends kam auch Oberbinder zurück, da gab's ein nettes Donnerwetter! Zum Glück für ihn brachte er doch auch ein großes Faß Wein und Fruchtsaft mit. Das schwächte den Groll wieder ab. Wir arbeiteten bis nach Mitternacht an dem in ein paar Tagen fälligen Monatsakt, denn morgen möchten wir beide an dem Fest teilnehmen.

2.2.

Das Kränzchen! Im Laufe des Nachmittags trafen aus Villach 4 Musikanten ein. Um 8 Uhr Abends begann das Konzert. Die ziemlich großen Räumlichkeiten im 1.Stock waren gedrängt voll mit »geladenen Gästen«, denn nur solche hatten Zutritt. Eine hübsche Anzahl Offiziere war auch erschienen. Doch die weitaus größte Mehrzahl bestand aus Unteroffizieren. Auffallend wenig Mannschaftspersonen, unter welchen auch meine Wenigkeit dabei war. Am zahlreichsten war, wie gewöhnlich, das weibliche Geschlecht vertreten. Man hatte ja auch alles eingeladen, was auch nur irgendwie in Verbindung mit dem Offzs.- oder Unt.Offzs. Korps stand. Die weibliche Eitelkeit kam da wieder einmal voll und ganz zur Geltung.

Ich machte von meiner Einladung fast gar keinen Gebrauch. Den Festsaal betrat ich überhaupt nicht, kaum daß ich einigemale einen Blick zur Tür hineinwarf. Ich fühlte mich vereinsamt, fremd in dieser ausgelassenen, von Hochmut strotzenden Gesellschaft. So spielte ich die auch nicht ganz undankbare Rolle eines stillen, aufmerksamen Beobachters.

Erst als kurz nach 8 Uhr das Streichquartett zu spielen anhub, konnte ich dem Ganzen eine etwas freundlichere Seite abgewinnen. Von meinem Nebenzimmer aus lauschte ich den hübschen Weisen der Violine. Wiederholt wurden die Geiger von dem eigens für dieses Fest gut eingeschulten Sängerchor abgelöst. Dem allen hörte ich mit Andacht zu. Es ist lange her, daß ich Musik gehört und daher kam es wohl, daß sie heute einen tiefen Eindruck auf mich machte.

Um 11 Uhr war das Konzert beendet. Der große Saal wurde ausgeräumt, denn nun sollte erst der Ball beginnen. Die Gäste zogen sich in die Nebenzimmer zurück. Mein Interesse an der Veranstaltung begann schon zu schwinden. Ich ging hinunter in's Gastzimmer, um den knurrenden Magen zu befriedigen. Als ich nach fast einer Stunde wieder hinauf kam, war schon der Ball in bestem Gange. Der geräumige Saal war dicht gefüllt mit den tanzenden Paaren, die wohl einander recht häufig auf die Hühneraugen getreten sein mögen.

Nachdem ich auch diesem Treiben wieder eine Stunde geopfert hatte, ohne jedoch das Tanzbein zu schwingen, fing ich an, die Sache langweilig, ja bei tieferem Nachdenken sogar als für unsere schwere Zeit unpassend zu finden und kehrte still wie ich gekommen war in mein Quartier zurück. Doch der Schlaf wollte noch lange nicht kommen. Eine Menge Gedanken durchkreuzten mein Gehirn.

Wieso es kommen mag, daß ich niemals zu meinem einstigen Frohsinn zurückfinden kann? Da oben, kaum ein paar hundert Schritte entfernt, wogen die Tanzenden froh und lustig durcheinander, freuen sich des Lebens, das doch gewiss auch schon jedem von ihnen mehr oder weniger übel mitgespielt hat. Ich aber hocke einsam in meiner Kammer, traurig, mißgestimmt.

3.2.
Heute hätte ich eigentlich Ursache, mich über meine Enthaltsamkeit zu freuen. Denn die Festteilnehmer, welche großteils erst am Morgen heim kamen, mit Bier- und Weinschweren Köpfen, schneiden heute Gesichter, die man alles eher als geistreich nennen könnte, während ich ganz Herr meiner fünf Sinne blieb.

5.2.
Heute traf der schon lange und bangen Herzens erwartete Befehl ein, daß wir am 10.2. von Mauthen abgehen und nach Tarvis übersiedeln sollten. Die Kunde ruft allgemeine Erregung hervor. Jeder bedauert es, daß wir nun fortmüssen, denn so günstige Verhältnisse werden wir sobald nirgends mehr antreffen.

Nun gibt es Arbeit: die Batterie wird nämlich aufgelöst. Das gibt wieder eine schreckliche Rechnerei, außerdem muß alles entbehrliche Inventar genau gezählt, sortiert und abgeführt werden. Dasselbe auch bei den Verpflegsartikeln. Und das alles muß ich hauptsächlich allein bewältigen. Oberbinder ist wieder einmal zur Arbeit unfähig und läuft sinnlos umher, während ich schon bald nicht mehr weiß, was zuerst anpacken.

9.2.

Der letzte Abend, den hier zuzubringen mir vergönnt ist. Die Arbeit ist beendet. Im Laufe des Nachmittags und Abends suchte ich nochmals meine vielen Freunde unter der Bevölkerung auf, um mich von ihnen zu verabschieden. Vielen von ihnen bin ich wirklich zur Dankbarkeit verpflichtet und das Scheiden ward mir nicht leicht.

10.2.

Sonntag. Vormittags wurde gepackt, nochmals kräftig gegessen. Um 1 Uhr Mittags marschierten wir auf den nahen Bahnhof, doch mußten wir dort noch länger als zwei Stunden warten, ehe der Zug abfuhr. Aber endlich doch! Nun Lebwohl du schönes Gailtal! Mehr als zweieinhalb Jahre habe ich hier geweilt, Gutes und Schönes genug erlebt. Jetzt aber geht es wieder einem unbekannten Schicksal entgegen. Gott gebe, daß es nicht ein allzu hartes wird.

Die Fahrt war, da wir uns mit Güterwagen begnügen mußten, nicht sehr angenehm, zumal auch eine empfindliche Kälte herrschte. Um 9 Uhr Abends trafen wir in Tarvis ein. Stockfinstere Nacht. Kein Quartier zu finden. Erst nach langem Umherfragen und -suchen fanden wir die Transportbaracken, die eigens für solche Zwecke dienen. Inzwischen ist es sehr spät geworden. Ich bin müde und begann ohne Verzug mein Lager herzurichten und legte mich nieder. Die Anderen, nur einige ausgenommen, taten desgleichen. Diese gingen aber trotz der Finsternis noch den ziemlich weiten Weg in's Städtchen, um sich ja früh genug von dem Vorhandensein der Gasthäuser zu überzeugen. Allein, was geht das mich an?

11.2.

Hatten wir geglaubt, in Tarvis bleiben zu können, so war das eine gründliche Täuschung. Heute erst erfuhren wir, daß man uns im Flitscher Becken haben will. Das ist ein weiter Weg zu Fuß. Dafür gibt es heute noch Ruhetag. Nachdem ich Vormittags noch Proviant gefasst hatte, kam mir auch das Verlangen, die Gegend und besonders Tarvis selbst näher anzusehen. Bretmeister und Kagerer begleiteten mich. Aber soviel wir uns auch Mühe gaben etwas Besonderes zu finden, es war umsonst. Vielleicht trug der Umstand, daß wir völlig fremd hier, dazu bei. Doch, wir waren eben einmal unzufrieden und kehrten bald ins Lager zurück. Abends jedoch trieb uns die Langeweile wiederum hinaus, doch es kam keine rechte Unterhaltung auf.

12.2.
8 Uhr Früh Abmarsch von Tarvis nach Raibl. Rucksäcke wurden mit Seilbahn transportiert. 10 Uhr in Raibl.

Raibl

Hier bemerkte ich endlich etwas, das mich für den Augenblick festhielt. Nicht der Ort war es, der wohl als solcher kaum der Erwähnung wert ist, sondern das Bleibergwerk. Zum ersten Mal in meinem Leben sah ich ein Bergwerk. Ich bewunderte die zahllosen Stolleneingänge, die Terrassen und schmalen Schienenstränge, welche den ganzen Hang des Berges einnahmen. Am interessantesten jedoch ward mir die Sache erst, als es hieß, wir müssen durch diesen Berg hindurch, um an unseren Bestimmungsort gelangen zu

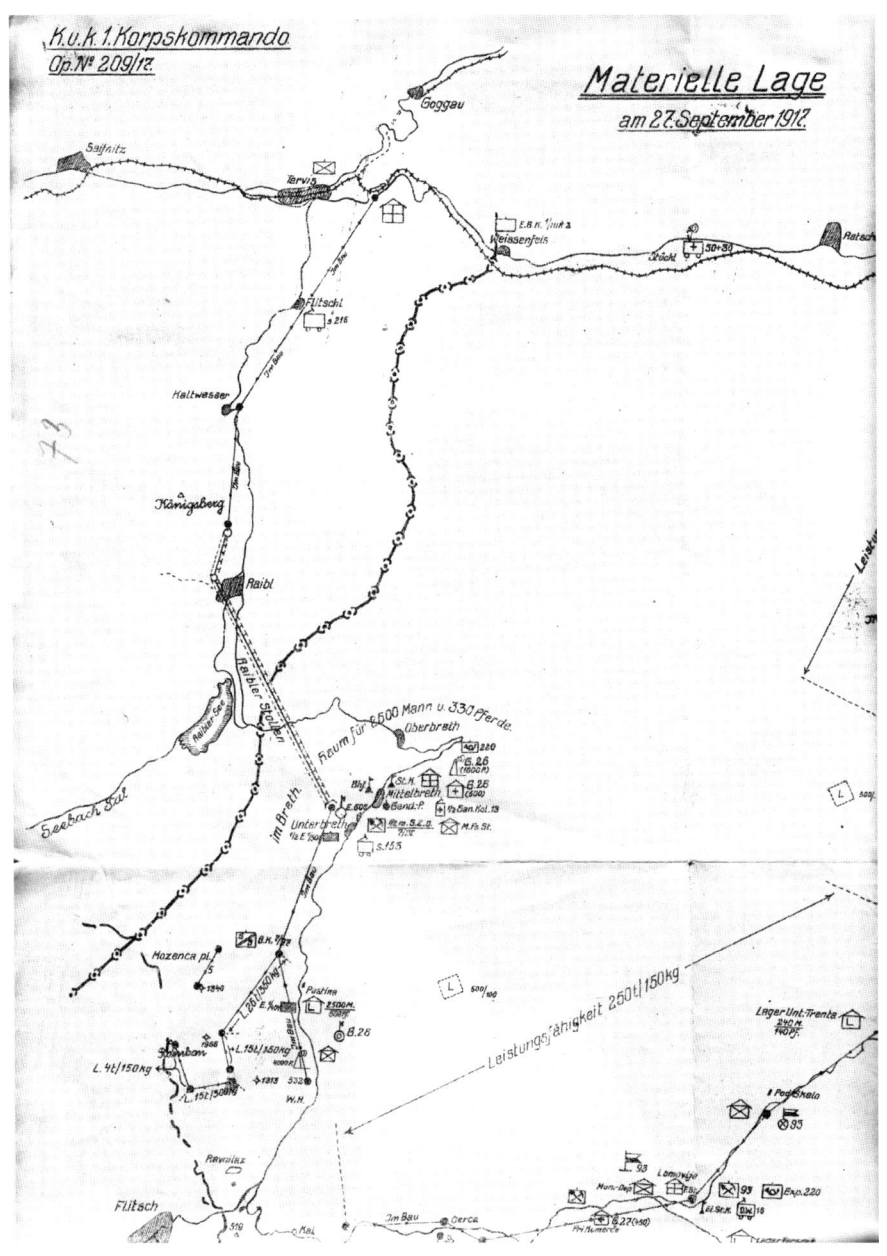

können. Wohl an die 20 Minuten lang trabten wir in einem geräumigen, notdürftig durch elektrische Lampen erhellten Stollen hinein und machten dann in einem großen Gewölbe Halt. Ich stand wiederum vor etwas Neuem, nie gesehenem. Ein Lift führte hinunter in eine Tiefe von 260 Metern. Hier mußten auch wir hinunter. Zuerst kamen die Herren Offiziere an die Reihe, bei dem Dritten kam auch ich dran. Der Lift bot Raum für 6-8 Mann. Hinunter ging's in die Tiefe mit sausender Geschwindigkeit. Mitunter sekundenlang ein Lichtschein, es waren Seitenstollen, an welchen wir vorüberfuhren. Die fast unheimlich zu nennende Fahrt dauerte 2 Minuten.

Wir befanden uns nun in der Mitte des Berges, tief unter der Erde. Ich glaubte, daß wir nun auch den anderen Ausgang wieder zu Fuß erreichen würden.

Doch dem war nicht so. Ein paar hundert Schritte mußten wir allerdings noch gehen, dann – o Wunder - stießen wir auf eine kleine Eisenbahn. Ganz primitive, für je 8 Personen Raum bietende Wägen. Vorn der Elektromotor-Wagen, hinten Lastwagen, ganz eine Eisenbahn im Kleinen.

Nachdem auch die Letzten von uns nachgekommen und wir alle in die engen Plätze hineingepfercht waren, setzte sich dieser merkwürdige Zug in Bewegung. Der Stollen, durch welchen wir nun kamen, war gleichfalls wieder durch elektrische Lampen, die in je 50 Metern Abstand angebracht

Das Portal der Stollenbahn

Die Mannschaftstransportwägen sind zum Schutz vor der elektrischen Oberleitung mit Dächern versehen

waren, erleuchtet. Ich zählte deren bis zum Ausgang zirka 100. Die Räder der Wägen verursachten ein so furchtbares Geräusch, daß man darunter kaum das eigene Wort verstehen konnte. Von der Decke herab tropfte das Wasser, um sodann unter den Schienen als kleiner Bach dem Ausgang zuzuströmen. Den Wänden entlang mündeten rechts und links Seitenstollen. Eine volle halbe Stunde dauerte diese Fahrt, dann wurde es wieder hell. Wir waren in Breth auf dem Bahnhof der Kaiser Franz Josef Stollenbahn.

Nun sollte wiederum die Fußwanderung beginnen. Doch vorerst mußten wir die Ankunft unserer Rüstungen abwarten. Das dauerte bis 4 Uhr, es blieben uns somit 4 Stunden Zeit, die Gegend in der wir uns nun befanden, besonders gründlich in Augenschein zu nehmen. Viel gab's da allerdings nicht zu sehen.

Eine kleine, ärmliche Ortschaft, viele Militärbaracken, eine breite, scheinbar gut gehaltene Strasse und sonst nichts als Berge. Und was für Bergriesen! Vom Fuße bis zum Gipfel fast jeglicher Vegetation entbehrend. Das ist das richtige Karstgebirge! So abstoßend hätte ich mir's nicht vorgestellt.

Fast Alles strebte dem Gasthause zu. Nachdem der Wein auf den Tischen stand, verlangten wir auch zu essen, der Appetit war groß und das bißchen Proviant war in den Rucksäcken, die ja erst nachkommen mußten. Aber da zeigte es sich zum ersten Mal in welch armselige Gegend wir gekommen waren, denn der Wirt erklärte uns kurz und bündig: er habe selber nichts.

Nun suchte ich die einzige vorhandene Krämerei auf und trat in den stockfinsteren Laden. Das einzige, was an Esswaren verkäuflich war, war Wurst. Kaufte mir solche um 5 K und bekam um dieses Geld ein winziges Stück. Etwas Brot hatte ich noch bei mir und so konnte das Mittagessen vor sich gehen. Die Kameraden folgten meinem Beispiel, sodaß die Krämerei sicher ein gutes, wohl kaum alltägliches Geschäft machte.

Nachdem gegessen war, spazierte ich langsam die Strasse hinauf nach Mittelbreth, trank auch dort noch ein Viertel Wein. Auf dem Rückwege besah ich mir den zwischen beiden Dörfern gelegenen großen Soldatenfriedhof, dessen sehr zahlreiche Gräber Zeugnis für die unweit von hier stattgefundenen blutigen Kämpfe ablegen.

Die Mitte des Friedhofes ziert ein großes, jedoch zum Teil noch unvollendetes Denkmal, einen österr. Infanteristen und einen Bosniaken darstellend. Die Gesichter der beiden sind trotzig nach Westen gerichtet dem Erbfeind zu. Die Figuren sind weit überlebensgroß.

Der Anblick der vielen Gräber stimmte mich traurig und ich schritt wieder weiter, dem Bahnhof zu, wo mittlerweile auch unser Gepäck eingetroffen war. Dasselbe wurde sogleich auf Karren verladen, welche wir mangels einer anderen Bespannung selbst ziehen mußten. Nun marschierten wir ab, dem neuen Standort zu. Nach 5 Uhr erreichten wir ein leerstehendes großes Barackenlager, dort wurde kurze Rast gemacht. Von hier ab ging's erst eine Strecke bergauf, dann wieder talab zur Flitschersperre. Hier sah ich zum ersten Mal eine Festung.

Die Festung Flitscher Klause

Links und rechts steigen die Felswände fast senkrecht in die Höhe, tief unter dem Niveau der Strasse fließt die Goritza [Koritnica], eng zwischen Felsen eingezwängt. Eine grausige Tiefe!

Man erzählte mir, daß vor 2 Jahren ein Oblt. in der Nacht vom Wege abgekommen und in den Abgrund stürzte. Für die Auffindung der Leiche wurden 300 K Prämie ausgesetzt, doch war bis dato alles vergebens. Wahrscheinlich haben die reissenden Wellen den Leichnam in eine Höhlung hineingetrieben.

Doch weiter! Obgleich eine breite Strasse zu unserem Ziel führte, war der Marsch doch sehr anstrengend. Infolge Tauwetters war die obere Schichte aufgetaut und wir bewegten uns infolgedessen fortwährend in einem Brei von Schnee und Strassenkot. Das erschwerte uns das Fortkommen mit den schwer beladenen Karren ungemein.

Wir befinden uns nun im Flitscherbecken. Nach kurzer Fahrt stehen wir vor einer Strassenkreuzung. Ein ziemlich hoher aus roh behauenen Steinen gefügter Obelisk befindet sich unmittelbar an der Kreuzung. Er trägt die Inschrift: Zur Erinnerung an die in den Kämpfen im Flitscherbecken gefallenen Helden; also ein Kriegerdenkmal.

Die eine Straße führt in genau westlicher Richtung nach dem zerschossenen Flitsch. Die andere, welche zu unserem Ziel führt, wendet sich hier südlich, führt uns wieder auf das jenseitige Ufer der Goritza und nun an zwei total verwüsteten Ortschaften vorüber in östlicher Richtung dem Isonzo zu. Es ist nun schon stockfinster geworden und es gilt umsomehr unsere Aufmerksamkeit mehr als bisher auf das Vorwärtskommen zu richten. Wir befinden uns nun wieder in einem engen Tal, das gerade für Fluss und Straße Raum bietet.

Endlich wieder eine Brücke! Über diese hinüber und wir sind am Ziel. Totmüde. Man weist uns die Quartiere an, die, wie auf den ersten Blick ersichtlich ist, viel zu wünschen übrig lassen. Dann bekommen wir Menage und Nachtmahl zugleich. Es bedurfte jedoch keines besonders großen Hungers, um beides aufzuessen. Die Decken wurden ausgebreitet und jeder streckte sich auf das harte Lager um von den Strapazen des Tages auszuruh'n.

Ich befinde mich in recht gedrückter Stimmung. Eine Ahnung sagt mir, daß uns in diesem verlorenem Erdenwinkel nicht viel Gutes bevorstehe. Die Zukunft wird es zeigen, ob ich Recht oder Unrecht habe.

13.2.

Um 6 Uhr Früh war Tagwache. Anziehen, Waschen und Kaffee holen. Nun warteten wir, was man mit uns anfangen wird. Es scheint vorläufig nicht viel los zu sein. Das Wetter ist trüb, nasskalt und nebelig. Von der Gegend ist infolgedessen nicht viel zu sehen. Da wo wir uns befinden ist ein ebener Platz, 50 Schritte entfernt der Isonzo, drei, vier armselige Zivilhäuser und eine Anzahl großer, meist leerstehender Baracken und soviel sich im Nebel beurteilen läßt ringsum hohe, steile Berge.

Um 8 Uhr heißt es baden gehen! Das ist mir willkommen. Nachher um 10 Uhr »Antreten«. Der neue Kommandant Oblt. Pauler will seine neuangekommene Mannschaft besichtigen. Von einem zum andern schreitet er, jeden sorgfältig musternd. Er scheint mit unseren Burschen zufrieden zu sein. »Lauter große, schöne Leute« meint er zum Schluß. »Die können schon aushalten« usw. Mir ist er auf den ersten Blick schon nicht besonders sympathisch. Das Mittagmahl war auch ziemlich karg. Kleine Fleischportionen, Dörrgemüse als Zuspeise, auf 3 Tage 1 Wecken Brot. Der Anfang ist nicht gut.

Da Nachmittags noch frei war, beschlossen Bretmeister, Kagerer und ich, uns die Gegend ein wenig anzuseh'n. Wir mußten uns zu diesem Zweck jedoch vom Oblt. die Erlaubnis erbitten, die wir auch – obwohl widerstrebend – erhielten. Wir marschierten auf der dem Isonzo entlangführenden Straße, vorüber an zerschossenen Häusern. Nach einer halben Stunde trafen wir endlich auf eine kleine Schenke, tranken hier je ein Glas Wein und gingen wieder weiter. Nach abermals einer halben Stunde sahen wir uns in einem kleinen Marktflecken: Soca.

Hier hatten die fdl. Granaten keinen Schaden mehr angerichtet. Wir gingen nacheinander in beide Gasthäuser, der Wein war gut, aber trotzdem kam keine frohe Stimmung auf. Das Vernünftigste war, wieder in's Lager zu gehen, was wir dann auch nach kurzem Aufenthalt taten. Hier wartete schon das Nachtmahl. Nachher suchte ich mein Lager auf. Es ist schauderhaft langweilig!

14.2.

Im Laufe des Tages war wiederholt »Antreten«. Die Komp., welche infolge der Einteilung mehrerer Batterien auf 200 Mann anwuchs, wurde in 4 Züge eingeteilt. Auch unsere Batterie ist nun aufgelöst. Von den Offizieren ist nur mehr Hr. Oblt. Sonderski hier, und auch er wird schon dieser Tage abgehen. Stabsfwk. Buker ist auch schon fort. Nun bin ich auch meiner Beschäftigung als Kanzleigehilfe ledig geworden. Jetzt heißt's wohl auch wieder tüchtig zugreifen.

15.2.
Heute war schon Beschäftigung und zwar Geschütztransport vom Svinjak. Es war ziemlich anstrengend. Andere wieder mußten mit Wagen nach Breth, um Verpflegung zu fassen. Diese hatten noch den schwersten Stand, da sie schon in der Früh mit sozusagen leerem Magen nach Breth und noch dazu den schweren Wagen selbst ziehen mußten und erst Abends zurück kamen.

17.2. Sonntag
Vormittags Kirchgang nach Soca. Nachmittags frei.

18.2.
Feiere heute meinen 25. Geburtstag. Aber unter welchen Umständen! Schwere Arbeit, Hunger wie ein Wolf! Meine Ahnung hat mich leider nicht betrogen. Es fehlt hier gar Vieles. Kaum, daß ich einmal satt geworden bin. Die Anderen teilen dasselbe Schicksal. Die Meisten klagen über den Hunger.

27.2.
War mit Hrn. Oblt. Hofbauer, Lt. Latzar und einigen Kameraden in der italienischen Stellung auf Krasji vrh. Um 5 Uhr Früh marschierten wir von hier ab und kamen Abends zur selben Stunde zurück, ohne etwas nennenswertes gefunden zu haben. Der halb verschneite Weg da hinauf war mit Pferdeleichen markiert.

In den Stellungen selbst liegen zahlreiche halbverweste Leichen von bei der großen Durchbruchsschlacht im Oktober 1917 gefallenen Kämpfern. Auch Unsrige sind darunter.

Dieser Anblick rief Grauen und Empörung in mir wach. Ihr Toten, die Ihr, ob Freund oder Feind, in treuer Pflichterfüllung Euer Leben dem Vaterland geopfert, nun müssen Eure Leiber unbeerdigt verwesen! Nicht einmal ein Grab, ein schlichtes Holzkreuz ist Euch vergönnt.

Ist das der irdische Lohn? Möge Euch Gott dafür umso herrlicher entlohnen. R.I.P.

März 1918

1.3.

Starker Regen und teilweise Schneefall. Mußte in dienstlicher Angelegenheit in die Flitscherklause gehen. Kam bis auf die Haut durchnäßt zurück.

2.3.

Ich habe eben Pech! Obwohl von gestern noch durchnäßt, mußte ich heute wieder im ärgsten Regenwetter mit nach Breth um die Fassung. Völlig durchnäßt, frierend kamen wir gegen Mittag hinauf, wo wir so schnell als möglich die Fassung besorgten und dann im Gasthaus kurze Rast machten. Da ich schon den zweiten Tag ohne Brot war, hatte ich auch einen Riesenhunger, den ich dadurch zu stillen suchte, daß ich mir um teures Geld etwas Bäckerei und Wurst kaufte.

Um die erstarrten Glieder ein wenig aufzuwärmen, trank ich ein paar Glas heißen Tee. Das alles kostete mich 12 K. Hätte man uns die gebührende Verpflegung mitgegeben, so wäre mir diese Ausgabe erspart geblieben.

Aber solche Rücksichten gibt's bei dieser Komp. wohl nicht. Hier scheint man es nur auf Rücksichtslosigkeiten abgesehen zu haben.

3.3.

Übersiedlung in die Flitscher Klause. Um 7 Uhr Früh mußten wir mit den Rüstungen gestellt sein. Eine Anzahl Wägen wurden mit Inventar beladen. Die sollten wir ziehen.

Es regnet noch immer in Strömen. 2 Stunden standen wir so im Regen, ohne wegzufahren. Dann hieß es: Tee holen! Nachher mußten wir – mit Ausnahme des 1. Zuges, der nach Breth übersiedelte – die Rüstungen wieder an unsere Plätze tragen. Es sollte heute nur Inventar hinauf befördert werden. So geschah es auch. Ich kam um 7 Uhr Abends zurück. Viele sogar erst um 11 Uhr Nachts. Ich habe das Reissen in allen Gliedern, eine Folge der fortwährenden Nässe.

4.3.

Vormittags hatten wir abermals Inventar in die Klause zu befördern. Da klares Wetter war, ging es diesmal bedeutend leichter als gestern. Nachmittags erst konnten wir unsere Sachen holen. Diese mußten natürlich getragen werden. Es regnete wieder und wir wurden abermals durchnäßt. Vier Tage immer nass! Daß ich das bei meinem Rheuma vertragen kann, wundert mich selbst. Doch nun ist ja, Gott sei Dank der Umzug vorbei. Wir haben nun bedeutend bessere Quartiere.

5.3.

Wieder die gewohnte Beschäftigung. Das Wetter ist endlich besser geworden.

9.3.

Nun scheint es, als ob das Glück mir wieder einmal hold sein wollte. Da die Verpflegsverhältnisse sich fortwährend verschlimmern und wir, trotzdem wir zur Verpflegungsgruppe I gehören, nur 250 gr. Brot per Tag fassen, weicht der Hunger nicht mehr von der Schwelle.

Da unter solchen Umständen auch die Arbeit nicht vonstatten geht, müssen die Vorgesetzten notgedrungen zum Handkauf schreiten. Doch hier ist nichts zu bekommen. Ich machte mich daher erbötig, im Gailtal einzukaufen und erhielt hiezu heute die Bewilligung. Man stellte mir einen offenen Befehl aus, außerdem erhielt ich 200 K. mit einigen nötigen Quittungen, um dort Gefäße fassen zu können. Nun bin ich in Tarvis. Muß hier leider übernachten.

10.3.

In der Früh zum Bahnhof. In Arnoldstein mußte ich stundenlang warten, ehe ich Anschluß nach Mauthen bekam. Ging inzwischen auf die Verköstigungs-Station, um meinen Hunger zu stillen.

Man hat mir für 4 Tage nur einen Wecken Brot und 2 Konserven mitgegeben, damit läßt sich aber nicht leben. Um 10 Uhr ging dann der Zug ab und ich war um 1 Uhr Mittag in Mauthen. Ich suchte meine frühere Hausfrau wieder auf , wurde von ihr freundlichst willkommen geheissen und erbat mir ein Quartier für die paar Tage. Nachdem dies erledigt war, meldete ich mich beim Stationskommando. Zum Einkaufen war's nun doch zu spät und so suchte ich für den Rest des Tages meine alten Bekannten auf; überall wurde ich herzlich aufgenommen, viele wunderten sich, daß ich während der letzten Wochen so abgemagert sei. Na ja, der Hunger! Davon wird eben niemand dick.

11.3. *Sonntag*

Der Sonntag kommt mir diesmal nicht gut zu statten. Ich mußte mich damit begnügen, mich zu erkundigen, wo ich Sauerkraut – denn nur solches wollte ich kaufen – bekäme. Bis zum Abend hatte ich auch 250 kg aufgetrieben. Für mehr reichte ohnehin das Geld nicht.

Abends ging ich nach Kötschach und kaufte mir auf der Verköstigungs-Station 2 Wecken Brot, die ich mir aber für die Rückreise aufheben werde. Denn hier bekomme ich ohnehin soviel, daß ich mich genügend satt essen kann. Wenn der Hunger einmal gestillt ist, fühle ich mich wieder als Mensch und kann mit Lust daran gehen, meine Pflicht zu besorgen, indem ich auch meinen Kameraden zu einer wenn auch kleinen Menageaufbesserung verhelfe. Doch hier wird nun Feierabend gemacht.

12.3.

In der Früh borgte ich mir einen Karren und fuhr damit zur Fassungsstelle, faßte dort 2 Fässer aus, von denen ich das größere in Mauthen, das kleinere in Würmlach füllen wollte. Ich mußte hierzu die Böden herausnehmen. In Mauthen war ich Nachmittags fertig. Morgen kommt Würmlach dran. Das Geschäft ist anstrengend, da ich das Kraut aus verschiedenen Häusern zusammentragen mußte.

13.3.

Das letzte Fass ist nun auch gefüllt. Beide Fässer auch bereits wohl verwahrt zur Bahn gebracht. Zum Schluß suchte ich auch noch für mich ein wenig Proviant zu bekommen, um doch nicht gleich wieder hungern zu müssen.

14.3.

Um 6 Uhr Früh Abfahrt. 11 Uhr in Arnoldstein. Hier mußte ich wieder bis Abends warten und konnte auch dann nur mit einem Güterzug fahren. Der ging riesig langsam und es war schon finster als ich nach Tarvis kam. Hier bereitete mir das Ausladen der Fässer sowie das sichere Unterbringen für die Nacht abermals große Mühe, denn die Eisenbahner wollten nicht zugreifen. Schließlich war's aber doch erledigt und ich ging nach Tarvis, um hier zu übernachten. Hier traf ich auch Bretmeister, der in Klagenfurt gewesen war um dort italienisches Kampfer-Vaselin gegen Waschseife umzutauschen. Wir tauschten nun gegenseitig unsere Erlebnisse aus und legten uns sodann zur Ruhe nieder.

15.3.
Bretmeister und ich beschlossen, unsere Sachen zur Seilbahn zu schaffen. Wir erbaten uns hiezu 20 gefangene Italiener, brachten so das Zeug rasch hinüber und transportierten es Nachmittags mit der Seilbahn nach Raibl. Wir mußten natürlich mitfahren. Doch das ist mir schlecht bekommen! Es war kalt und so zwei Stunden auf dem schmalen Brettl zu sitzen, da erstarrte ich beinahe vor Kälte.

In Raibl mußten die Sachen von der Seil- auf die Stollenbahn verladen werden. Die Russen, welche mir hiebei behilflich waren, gingen den Fässern so ungeschlacht zu Leibe, daß bei dem Kleineren ein Boden durchbrach. Die ausgehungerten Kerle fielen nun über das Kraut her, daß ich große Mühe hatte, sie davon wegzudrängen. Sie hätten mir das Kraut in rohem Zustand weggefressen. Mit Bretmeisters Hilfe wurde das Fass wieder repariert und wir schafften sie nun zum Lift und mit diesem zur Bahn hinunter.

Es war schon bald finster, als wir nach Breth hinaus kamen. Ein Wagen stand uns nicht zur Verfügung und so begnügten wir uns, die Sachen hier unterzubringen und unsere Ankunft telephonisch zu melden. Nachdem wir uns um ein Quartier umgesehen hatten, gingen wir noch bis 9 Uhr ins Gasthaus auf ein Glas Wein und dann zur Ruhe.

16.3.
Mittags waren wir wieder mit Sack und Pack in der Klause. Man ist scheinbar auch ganz zufrieden mit mir, doch ich selbst bin es nicht. Bevor ich nach Mauthen fuhr, war mir ein Urlaub versprochen worden. Während ich nun auswärts weilte, waren die Urlaubsscheine geschrieben und nach Villach geschickt worden.

Meiner aber war nicht dabei. Mit solchem Lohn für meine Mühe war ich eben doch nicht einverstanden. Nun weiß ich aber, daß Hr. Oblt.

Pauler viele Mannschaften mit offenem Befehl, unter Verzichtleistung auf die Gebühren, auf Urlaub fahren läßt. Ich erklärte nun dem R.U.O. daß mir vorläufig auch ein solcher Urlaub genügen würde; er versprach mir, dies zu melden.

17.3.

Ich wurde zum Hrn. Oblt. gerufen und von ihm gefragt, ob ich unter der angebotenen Bedingung fahren wolle. Ich erklärte natürlich, damit einverstanden zu sein. Abends erhielt ich auch schon den offenen Befehl ausgefolgt und ich ging sofort ab. Es glückte mir, in Breth noch den letzten Zug zu erreichen und so kam ich, wenngleich spät, noch an diesem Abend nach Tarvis und legte mich sofort zur Ruhe nieder.

18.3.

Die Heimfahrt.

Um 6 Uhr Früh war ich schon ohne ein Frühstück gegessen zu haben auf dem Weg zur Bahn. Der Zug war bereits eingefahren. Ich löste meinen Fahrschein und stieg ein. Gleich darauf ertönt schon das Signal zur Abfahrt. Vorerst langsam, dann mit immer größerer Geschwindigkeit geht es vorwärts, durch zwei Tunnels, dann sind wir schon in einer mir bekannten Gegend.

Aber die Heimat, mein Liebstes, Teuerstes auf der Welt ist noch weit! 7 Monate lang habe ich sie nicht sehen können, freilich vor meinem geistigen Auge war es täglich, das geliebte Bild. Grüne Fluren, Wälder, Elternhaus und meine Lieben. Keine Stunde, in der ich nicht Ihrer gedacht. Nun aber werde ich das alles in Wirklichkeit sehen, werde 14 Tage dort weilen können, wohin mein ganzes Sinnen und Trachten zieht. Der Gedanke daran macht mein Herz höher schlagen. So muß einer armen Seele zumute sein, wenn sie aus dem Fegefeuer erlöst, sich in die Herrlichkeiten des himmlischen Paradieses versetzt sieht.

In Villach mußte ich umsteigen, hatte jedoch gleich Anschluß nach Salzburg. Es war ein beschleunigter Personenzug, ab Schwarzach sogar Schnellzug. In rascher Fahrt ging's durch das Drautal, über die Tauern bis Bischofshofen. Hier hatten wir den ersten längeren Aufenthalt, 30 min.

Ich hatte gewaltigen Hunger. Mein ganzer Proviant von der Klause bestand aus einem Stück Brot. Denn was ich vom Gailtal mitgebracht, hatte ich zum Großteil aufgegessen, den Rest unter hungrige Kameraden verteilt. Nun plagt mich selbst wiederum der Hunger. Ich zählte meine Barschaft, o weh! 2 K 40 h ist alles, was ich zusammenbringe. Hatte fast alles in Mauthen verbraucht, um dort anständig leben zu können.

Was nun anfangen? Ich hatte schon solchen Durst, daß ich das Brot nicht mehr essen konnte. Also Wasser getrunken. Auf dem Rückweg bemerkte ich auf dem Buffet große, schöne Äpfel, ein Stück zu 70h. Das war teuer, trotzdem kaufte ich mir einen und kehrte mit dieser Errungenschaft und nebenbei noch einer Feldflasche voll Wasser auf meinen Platz zurück. Nun den Apfel gegessen, dazu die Hälfte des Brotes und der Magen muß sich vorläufig damit zufrieden geben.

Ungefähr in der Mitte zwischen Bischofshofen und Salzburg hielt plötzlich der Zug auf offener Strecke. Ich bemerkte, wie das Zugspersonal nach rückwärts eilte. Auf das Trittbrett hinausgetreten sah ich, daß sich dort schon eine Menge Passagiere angesammelt hatte, doch konnte man vorerst nicht erfahren, um was es sich handle; wahrscheinlich ist ein Unglück passiert. Der Zug war sehr lang und ich mochte deshalb nicht so weit zurück gehen.

Der Aufenthalt währte fast 20 min. Als bald, nachdem wir uns wieder in voller Fahrt befanden, der Kondukteur eintrat, befragte ich ihn um die Ursache des langen Aufenthalts. Er gab zur Antwort, daß eine Frau aus dem Zuge gestürzt und schwer verletzt in das nächste Wächterhaus gebracht worden sei. Wie das Unglück geschehen sei, wußte niemand zu sagen. Manche sind sogar der Ansicht, daß die Arme Selbstmord verüben wollte. Ich schloss mich keiner dieser Parteien an, sondern zog es vor, die herrliche Landschaft, die da gleichsam an uns vorüberflog, zu betrachten.

Schon sehe ich in der Ferne die Mauern und Türme der Hohensalzburg, dieses ehrwürdigste und imposanteste Bauwerk der Stadt, majestätisch krönt es die Spitze des steilen Hügels. Doch dauerte es noch ziemlich lang, ehe wir am Salzburger Bahnhof ankamen. Es war ½ 3 Uhr nachm. Ich erkundigte mich nun über die nach Linz abgehenden Züge und erhielt zur Antwort: 3 Uhr der Schnellzug, 5:50 Uhr der Personenzug. Was sollte ich da machen? Schnellzugsbenutzung hatte ich leider nicht. Und 3 Stunden warten ohne Geld, obendrein in Linz übernachten zu müssen, dabei verhungere ich halb. Also Schnellzug!

Ich wollte zuerst zum Bahnhofkommando, wurde aber nicht eingelassen. Nun ersuchte ich den Portier, mich doch hineinzulassen. Nach einigem Bitten ließ er sich auch erweichen und eine Minute später saß ich wohlgeborgen und bequem im Schnellzug, der sich kurz darauf in Bewegung setzte. Nun hatte ich noch einen letzten Kampf zu bestehen und zwar mit dem Kondukteur.

Keine 10 min. waren vergangen, seit wir Salzburg verlassen hatten, als jener auch schon eintrat und die Reisedokumente verlangte. Die meiner Mitreisenden, zwei Bauern, welche vom Urlaub zu ihrer Truppe auf dem Balkan einrückten, waren in Ordnung. Nicht so aber meines. »Sie haben keine Schnellzugsbewilligung!« hieß es. Also bezahlen oder in Attnang aussteigen. Ich sagte vorerst nicht ja und nein. Daraufhin steckte er meinen offenen Befehl in seine Ledertasche und ging ins nächste Abteil. Verflixte Geschichte! Was soll ich nun anfangen? Ich beschloss im Stillen, mich auf's Bitten zu verlegen.

Kurz vor Attnang kam er wieder und fragte mich, ob ich mir's nun überlegt habe. Da zeigte ich ihm meine leere Brieftasche und bat ihn, mich doch nicht hinauszuwerfen. Nach längerem Sträuben willigte er zu meiner größten Freude doch ein, aber nur unter der Bedingung, daß ich ihm versprach, falls der Revisor kommen sollte, auszusteigen. Ich gab nun auf den beiden Stationen Attnang und Wels genau Acht, ob der Gefürchtete kommen werde. Gott sei Dank, er kam nicht. Nun war ich aus dem Wasser.

5:15 Uhr waren wir bereits in Linz. Holte mir bei der Bahnhofsmission Kaffee und aß dazu mein letztes Stückerl Brot. Um 6 Uhr waren wir in St. Valentin, hier mußte ich nun warten bis 8 Uhr. Ich kaufte mir in der Zwischenzeit ein paar Krügel Most, wozu ja meine Barschaft noch reichte, traf auch ein paar Bekannte und so verging die Zeit bis zur Abfahrt schnell. ½ 9 Uhr war ich in Perg. Hier war schon ein Stück engere Heimat.

Mein Appetit war schon groß geworden, ging also gleich in mein Stammgasthaus, wurde von den netten Wirtsleuten herzlichst begrüsst und darauf bestellte ich mir gleich zu essen und zu trinken. Natürlich alles auf Kreide. Als der Magen auch seinen Teil hatte, sagte ich Wirt und Gästen Gute Nacht und machte mich daran, das letzte Stück Weg zu Fuß zurückzulegen. Das ging den Berg hinauf ziemlich langsam, aber um ½ 11 Uhr war ich daheim. Hier lag natürlich schon Alles in bestem

Schlaf, mußte daher die Mutter wecken. Das nun folgende Wiedersehn hier zu beschreiben ist zwecklos, denn es übt auf mich jedesmal so tiefen Eindruck, daß ich eine solche Stunde nie vergessen könnte. Dasselbe ist's auch mit den darauffolgenden Urlaubstagen, die ich daher gleichfalls stillschweigend übergehe.

April 1918

3.4.

Abschied, Rückfahrt. Der Urlaub ist vorbei, die Stunde des Scheidens ist vorüber und mit ihr das Schwerste überstanden. Um diese Stunde noch etwas zu verzögern, hatte ich meine Abreise auf Nachmittags verschoben, da ich glaubte, das Versäumte bei günstiger Bahnverbindung leicht nachholen zu können. Doch ich hatte mich getäuscht. Bis Schwarzach St. Veit ging's ja noch ganz gut, denn ohne irgendeinen längeren Aufenthalt gehabt zu haben, kamen wir dort schon um 1 Uhr Nachts an.

Aber hier begann das Pech! Auf die Frage nach dem ersten Zug nach Villach erhielt ich zur Antwort: um 6:45 abends! Also 18 Stunden warten! Hätte ich meine Abreise von daheim auf den nächsten Morgen verschoben, so würde ich auch sobald an's Ziel kommen. Doch geschehen ist geschehen.

4.4.

Nun sitze ich hier in diesem Nest. Habe versucht zu schlafen, aber man hat ja keine Ruh'. Hätte ich kein Gepäck, so würde ich den Ort und die Umgebung ein wenig in Augenschein genommen haben. Doch sind die Sachen zu unbequem zum mittragen und einen Gepäcksraum gibt's hier nicht. Das Warten wurde mir schließlich auch zu dumm.

Um 10 Uhr vormittags ging ein Güterzug nach Villach ab. Da außer mir noch ca. 20 Mann auf Anschluß in dieser Richtung warteten, so wurde ein Personenwagen angehängt und wir durften einsteigen. Ich glaubte, in 5 bis 6 Stunden würden wir wohl in Villach sein, aber ich hatte nicht mit der Langsamkeit eines solchen Zuges gerechnet.

Es war schon 7 Uhr, als wir nach einer endlos scheinenden Fahrt in Spittal an der Drau ankamen. Hier wieder die verhaßte Verschieberei. Da wurde es mir doch zu arg. Ich stieg aus und ging mit meinem Gepäck ins Restaurant, von dort ins Hotel Ertl, ließ mir zu essen und zu trinken bringen und erwartete in aller Gemütsruhe den Zug aus Schwarzach, welcher um 10 Uhr hier ankam. So war ich um ½ 12 Uhr in Villach, hatte mich also bloß um 6 Stunden verrechnet. Hier galt es nun abermals bis 1 Uhr zu warten.

5.4.

Um 3 Uhr Früh war ich in Tarvis, pflegte dort noch ein paar Stunden der Ruhe und trat dann den Marsch nach Raibl an. Mittags war ich in der Klause, wo ich sofort mein Einrücken meldete. Kaum hatte ich meine Kameraden begrüßt, mir die Menage geholt, wurde ich auch schon zu Hrn. Oblt. Pauler befohlen. Ward von ihm gefragt, ob ich wieder nach Mauthen fahren wolle, ich bejahte natürlich. Dann stellte er mir einige Fragen, über deren Sinn ich mir vorerst nicht klar werden konnte. Er fragt, welches meine Profession sei, ich sagte Landwirt. Ob ich selbst Besitzer sei oder mein Vater und ob dieser reich sei. Das Letztere mußte ich leider verneinen. Nun kam die Erklärung: ich habe, sprach er weiter, den Zugsführer Graner nach Mauthen einkaufen geschickt und nun von ihm ein Telegramm erhalten, daß es noch eine Summe Geldes bedarf. Sie werden ihm also 1000 K. überbringen. Werden Sie mir damit nicht durchgehen? »Keine Sorge, Herr Oberleutnant!« Also dann ist's gut. Weiters werden Sie bei den dortigen Bauern Butter und Eier einkaufen und dies dem Herrn Hauptmann Fasser beim Artilleriekommando Villach überbringen. Und sodann pünktlich einrücken! Nun machen Sie sich fertig, sie gehen noch heute ab.

Der Auftrag machte mir Freude. Ich borgte mir einen Rucksack aus, in welchen ich von den mitgebrachten Esswaren, die am wenigsten Dauerhaften einpackte um so während der Reise, die natürlich wieder auf mein eigenes Konto ging, vor Mangel geschützt zu sein. Den Rest gab ich meinen Kameraden zur Aufbewahrung. Hierauf holte ich mir in der Kanzlei den offenen Befehl, ließ ihn vom Hrn. Oblt. unterfertigen. Hierauf übergab er mir noch die 1000 K, deren Empfang ich schriftlich bestätigen mußte, eine nochmalige Mahnung, ja alles gut zu besorgen und ich konnte abgehen. So war ich Abends bereits wieder in Tarvis. Hier traf ich Bretmeister, der von seinem Osterurlaub zurückgekommen und so unterhielten wir uns beide noch eine Zeitlang bei ein paar Glas Wein. Punkt 10 Uhr gingen wir zur Ruhe.

6.4.

Um ½ 8 Uhr war ich bereits in Arnoldstein, mußte aber hier bis 10 Uhr auf den Anschluß nach Kötschach-Mauthen warten. So kam ich erst um 1 Uhr Mittags in Mauthen an. Mein erster Gang war nun zum Stat. Kmdo. Kötschach, wo ich mein Eintreffen meldete und zugleich eine Anweisung auf Verpflegung holte. Auf dem Rückwege nach Mauthen traf ich auch schon Zgsf. Graner mit seinen Leuten, welche sich von der Verköstigungsstation ihre Verpflegung holten.

Ich ließ währenddessen in Mauthen die 1000 K wechseln und suchte sodann mein altes Quartier bei Frau Ranner auf und fand auch diesmal wieder bereitwilligst Aufnahme. Nachdem Graner zurückgekommen, übergab ich ihm 900 K., die restlichen 100 K. behielt ich für mich zum Eier und Butter einkaufen, denn meine eigene kleine Barschaft reichte dazu nicht aus. Für heute war's zum Einkaufen zu spät geworden, so verbrachte ich den Rest des Tages im Gespräch mit den alten Freunden.

7.4. Sonntag.

Eigentlich kein Tag, um Geschäfte zu machen. Ich tat es aber dennoch. Hatte ziemlich lange geschlafen und war also gut ausgeruht. Nach dem Mittagessen ging ich sogleich nach Würmlach, in der Hand eine ausgeborgte Handtasche von recht schäbigem Aussehen. In Würmlach versuchte ich gleich beim ersten Haus mein Glück, wurde aber mit einem wiederholten: »leider, leider!« abgewiesen. Unverzagt ging ich zum nächsten Haus u.s.w. von einem zum anderen.

Bis zum Abend war ich von den 70 Häusern des Ortes wohl in 50 gewesen und hatte dabei 56 Stück Eier aufgebracht, diese Anzahl genügte vollkommen. Nicht so günstig stand es mit der Butter, da betrug die ganze Ausbeute nur 60 Deka. Selbst diese Kleinigkeit hatte ich nur nach langem Betteln erhalten. Ich sollte aber 2 Kg bringen. Doch um das übrige aufzutreiben blieben mir ja noch zwei Tage Zeit.

8.4.

Trotz schlechten Wetters war ich schon zeitlich Früh wieder auf der Jagd nach Butter. Heute galt es den Bergbauern. Doch klopfte ich überall umsonst an. Kam so bis Weidenburg, wo ich, ohne das geringste erhalten zu haben, »kehrt Euch« machte. Was nun anfangen? Ich war des fruchtlosen Umherlaufens schon müde. Nach Würmlach gekommen, wollte ich nochmals jene Bäuerin aufsuchen, welche mir gestern die 60 Deka verkauft hatte, da ich wohl wußte, daß sie bei gutem Willen auch mehr aufbringen konnte. Kehrte nun geradewegs nach Mauthen zurück, um mein verspätetes Mittagmahl einzunehmen.

Abends ging ich nochmals zu jener Bäuerin und klagte ihr meine Not. Zu meiner Freude ließ sie sich doch endlich erweichen. Sie versprach mir für morgen noch 1 Kg Butter. Nun bin ich aus dem Wasser! Nun, da das Geschäftliche erledigt war, beschloß ich den Tag bei einem Glas Wein.

9.4.

Da ich Vormittags ohnehin nichts zu tun hatte, zum Gasthaussitzen aber meine Geldmittel zu beschränkt waren, so wollte ich mir nochmals die verlassenen Stellungen am Plöcken anschaun' und vielleicht war auch noch etwas Brauchbares zu finden. Daß dies verboten war, wußte ich nicht. Kam auch anstandslos bis zu den Plöckenbaracken, hier aber lief ich dem Posten in die Hände und wurde zum Lagerkommando geführt. Dort mußte ich mich ausweisen, der Fähnrich fragte mich auch, was ich hier wolle. Ich sagte ihm die Wahrheit. Darauf erklärte er mir, daß dies nur mit Erlaubnis des Stations-Kommandos Kötschach gestattet sei, sonst jedoch streng verboten.

Ich mußte umkehren. Das tat ich dann auch ohne Weiteres. Zwar wären mir noch Seitenwege genug bekannt gewesen, aber die Lust war schon dahin, zudem hatte es mittlerweile auch zu regnen angefangen und so trabte ich missmutig wieder nach Mauthen zurück. Abends holte ich noch die bestellte Butter, packte das Eingekaufte in ein Kistel und ging zeitlich zu Bette, denn morgen heißt es früh aufstehen, um rechtzeitig auf der Bahn zu sein.

10.4.

Nachdem ich mich bei meiner liebenswürdigen Quartiergeberin bedankt und verabschiedet hatte, ging's eilends zur Bahn. Dort angekommen, mußte ich jedoch noch eine Zeitlang warten, ehe der Zug abging.

Mittags war ich bereits beim Artillerie-Kommando Villach. Der Herr Hauptmann war jedoch nicht anwesend. Ein Korporal ging mit und zeigte mir seine Wohnung. Dort lieferte ich nun die Sachen ab, nahm das dafür ausgegebene Geld (52 K.) in Empfang und erhielt außerdem noch 1 K. und 1 Packerl guten Zigarettentabak als Belohnung. Nun war alles prompt erledigt.

So blieben mir nun noch ein paar Stunden bis zur Abfahrt des Zuges, die ich leicht in den Gasthäusern hätte verbringen können. Doch zog ich es vor, auf dem Bahnhof zu warten. Holte mir dort von der Verköstigungs-Station um billiges Geld Mittagessen und Kaffee und schrieb sodann noch einige Ansichtskarten. Mittlerweile wurde es auch Zeit zum Einsteigen. 8 Uhr Abends war ich wieder in Tarvis.

11.4.

Mittags kam ich in der Klause an und meldete Hrn. Oblt. Pauler sofort mein Einrücken, sowie daß ich seine Befehle ausgeübt hätte. Wurde dafür belobt und erhielt für Morgen noch dienstfrei.

20.4.

Nun heißt es wieder tüchtig arbeiten, nur mit dem Unterschiede, daß wir jetzt anstatt der Geschütztransporte Munition tragen müssen. Das ist keineswegs leichter als das Erstere. Doch darüber wollte ich nicht klagen, denn harte Arbeit - dabei bin ich ja groß geworden. Was ich aber nicht verwinden kann, das ist der Hunger, der sich nun, wo die vom Urlaub mitgebrachten Vorräte aufgezehrt sind, wieder fühlbar macht. Zwar ist die Verpflegung in letzter Zeit ziemlich gut, aber das Brot, das eigentlich doch die Hauptsache des Ganzen ist, langt nie, die Portionen sind zu klein.

30.4.

Hatte vorübergehend ein paarmal in der Kanzlei aushelfen müssen. Vor ein paar Tagen mußten wir, 100 Mann stark, 2 schwere Gerätewagen von der Klause über den Predilpaß nach Tarvis schaffen. Schon um ½ 5 Uhr Früh erhielten wir Kaffee. Um 6 Uhr war Antreten, da bekamen wir als Menage jeder Mann ein Stückerl Speck mit, zum Nachtmahl, hieß es, würden wir ohnehin zurückkommen. Nun traten wir an die Wägen. An jedem der zwei wurden zwei lange Stricke angebunden, dann hieß es: »Marsch!« Es regnete in Strömen, die Strasse war aufgeweicht und daher schwer zu fahren. Als wir in Breth ankamen, waren wir schon alle vollkommen durchnäßt. Hier war kurze Rast.

Nun kam das schwerste Stück, der Predilpaß. Endlos schienen uns diese Serpentinen. Schließlich waren wir aber doch oben. Nun ging's talab. Um ½ 3 Uhr waren wir in Raibl. Hier ward ½ Stunde Rast gemacht. Von hier aus wurde die Dienst-Mannschaft zurückgeschickt. Ich zählte leider nicht zu den Glücklichen! Nun ging es bis Tarvis auf schöner Strasse, dann war bis zum Bahnhof nochmals eine ziemliche Steigung zu überwinden. Um 6 Uhr waren wir das verfluchte Zeug glücklich los.

Vom Heimmarschieren war nun keine Rede mehr. Alle total erschöpft, dazu hungrig. Als Nachtquartier erhielten wir die Transportbaracke zugewiesen. Dann eilte ich mit noch mehreren sofort in die Restauration, um zu essen. Dort aß ich zuerst Rostbraten, dann Gulasch. Alles ohne Brot, ohne Zuspeise. Doch der größte Hunger war gestillt. Nun gingen wir nach Tarvis hinein. Hier war aber nichts zu bekommen und so kehrten wir bald in's Quartier zurück. Hier erhielten wir Brot. Nun wurde man wenigstens satt. Von Schlafen konnte während der Nacht nicht viel die Rede sein, denn durchnäßt, ohne Decke, war es zu kalt.

Um 5 Uhr war Tagwache. Frühstück gab es natürlich wieder keines. In der nächst gelegenen Schenke gab es Sulz, ich kaufte mir um 1 K. Doch hatte es ein so unappetitliches Aussehen, daß ich von dem kleinen Stücke mehr als satt wurde. Dieser Transport hat mich 13 K. gekostet, Andere noch mehr. Hätte man besser gesorgt für uns, das Geld wäre erspart gewesen. Doch bei uns ist es eben immer so. Ich habe in der letzten Zeit schon manches gesehen, was in mir den Glauben erweckt hat, daß hier nicht alles mit rechten Dingen zugeht.

Mai 1918

1.5.

Wir waren, 30 Mann stark, zu einer Kriegsgefangenen-Arbeiterkompagnie kommandiert worden. Die Kompagnie, durchwegs aus Russen bestehend, hatte infolge der – wie ich mich selbst überzeugte – wirklich gänzlich ungenügenden Verpflegung die Arbeit verweigert.

Man hatte weitere Ausschreitungen befürchtet und um solche zu verhindern, waren wir hingekommen. Als ich diese armen, verhungerten Kerle sah, dachte ich mir: »Ja, wer kann nur von diesen kraftlosen Menschen Schlimmes befürchten?« Heute war man auch höheren Orts schon zur Einsicht gekommen, denn Mittags erhielten wir Befehl zum Abmarsch. Gar zu gerne hätten wir nun in Flitsch eine kleine Maifeier veranstaltet, doch der Kommandant, ein Artillerie-Meister, beschränkt wie er war und noch dazu sehr geizig, ließ uns kaum Zeit, ¼ Wein zu trinken. Er selbst vergönnte sich nicht einmal eine Schale Schwarzen, sondern blieb auf der Gasse stehen und schimpfte solange, bis wir uns alle vollzählig um ihn gesammelt hatten.

Murrend traten wir nun den Heimweg an. Da ich in Erfahrung brachte, daß wieder eine Partie Urlauber abgehen sollte, so nahm ich mir vor, bei dieser Gelegenheit gleichfalls meinen Gebühren-Urlaub zu verlangen. Ich mußte stundenlang warten, ehe ich an die Reihe kam, als ganz Letzter. Aber das Glück war mir hold, der Urlaub bewilligt.

2.5.

In der Früh mußte ich mit nach Tarvis, Montur abholen. Wir mußten selbe mit Karretten vom Magazin zur Seilbahn fahren. Unvorsichtigerweise kam ich dem Drahtseil zu nahe und wurde so am linken Ohr ganz erheblich verletzt. Abgesehen davon, daß mich die Wunde ziemlich schmerzte, blutete sie auch sehr stark. Ich wusch sie mit warmen Wasser aus und ein Korporal von der Seilbahn verband mich sodann. Die Sache ist mir äußerst peinlich, denn unmittelbar vor dem Urlaub konnte, wenn sich die Verletzung vielleicht verschlimmerte, nichts daraus werden. Ich verwünschte meine Nachlässigkeit, aber nun war's einmal geschehen. Nun packten wir unsere Sachen und fuhren einzeln mit.

Um 6 Uhr waren wir in Breth. Hier warteten auf uns Wagen, natürlich mit Mannschaft bespannt, um die Sachen in die Klause zu transportieren. Schon auf dem Wege brachte ich in Erfahrung, daß die Urlaubsscheine angekommen seien. Ich konnte es nun kaum erwarten, bis wir an Ort und Stelle kamen. Um 8 Uhr waren wir dort.

Nun wurde erst abgeladen und nachher ging's über's Nachtmahl. Gleich darauf hieß es: »Urlauber antreten!« Ich atmete tief auf, denn auf diese Weise kam ich trotz des geschundenen Ohr's gut durch. Einer nach dem anderen erhielt nun seine Gebühren ausbezahlt und zuletzt den Urlaubsschein ausgefolgt, mit der Mahnung, ja pünktlich einzurücken.

Ich kam als ganz Letzter an die Reihe. Nachdem ich Geld und Urlaubs-schein erhalten hatte, sagte mir der Hr. Oblt., ich solle ihm womöglich einige Kg Butter besorgen und an seine Eltern schicken nach Troppau. Er schrieb mir zu diesem Zweck sogleich eine Begleitadresse. Mir war dies ganz und gar nicht angenehm, aber schließlich konnte ich nicht gut »nein« sagen. Ich sagte also zu. Es ist das erste Mal, daß ich mich zu derartigem herablasse. Doch nun war die Sache erledigt.

Hauptsache ist doch der Urlaub. Ich meldete mich gehorsamst ab und ging hinauf in mein Zugszimmer um sogleich meine Sachen zu packen. Von dem gefassten Wecken Brot vertauschte ich die Hälfte gegen Tabak, um während der Fahrt doch rauchen zu können. Nun ist's fast Mitternacht geworden und ich muß doch noch ein paar Stunden ruhen.

3.5.

In aller Früh marschierten wir ab, meine Wenigkeit und noch 3 Kameraden. Nicht einmal den Kaffee warteten wir ab, obwohl wir Zeit genug gehabt hätten. Aber nur Hinaus. In Breth kauften wir uns den Kaffee im Gasthaus. Auch Zigaretten, 4-6 Stück pro Mann, erhielten wir.

Nun ging's durch den Stollen nach Raibl. Erst marschierten wir bis Kaltwasser. Die Anderen, welche schwer aufgepackt hatten, seufzten schon über diese schwere Last. Wir benützten daher von Kaltwasser bis Tarvis die Seilbahn. Dort angekommen, blieben uns noch 4 Stunden Zeit bis zum nächsten Zug. Wir deponierten nun die Rucksäcke im Bahnhofhotel, kauften uns dort ein Mittagessen und gingen hierauf nach Tarvis hinein. Dort bekamen wir in der ersten Trafik 10 Sport und in der zweiten 10 Ägyptische Zigaretten.

Ich wollte mein Glück auch noch ein zweites Mal versuchen, aber die Verkäuferin erkannte mich sofort an meinem verbundenen Ohr und ich mußte abziehen. Mein Kamerad hatte darin mehr Glück, da er nicht erkannt wurde.

Nun wieder zum Bahnhof, die Rucksäcke abgeholt, Fahrscheine gelöst, dann war es Zeit zum Einsteigen. Um 4 Uhr in Villach. Hier wieder warten bis 6:45 Uhr. Holten uns inzwischen von der Verköstigungsstation ausgiebiges Nachtmahl und vom Stationskommando Brot. ½ 1 Uhr Nachts in Schwarzach.

Um 6 Uhr in Salzburg und um 11 Uhr in Linz. Hier hieß es nun 4 Stunden warten. Also den Rucksack in den Gepäcksraum und in die Stadt hinein. Zuerst nach Urfahr. Dort wurde gut zu Mittag gegessen, ein paar Krügel Most dazu, dann spazierten wir gemütlich über die Donaubrücke zurück nach Linz. Suchten noch ein paar Gasthäuser auf und alsdann zum Bahnhof.

Die Elektrische war schrecklich überfüllt, der Zug noch viel ärger, sodaß man eine Anzahl Güterwagen ankoppeln mußte. In dem Gedränge verlor ich noch meinen Kameraden. Der besseren Verbindung wegen fuhr ich nach Gaisbach, obwohl ich von dort 2 ½ Stunden zu Fuß gehen mußte. Trotzdem war ich viel früher daheim als gewöhnlich. Diesmal kam ich auch ganz unerwartet und die Freude des Wiedersehn's war umso größer.

8. TAGEBUCH

In der Heimat

5.5.
Um wieviel besser es sich doch daheim schläft, wenngleich es auch nur ein Strohsack ist, auf welchem man die müden Glieder streckt. So wohl fühle ich mich heute, nachdem ich eine Nacht geruht! - Im Elternhaus – auf heimatlichem Boden, frisch gewaschen, frische Wäsche, Zivilkleider, die Monturstücke in einen Winkel gehängt, ein gutes Frühstück und ich kam mir wie neugeboren vor, als ich nach diesen Verrichtungen ins Freie hinaustrat, inmitten der in leider schon etwas verblassendem Frühlingsschmuck prangenden Gärten und Felder und Wälder.

Früher, vor dem Kriege, der mich gleich so unerbittlich aus dem gewohnten Leben herausgerissen, da hatte ich in meiner Unerfahrenheit auch über Manches hier die Nase gerümpft, in der Meinung, anderswo sei es besser. Nun, in den verflossenen Jahren hatte ich Gelegenheit genug, dieses »Anderswo« kennen zu lernen, und ich habe dabei einsehen gelernt, daß es nur eine Heimat gibt, und das ist die, welche jedem durch seine Geburt angewiesen ist.

Alles Andere ist nur teilweiser Ersatz, meistens aufgedrungen durch die Ungunst der Verhältnisse und nur selten aus freier Wahl. Ich hatte Gelegenheit auch die Ansichten sehr vieler und sehr verschiedener

Kameraden über diesen Punkt kennen zu lernen, und dabei die Gewißheit erhalten, daß weitaus bei den Meisten diese Ansichten mit meinen übereinstimmen. Es handelt sich also hier um ein angeborenes Gefühl, ähnlich dem der Nationalität.

Dieser Urlaub dürfte voraussichtlich einer der gunstreichsten für mich werden. Dringende Arbeiten gibt es soviel wie gar keine, dazu die herrliche Jahreszeit. Es hindert mich also gar nichts, diese 20 Tage der Ruhe zu pflegen und dabei meinen kleinen Liebhabereien nachzukommen.

9. Mai, Christihimmelfahrtsfest, Maiprozession

Seit Alters her ist an diesem Tage Maiprozession zu Ehren der Maienkönigin. In unserem Dorfe, das seit seiner Entstehung Maria geweiht ist, wurde dieses Fest stets so erhebend als möglich gefeiert. Unter dem letzten Pfarrer, einem Sonderling, dem Äußerlichkeiten, besonders aber die Musik verhaßt waren, hatte auch dieser Tag viel von seiner früheren herzerhebenden Schönheit eingebüßt. Vor kurzem ward jedoch der Pfarrer zur Freude aller auf einen größeren Posten in der Nachbarschaft versetzt. Sein Nachfolger, ein noch ziemlich junger, sehr netter und gebildeter Herr, ist in vielen Dingen das gerade Gegenteil seines Vorgängers; unter anderem auch ein großer Freund der Musik.

Bei ihm wurde es ab sofort beschlossene Sache, dieses Fest womöglich in seinem früheren Glanze zu feiern. Das war für ihn zugleich eine gute Gelegenheit, sich bei seinen nunmehrigen Pfarrkindern gut einzuführen. Ich hatte ohnehin seit 1914 nicht mehr dieser Feier beigewohnt und freute mich daher heute ganz besonders darauf.

Ein herrlicher Frühlingstag! Die Sonne sandte ihre goldenen Strahlen auf uns nieder, als wir um 2h Mittags von der Kirche aus zu dem fünf Minuten entfernten bei einem Bauernhof errichteten Marienaltar pilgerten. Voran die kleine Musikkapelle und der Sängerchor.

Der herrliche Sang: «Sei gegrüßt o Maienkönigin» drang mir tief zu Herzen; er rief Bilder aus der Vergangenheit in mir wach; vergessend daß neben mir alle ihren Rosenkranz beteten, fühlte ich mich sozusagen in die Tage der glücklichen Kindheit rückversetzt – und machte Vergleiche zwischen der frohen Vergangenheit und der trostlosen Gegenwart. Damals gab es keine derartige Feier ohne das Geläute der Glocken, die man nun längst der blutigen Barbarei des Krieges dienstbar gemacht hat. So und anders waren die Gedanken, die während der Prozession und dem darauffolgenden Gottesdienst mein Inneres beschäftigten.

Nachdem alles vorüber, erwartete meiner ein anderes Amt. Ich mußte meine Schwester ins Gasthaus führen; das tat ich denn auch mit Vergnügen. Ich bin für eine Zeitlang wieder der alte lebensfrohe Junge, mit dem sich alle gern unterhalten.

So verging schnell eine Stunde, und für meine Schwester ward es Zeit zum Heimweg; den mußte sie schon ohne mich machen; ich wollte noch ein Stündlein mit meinen alten Bekannten verbringen; doch zum Nachtessen war ich gleichfalls daheim und verbrachte den Rest des Tages im Kreise meiner Lieben.

12. Mai, Sonntag

Ging mit meinem besten Kameraden nach Schwertberg in die Frühmesse, jedoch ohne von derselben etwas zu hören oder zu sehen. So geht es eben meistens. Ich bin auch infolge des Krieges ein lauer Christ geworden.

Wir hatten so Verschiedenes zu erledigen. Überall traf ich auf Bekannte, doch brachte ich es heute zu keiner rechten Fröhlichkeit. Die Hauptschuld daran trägt wohl der mißliche Umstand, daß es mir fast gänzlich an Zigaretten mangelt, ohne welche ich zu einer so recht ungezwungenen Fröhlichkeit gar nicht fähig bin.

Bevor wir das Gasthaus verließen, erhielten wir zu meiner größten Freude vom Wirt je 3 Sport. Ganz beglückt darüber traten wir bedeutend frohgestimmter den Heimweg an.

18. Mai. Pfingstsamstag

Die Zeit vergeht sakrisch schnell! Nun ist schon die zweite Urlaubswoche um. Doch habe ich sie nach Kräften ausgenützt. Besuche bei Verwandten, kleine Spaziergänge und Ausflüge, das war so meine Tagesordnung. Dazwischen aber habe ich einen für meine Zukunft sicher bedeutungsvollen Schritt getan, indem ich mein fast 5jähriges Verhältnis zu Nanni löste. Es hat mich große Überwindung gekostet auf diese Weise vorzugehen, aber ich konnte diese Notwendigkeit nicht länger aufschieben.

Jahre hindurch war sie der Mittelpunkt meiner Zukunftshoffnungen – ging all mein Streben dahin, sie einst in mein bescheidenes Heim führen zu können. Erst während des letzten Jahres hat sich dies Verhältnis geändert. Die Hauptursache davon ist wohl der Umstand, daß ihre beiden Brüder, der ältere als Leutnant, der jüngere als Infantrist – ihr Leben auf dem Schlachtfeld opferten. Ich habe beide sehr hoch geschätzt und bedauere selbst ihren Tod aufs tiefste. Blieben nun nur noch Nanni und Sefa und erstere sollte einst die große, jedoch zum Teil verschuldete Wirtschaft übernehmen.

Infolgedessen hoffte ich eine Zeitlang, daß meine Zukunft eine ziemlich sorglose sein und ich durch die von beiden Teilen gewünschte Verbindung zu einigem Wohlstand gelangen könnte. Ich habe mich getäuscht. Erst brachte ich in Erfahrung, und zwar meist von Nanni selbst, daß ihr Vater gegen diesen Plan (?) sei. Zwar habe er gegen meine Person nichts einzuwenden, wohl aber gegen meine Mittellosigkeit.

Das zweite Hindernis war die Schwester. Diese, schon über 30 Jahre, von unscheinbarem Äußeren und stets kränklich, ist eine jener egoistischen Naturen, die stets nur auf das eigene Wohl bedacht – ihren Nebenmenschen und seien es auch die nächsten Verwandten, kein Glück vergönnen und stets fürchten, von diesen verkürzt (?) zu werden.

Obwohl ich ihr nicht den geringsten Anlaß gegeben hatte, war sie doch meine schärfste Gegnerin. Sie bereitete dadurch Nanni viel Schmerz und Kummer. Zuletzt schien auch diese mir ganz anders zu werden als früher. So mußte ich denn mit der Zeit wohl oder übel einsehen, daß ich in einer Verbindung mit ihr das erhoffte kaum finden würde. Mir selbes zu erbetteln, das widerstrebt meinem Charakter. Lieber werde ich mein Brot allein verdienen.

Das alles sagte ich ihr bei meinem letzten Besuche. Es setzte ihrerseits Tränen ab, doch leuchtete auch ihr die Richtigkeit und Notwendigkeit meiner Handlungsweise ein und wir schieden in gutem Einvernehmen mit dem beiderseitigen Versprechen, in Zukunft gute Freunde sein zu wollen.

Nun bin ich in dieser Beziehung wieder vogelfrei, kann von neuem anfangen Zukunftspläne zu schmieden, vielleicht auch nur, um sie nach kurzem wieder scheitern zu sehen. Doch die errungene Freiheit die werde ich mir solange wahren, bis sich hier wirklich gute Aussichten bieten. Denn falls ich diesen Krieg mit seinen Nöten und Strapazen überleben werde, möchte ich es auch einmal gut haben, entschädigt werden – wenn auch nur zum Teil – für die verlorenen Jahre des Elends.

19. Mai, Pfingstsonntag

Schon wieder ein großer Feiertag. War Vormittags im Hochamt. Nachher fanden wir uns im Gasthause zu einer amüsanten Gesellschaft zusammen. Wir politisierten so eifrig, daß wir darüber bald das Heimgehen vergessen hätten. Ich versäumte sogar das gemeinschaftliche Mittagsmahl, und mußte es allein einnehmen.

Nachmittags gingen wir in den Segen, hierauf noch eine Zeitlang zum Wirt und dann hübsch früh nachhause. Morgen gibt es einen größeren Ausflug, da will ich gut ausgeruht sein. In Linz wird nämlich dieser Tage gefirmt, aus unserer Nachbarschaft fahren eine Anzahl Bekannte mit ihren Firmlingen hinauf, und da ich ohnehin meiner guten getreuen Pflegerin Marianne einen Besuch abstatten wollte, so werde ich mich den Übrigen anschließen. So dürfte sich wenigstens die langweilige Eisenbahnfahrt etwas kurzweiliger gestalten.

Da mir die Not in der Stadt nicht unbekannt ist, so packte ich mit Mutters Erlaubnis noch 20 Eier ein, um meinen guten Freunden so auch einen kleinen Dienst erweisen zu können.

20.5. Pfingstmontag

Wir hatten gestern verabredet den um ½ 11 h Vormittags in Schwertberg durchfahrenden Separatzug [= Sonderzug] zu benützen. Ich wollte die Übrigen abholen, kam aber zu spät, und mußte den Weg bis Schwertberg allein machen. In Hofstifters Gasthaus traf ich dann die ganze Gesellschaft an. Wir hatten noch über eine Stunde Zeit bis zum Zug. Von hier aus gingen wir Männer in die Restauration, während es die Frauenzimmer vorzogen, auf dem Perron herumzustehen.

Es glückte uns, als endlich der Zug ankam, ein noch unbesetztes Abteil zu erlangen. Und unter Scherz und Lachen kamen wir frohgemut nach Valentin.

Hier mußte ich mich zu meinem Bedauern von den Übrigen trennen und in ein Militärabteil umsteigen. Um nicht so lange warten zu müssen, so nutzten Alle, auch ich den Schnellzug und kamen so kurz nach 12 h in Linz an. Ohne mich weiter umzusehen, strebte ich dem Ausgang zu und stieg in die Elektrische.

Gerade als diese abfuhr, erblickte ich auch meine Reisegefährten wieder. Sie kamen zu spät und mußten auf den nächsten Wagen warten; ich stieg erst in Urfahr um und eilte schnurstracks zu meinen lieben Freunden; von allen herzlich bewillkommt, entledigte ich mich erst der mitgebrachten Eier, die mit großer Freude entgegen genommen wurden und machte es mir sodann auf dem Sofa bequem.

Nun gings an ein beiderseitiges Erzählen, Fragen und Antworten. Mittlerweile kam auch der Sohn des Hauses zurück. Ich wurde ihm von meinem Schwesterlein vorgestellt und von ihm aufs herzlichste begrüßt. Die Hausfrau brachte das Mittagessen für ihn, für mich Kaffee und Bäckerei. Ich verließ das Sofa und nahm an dem Tisch Platz. Die beiden Schwestern stopften mein Etui mit Zigaretten, worüber ich wirklich sehr erfreut war, denn ich habe seit Tagen keine anständige Zigarette geraucht.

Unterdessen kam eine Freundin der Schwestern zu Besuch und es begann eine zwischen den Damen einerseits, dem jungen Herrn und mir anderseits sehr rege Unterhaltung. Bei uns drehte sich das Gespräch meist um Politik und wirtschaftliche Dinge. Wie mir im Laufe des Gesprächs klar wurde, ist mein Gegenüber Beamter der Bezirkshauptmannschaft Freistadt. Die Unterhaltung mit ihm interessierte mich außerordentlich.

Der Ausbruch eines ziemlich heftigen Gewitters lenkte jene auf andere Dinge, besonders Naturereignisse, woran auch die Damen wieder Anteil nahmen. So verging die Zeit schnell und ich mußte mich verabschieden. Geleitet von vielen herzlichen Wünschen verließ ich die mir so lieb und wert gewordene Familie.

Das Gewitter hatte sich inzwischen verzogen und die Sonne sandte wieder ihre freundlichen Strahlen auf die schöne Donaustadt. Ich zog es vor zu Fuß zu gehen. Im Vorbeigehen trat ich in den neuen Dom ein. Die Firmung war jedoch schon vorüber und der herrliche Bau fast menschenleer. Hierauf ging ich zum »Pfeifenwirt«, einem recht gediegenen Gasthof.

Der Sohn des Besitzers hatte eine Zeitlang bei meiner Batterie gedient und da ich wußte, er befinde sich jetzt in Linz, so wollte ich ihn aufsuchen. Leider war er nicht zu Hause. So begnügte ich mich damit, eine Halbe Most zu trinken, worauf ich zur Landstraße einbog, um von hier aus mit der Elektrischen zur Bahn zu fahren, denn ein Blick auf die Uhr sagte mir, daß ich schon eilen müßte, um noch den passenden Zug zu erreichen.

Kaum war ich auf dem mit Menschen vollgepfropften Perron angelangt, setzte sich jener auch schon in Bewegung. Ich hatte gerade noch Zeit auf die Plattform eines Zivilwaggons zu springen. Von einem Unterkommen im Wagen selbst war ohnehin keine Rede, denn der ganze Zug war total überfüllt und von jedem der Bahnhöfe wo er anhielt, wurde das Gedränge ärger, ja direkt lebensgefährlich. Des Stehens müde setzte ich mich auf die Stufen der Plattform und hatte somit auch meinen Sitzplatz. Angenehm wars ja gerade nicht, denn ein heftiger Wind wehte einem fortwährend Rauch und Unrat ins Gesicht.

Diese qualvolle Fahrt dauerte über eine Stunde; nach Verlauf welcher wir aber doch glücklich in St. Valentin ankamen.

Hier traf ich wieder auf meine Reisegefährten und da uns bis zur Abfahrt des passenden Zuges vier Stunden Zeit blieben, so verließen wir den Bahnhof und gingen in den nächstgelegenen Gasthof. Hier gab es Bier und wir Mannsleute ließen uns gleich welches einschenken, während die Frauen und Kinder Kracherl (Limo) vorzogen. Ich meinerseits, brachte es auch nicht übers zweite Krügel hinaus und ließ mir Suppe und Kaffe bringen.

Die Unterhaltung kam allmählich in Fluß und dabei verging doch die Zeit bis zur Abfahrt etwas rascher. Nach 7 Uhr verfügten wir uns wieder auf den Perron; mußten aber noch bis 8 Uhr warten. Diesmal war auch das Gedränge weniger groß und wir erhielten sämtlich bequeme Sitze.

Während der kurzen Fahrt bis Schwertberg ging ein Gewitter mit starkem Regen nieder, und in Schwertberg angekommen, mußten wir fürs Erste ein Obdach im Bahnhofsgebäude suchen. Doch schon nach einigen Minuten legte sich der Sturm und wir konnten den Heimweg antreten.

Im Markt trennten wir uns. Der kleinere Teil, der ohnehin einen anderen Weg hatte, direkt nach Hause, während wir anderen noch zum »Hofstätter« rein gingen. Es war ja mondhell, und also auch die Nacht gut zu gehen. Auf dem Heimweg schwitzte ich außerordentlich.

Die Gesellschaft wurde, je weiter wir hinaufkamen, stetig kleiner und schließlich war ich mit Nachbars Sefa allein. Ich geleitete sie bis zum Hause, und lenkte sodann als Letzter die Schritte meiner Türe zu. Es lagen alle schon im Schlafe und ich mußte Mutter aufwecken. Nun noch schnell das Nachtmahl, wobei ich Muttern meine kleinen Erlebnisse mitteilte, und dann zu Bett! Ich bin müde!

Vor dem Einschlafen ließ ich nochmals den verflossenen Tag in meinem Gedächtnis vorüberziehen. Derselbe war für mich recht glücklich und genußreich verlaufen, besonders die paar Stunden bei meinen Urfahrer Freunden. Diese Freundschaft ist wohl das Beste, das mir der Krieg bisher gebracht.

21.5.
Einem alten frommen Brauche folgend kommt alljährlich an diesem Tage eine Schar Wallfahrer aus Kreuzen. So auch heute. Sie waren für 10 Uhr angemeldet. Ging ebenfalls nach Allerheiligen. Spielte wohl ein bißchen Neugierde mit, daß ich mich entschloß, im glühenden Sonnenbrande den Weg zu machen. Es herrscht wirklich eine mitunter fast unausstehliche Hitze. Schon seit vielen Wochen und die Folge davon ist eine große Dürre, welche für die Ernte Schlimmes befürchten läßt.

22.5.
Der letzte Urlaubstag! Leider Gott! Nun heißt es schon wieder packen. Der Gedanke an die morgige Trennung will nicht mehr aus dem Kopf. Bis zur späten Stunde bleibe ich noch bei den Meinen.

23.5.
4 Uhr früh war ich bereits auf den Beinen. Schnell gewaschen und angezogen, den Kaffee gegessen. Wartner Sepp holte mich ab, so wurde der Abschied etwas leichter. Den Rucksack voll mit Proviant gingen nun wir Beide nach Perg zur Bahn. Brauchten auch nicht mehr lange warten, dann kam schon der Zug, und ich mußte auch meinem besten Freunde »Lebewohl« sagen.

Die Fahrt verlief ganz ereignislos, in düsterem Hinbrüten über das schlimme Schicksal, das uns wieder von der friedlichen Scholle hinwegtreibt in Not und Sturmgebrause. Um 11 Uhr Nachts war ich in Villach. Hier alles überfüllt.

24.5.
½ (?) Uhr sollte der Zug Richtung Tarvis abgehen. Der Andrang zu demselben war so groß, daß nicht alles unterkommen konnte. Ich hatte mich wieder auf eine Plattform gesetzt, hatte schon die Fahrt von Schwarzach bis hieher auf diese Weise mitgemacht.

Indessen hörte ich vom Kondukteur, daß man, um dem schrecklichen

Gedränge abzuhelfen, vier leere Waggons, darunter einen I. Kl. angekuppelt hatte. Auf das hin verließ ich sofort meinen unbequemen Platz, und ich hatte das Glück in einem Abteil I.Kl. unterzukommen. Wie ganz anders war doch das. Schade, dachte ich mir, daß die Fahrt nun nicht mehr lange dauert! Auf diesen weichen, schwellenden Samtpolstern könnte man es schon einige Stunden aushalten.

Indes übermannte mich bald Müdigkeit und Schlaf. Als ich erwachte graute bereits der Morgen! Ein Blick zum Fenster hinaus zeigte mir eine fremde Gegend. Ich sah auf die Uhr: ½ 5 Uhr. Und um 3 Uhr hätten wir fahrplanmäßig in Tarvis, wo ich hätte aussteigen sollen, - ankommen müssen. Wo bin ich nun? Während ich noch überlegte, was nun beginnen, rollte der Zug in einen großen Bahnhof ein. Es war Pontafel. Also doch noch nicht weiter. Nun war ja Alles gut. Binnen ½ Stunde mußte ja von hier ein Zug Richtung Tarvis abgehen. Stieg also aus und in den anderen ein und war um ½ 7 Uhr wieder in Tarvis. Mein Versäumnis hatte somit keine nachteiligen Folgen für mich. Ich war nun doch leidlich ausgeschlafen.

In Tarvis traf ich den Fwk. Jurolinek (?) und nun marschierten wir beide nach Raibl zu. Hier durch den Stollen und mittags war ich wieder in der Klause, oder dem »Hungerturm«, wie sie allgemein genannt wird. Daß der Hunger hier leider tatsächlich bei den meisten ständiger Gast ist, weiß ich ja gut genug und mußte es auch schon am eigenen Leibe genügend spüren. Kaum angekommen, waren schon einige der Ärmsten um mich, baten um Brot. Ich gab soviel ich konnte. Alle zu befriedigen war unmöglich.

Der Tags-Korporal verlangte anfangs, ich sollte gleich mit den Übrigen zur Beschäftigung ausrücken, doch erlaubte er mir schließlich doch, zu Hause zu bleiben. Ich benützte die Zeit dazu, mein Lager zu machen, sowie das sonstige Gepäck zu ordnen.

29.5.

Nun wieder die alte Beschäftigung! Munition schleppen, Dienst machen u.s.w. Vorläufig geht es mir ja noch leidlich gut; da ich noch vom Urlaub her Zubußen habe, ist die sonstig ungenügende Verpflegung doch leichter zu verschmerzen. Aber wie bald werden diese aufgezehrt sein? Und was dann? Die Antwort ist: Hungern wie die meisten Kameraden.

30.5. Frohnleichnamsfest [sic!]

Ich habe einesteils wirklich Glück. Nun bin ich wieder zu einer Dienstreise nach Arnoldstein ausersehen. In der Früh erhielt ich meine Reisedokumente ausgefolgt. Ausnahmsweise und auf ausdrückliches Verlangen erhielt ich sogar eine Konserve und Brot mit. Auf die sonstigen Verpflegungsmittel mußte ich natürlich verzichten. Nachdem ich menagiert hatte ging ich in Begleitung des Fwk. Hirnschall, welcher in dienstlicher Angelegenheit nach Klagenfurt fährt, nach Breth ab. Der ganze Ort war anläßlich des hohen Feiertages festlich geschmückt. Von der Feier selbst bekamen wir indes nichts zu sehen.

Den Stollen benützend waren wir bald in Raibl und um 1 Uhr in Tarvis. Ich benützte den um 2 Uhr von hier abfahrenden Zug bis Arnoldstein. Hier angekommen holte ich mir vorerst auf der Verköstigungsstation zu essen, und ging dann in den Markt hinein. Dort suchte ich ein Gasthaus auf und blieb dort bis gegen 5 Uhr. Ich sollte hier Revolvermunition fassen. Doch die Fassungsstelle war heute gesperrt. Hier zu übernachten hatte ich keine Lust. So löste ich mir denn kurz entschlossen eine Fahrkarte und fuhr mit dem Abendzug nach Mauthen hinauf. Es war bereits 11 Uhr Nachts und ausgenommen die der Gastwirte, lagen die Häuser schon im Dunkeln, die Leute schliefen also wohl schon alle.

Nun mußte ich mir Nachtquartier suchen, und mußte dabei die Erfahrung machen, daß es selbst in einem bekannten Ort unter Umständen mit Schwierigkeiten verbunden sein kann, ein solches zu finden, denn ich wurde dreimal abgewiesen mit der Begründung, daß kein Platz frei sei, oder wie ich zu glauben geneigt bin, daß man mich nicht übernachten lassen wollte, weil ich ja in der Zeit meines Hierseins den Wirtshäusern nicht besonders viel Aufmerksamkeit geschenkt hatte.

Zuerst war ich zu »Huber«, von dort weg in den Gasthof »Planer« und von da weg zur »Kellerwand« gegangen. In letzterem war wie gewöhnlich Tanzunterhaltung. Mehrere Unteroffiziere und Soldaten, und einige mir von früher her noch als leichtsinnig bekannte Dirnen. Das ist wohl ein harter Ausdruck, den ich da gebraucht, aber meiner Ansicht nach verdienen Mädel, die sich zur Nachtzeit mit fremden Soldaten in den Wirtshäusern herumtreiben - vielleicht ohne Wissen und gegen den Willen ihrer Eltern - keinen milderen. Eine Zeitlang sah ich hier dem ausgelassenen Treiben zu, trank dabei ein Viertel Wein. Es war inzwischen

12 Uhr geworden, und da ich auch hier kein Quartier bekam, so blieb mir nichts anderes übrig, als zu meiner früheren Hausfrau zu gehen. Ich hätte Ihr gern die nächtliche Störung erspart und nur darum solange herumgebettelt, aber mir blieb nichts anderes übrig. Auf der Straße konnte ich doch nicht bleiben. Nach wiederholtem Klopfen ward mir aufgetan, und bereitwilligst ein gutes Bett angewiesen. Nach Verlauf einer halben Stunde lag ich auch schon im Schlafe.

31.5.

Habe ziemlich lange geschlafen. Als ich endlich aufgestanden und mit dem Ankleiden fertig war, ging ich hinunter ins Wohnzimmer. Die Hausfrau brachte mir Milch und Brot; plauderte dann noch eine Zeitlang mit ihr und ging sodann nach Würmlach: Mittags war ich wieder in Mauthen und ging zur Kellerwand Mittag essen. Hierauf ging ich wieder zu Ranners und verbrachte dort die 1 ½ Stunden bis zur Abfahrt des Zuges.

Unbefriedigt von diesem kleinen Ausflug fuhr ich zurück nach Arnoldstein. Die Gailtaler sind mir schon fremd geworden, oder ich ihnen. Es ist nicht mehr die alte Harmonie, dieselbe Herzlichkeit wie früher.

In Arnoldstein angekommen, suchte ich folglich die Mun. Fassungsstelle auf, um meinen Auftrag zu erledigen, denn ich mußte unbedingt noch heute nach Tarvis kommen. Von der Fassungsstelle weg mußte ich in den Markt hinein, um von dem Komandt. den Gegenschein unterfertigen zu lassen. Von dort weg ging ich wieder zum Bahnhof, holte mir von der Verköstigungsstation Brot und Nachtmahl und fuhr dann mit einem Güterzug nach Tarvis. Fwk. Hirnschall war gleichfalls schon zurück aus Klagenfurt, er hatte sich also mehr beeilt als ich, denn Klagenfurt liegt doch viel weiter.

Juni 1918

1.6.

In der Früh ging ich mit Hirnschall nach Raibl. Von dort fuhren wir durch den Stollen und waren Mittags in der Klause. Mit mir war man unzufrieden, weil ich von den drei bestellten Gattungen Munition nur eine mitgebracht. Die Übrigen waren nicht auf Lager; das war nicht meine

Schuld, aber jemand muß hier, wie überall beim Militär, als Blitzableiter dienen und dieser beneidenswerte Jemand war heute ich. Regte mich auch gar nicht darüber auf.

2.6.

Nun muß ich mich auch wieder an den gewöhnlichen Beschäftigungen beteiligen. Ich finde das Leben im Rahmen dieser Batterie einfach unerträglich. Was ist die Schuld daran? Antwort: Die geradezu unglaublichen Mißstände, welche hier herrschen.

Ich muß mir heute schon einmal Zeit nehmen, sie alle aufzuzählen. Wenn ich in späterer Zeit mir durch die Lektüre dieser »Erinnerungen« die Vergangenheit ins Gedächtnis zurückrufe, so soll speziell das folgende Kapitel mich daran erinnern, mit welcher Willkür ein Teil unserer Vorgesetzten ihre Macht zu ihrem eigenen Gunsten, und sehr zum Nachteil der ihnen unterstellten Mannschaften ausnützen, und meiner Überzeugung nach auch den Staat selbst durch diese verwerfliche Handlungsweise aufs schwerste schädigen.

Infolge einer Verordnung des k.u.k. 6. AK vom 24. März dieses Jahres wurden die Verpflegungsgebühren der Mannschaft sehr bedeutend herabgesetzt und zwar: Brot 520 g. Fleisch sollte anstatt wie früher 400 g, vom Tage der Inkrafttretung obiger Verordnung nur 200 g verabreicht werden, das Übrige aber in Reluto, das ist 1.40 K ausbezahlt werden. Anstatt der bisher gebührenden Getränke sollten wir 78 h Reluto erhalten. Bei einer Gemüsegebühr von 140 g per Mann und Tag sollten 100 g durch Fassung, die restlichen 40 g aber durch Einkauf beschafft werden. Bezüglich des Fleisches enthielt die Verordnung noch die Klausel, daß das Relutum nur ausbezahlt werden müsse, wenn für dasselbe keine anderweitigen Lebensmittel beschafft würden.

Nun erhielten wir jedoch anfangs nur die 4 h [Heller] Brotreluto ausbezahlt, mit Beginn der 3. Dekade auch das Weinreluto, um das auf die zwei ersten Dekaden entfallende hatte man uns verkürzt. Fleischrelutum erhielten wir aber bis dato keinen Heller und was davon im Handeinkauf verausgabt wurde, ist minimal in Anbetracht der hohen Summe, die das zurückgehaltene Geld bei einem durchschnittlichen Stand von 200 Mann während mehr als zwei Monaten repräsentiert. Wo das Übrige bleibt ist für mich ebenso wie für andere ein Rätsel, und ich habe vielleicht nicht ganz unrecht, wenn ich vermute, daß diese ungerechtfertigten Ersparnisse wenn schon nicht jetzt so doch später privaten Zwecken unseres Komdt dienen sollen. Dasselbe glaubt auch die ganze übrige Mannschaft. Dabei ist die Verpflegung so ungenügend, daß man es geradezu als ein Verbrechen an Staat und Menschlichkeit betrachten muß, uns derart zu betrügen.

Als Zweites kommt nun die massenhafte Verarbeitung von Messinghülsen u. Kupferführungsbändern zu Schreibzeugen, Blumenvasen, Briefbeschwerern, Aschenbechern u.s.w. Welche Gegenstände ausnahmslos für die Herren Offiziere, größtenteils aber für Hr. Oblt. Pauler selbst verfertigt werden. Solange ich bei dieser gottbegnadeten Abteilung bin, also seit Februar, arbeiten stetig zwei mitunter sogar drei Schlosser an diesen Artikeln. Mannschaften, die schon früher bei der Komp. waren, behaupten sogar, daß dieses Treiben schon nach der großen Herbstoffensive begonnen habe.

Bei dem enormen Werte von heute, die die so verarbeiteten Metalle besitzen, wird jedenfalls der Staat so aufs schwerste geschädigt. Wenn man bedenkt, daß im Hinterland die Glocken, ja sogar Türbeschläge requiriert und eingeschmolzen werden, so kann ich diese unverantwortliche Handlungsweise eines Teiles unserer Vorgesetzten, durch das die Allgemeinheit so geschädigt wird nicht anders als ein Verbrechen, einen Diebstahl an dieser bezeichnen.

Nicht viel besser wird auch mit vielen anderen ärarischen Gegenständen verfahren. Ich war selbst einmal davon Zeuge, wie Hr. Oblt. Pauler eine Unzahl gut erhaltener wertvoller Seile von seinem Offiziersdiener Jens verschachern ließ. Wie ein »Handelsjude« mußte ich unwillkürlich dabei denken. Er wollte zwar Lebensmittel für uns dafür eintauschen; doch wozu das, wenn doch Geld genug hinzu vorhanden wäre?

Unzählige Kisten, darunter solche mit über 200 kg schickt dieser Patriot nach Böhmen und Schlesien an seine Sippe. Was sie enthalten ist klar: Lebensmittel und gestohlene Materialien.

Die Mannschaft aber hungert, man dressiert sie, sperrt sie ein; meiner Ansicht nach nur wenigstens nach Außen hin den Schein militärischer Disziplin und Rechtlichkeit zu wahren; denn in der Batterie ist dies, besonders in Bezug auf das Letztere ohnehin nicht mehr möglich. Die Kenntnisse solcher Dinge muß demoralisierend auf die Untergebenen wirken; dies ist bei uns tatsächlich der Fall. Ich habe bisher noch nie einen so gehaßten Vorgesetzten kennen gelernt, wie diesen Herrn Oblt. Pauler. Ich trage mich schon eine Zeitlang mit dem Gedanken diesen Mißständen dadurch abzuhelfen, daß ich von denselben Meldung an ein höheres Kmdo. erstatte. Leider ist das bei unseren gegenwärtigen Zuständen mit vielen Unannehmlichkeiten sogar Gefahren für mich verbunden, und ich werde mir diesen Schritt trotz allem bis zum Äußersten aufheben.

Wenn man dies alles klar erkennt, es ist zum Wahnsinnig werden. Von uns armen Teufeln verlangt man Ehrlichkeit, Uneigennützigkeit, kurzum alles Mögliche, man spiegelt uns vor: den Patriotismus, das Wohl der Allgemeinheit verlangt es. Unter denjenigen, deren Beruf es wäre, uns in allen diesen Dingen mit gutem Beispiel voranzugehen, gibt es solche und das leider nicht wenige, die sich derartiger Vergehen wie die angeführten und vieler Anderer schuldig machen.

Ein Hohn auf unsere ganze gesetzliche und gesellschaftliche Ordnung. Das ist Futter für den in unstetem Wachstum begriffenen Sozialismus und die Anarchie. Jene Herren sind durch ihre Aufführung, durch das verderbliche Beispiel ohne daß sie vielleicht selbst daran denken, zu Aposteln der beiden genannten Strömungen geworden.

12.6.

Ich habe mir einen sogenannten Schwindel zu verschaffen gewußt. Ich mußte es tun. Halte es nicht aus da drinnen in der Klause. Fahre in Begleitung des R.U.O. Hofer nach Villach.

Wir gingen im Laufe des heutigen Nachmittags nach Tarvis. Hier heißt es übernachten. Vorm. Maier, dieser prachtvolle Tiroler, einer meiner besten Freunde ist auch hier. Wir besuchten miteinander ein paar Gasthäuser und gingen hierauf schlafen.

13.6.

Mit dem Frühzug kam ich mit dem R.U.O. in Villach an. In der Stadt besuchten wir vorerst ein Café und frühstückten dort. Hierauf trennten wir uns.

Mein Auftrag führte mich zum Ortskmdo., seiner zum Rechnungsführer. Ich war bald wieder fertig, besorgte einige Einkäufe und ging sodann in ein Gasthaus. Es regnete stark und so blieb mir nichts anderes übrig als den Tag in den Schenken zu verbringen.

Gingen zeitlich zum Bahnhof und treffen dort auf Bretmeister, der vom Urlaub zurückkam. Dadurch wurde die Rückfahrt bedeutend amüsanter. In Tarvis übernachten wir.

14.6.

Am Morgen regnete es in Strömen. Es verkehrten daher auch keine Autos und wir mußten zu Fuß nach Raibl gehen, und wurden vollkommen durchnäßt, versäumten ohnehin auch noch den Stollenzug und kamen infolgedessen erst Nachmittags in die Klause zurück.

Den Rest des Tages ließ man mich in Ruhe. Ich benütze diese, um Oblt. Pauler an ein Gespräch zu erinnern, das ich kurz vor meiner Abfahrt nach Villach mit ihm gehabt. Damals nähmlich [sic!] hatte er mich rufen lassen und mich gefragt, ob es mir möglich wäre, in meiner Heimat ein größeres Quantum Butter und Eier zu beschaffen und an seine Angehörigen zu schicken. Er wollte mir zu diesem Zweck einen Urlaub erteilen.

Ich bin sonst kein Freund solcher Geschäfte, es scheint mir recht verächtlich. Doch das Leben hier hat mich leider auch schon demoralisiert. Das Anerbieten war zu glänzend, denn abgesehen vom Urlaub zu einer Zeit wo daheim gewiß schon die Erntearbeiten in vollem Gange waren, und wo man mich sehr gut brauchen konnte, hatte ich auch Aussicht auf einen für mich nicht unbedeutenden Verdienst, da er mir für 1 kg Butter 30 K, für ein Ei 60 h anbot und sich auf meine Bitte sogar noch bereit erklärte, mir Zucker, Rum und ein paar Packerl Tabak mitzugeben. So war denn der für beide Teile, am meisten aber für mich erniedrigende Handel abgeschlossen.

Ich versprach, von Villach aus heimzuschreiben, damit man mir die Sachen bereithalten konnte. Heute erinnerte ich ihn an diese Abmachung, die er schon wieder halb vergessen hatte, und erhielt das Versprechen, in ein od. zwei Tagen wegfahren zu können.

Abends packte ich mit Hilfe des Ofzd. im Zimmer des Hr. Oblt die Tauschwaren ein und bin somit reisefertig.

15.6.

Rückte wieder zur gewohnten Beschäftigung aus. Bin schon ganz nervös in Erwartung des Urlaubes.

16.6. Sonntag

Hatte sicher darauf gerechnet, heute meine Urlaubsreise antreten zu können. Zu meinem Ärger ist wieder nichts daraus geworden. Vormittags mußte ich mit der übrigen Mannschaft nach Breth laden, und als wir zurück kamen war Oblt. Pauler fort und kam erst spät Abends nach Hause. Der heutige Tag ist somit wieder ein Verlorener.

17.6.

In der Früh beim Antreten blieb ich weg. Ich wollte unbedingt heute wegfahren. Konnte es kaum erwarten, bis der Oblt. seine Morgentoilette gemacht hatte, und ging dann sofort zu ihm. Er folgte mir sogleich einen offenen Befehl aus, welchen ich in der Kanzlei ausfüllen ließ. Dann mußte ich aber wieder bis Mittag warten. Währenddessen führte ich meine Decken und Gewehr ins Magazin ab, ließ mir zwei Portionen Brot als Reiseproviant verabfolgen. Auch meine Zigarettengebühr hatte ich mir vom Hr. Oblt. erbeten, der sie mir auch bewilligte, doch mußte ich mich mit dem R.U.O. erst wiederum eine Zeitlang streiten; schließlich aber bekam ich's doch.

Mittags konnte ich endlich weggehen. Ich hatte Eile, um noch den nächsten Stollenzug zu erreichen. Mein Gepäck war schwer, und ich kam nicht recht vorwärts. In Pustina nahm mich zum Glück ein Auto auf und kam so mühelos nach Breth. Der Zug war jedoch schon weg und ich konnte bis 3 Uhr warten.

Während dem begann es heftig zu regnen – ein wahrer Wolkenbruch. Als ich um ½ 4 Uhr durch den Stollen nach Raibl kam, hatte zwar das Unwetter etwas nachgelassen, aber trotzdem wurde ich bis Tarvis ordentlich naß. Mußte hier noch geraume Zeit warten, ehe der passende Zug ankam.

Von hier bis Villach machte ich die Fahrt gemeinsam mit Vorm. Schmidt, welcher in Begleitung v. Hr. Oblt. Pauler nach Villach fuhr. Er behauptete, daß ich den Anschluß über die Tauern nicht mehr erreichen und daher in Villach übernachten müsse. Das wollte ich zwar nicht glauben, doch war ich auch nicht sicher, den Anschluß noch zu erwischen. In Villach angekommen, hörte ich gerade, wie der Portier[1] den Tauernzug ausrief. Hurrah! So geht ja alles gut für mich.

1 Der Bahnhofsportier mußte mit einer Handglocke läuten, damit die Gleisanlagen für den einfahrenden Zug von Fußgängern frei blieben.

Nach 20 min. Warten fuhren wir auch schon ab. Bis Spittal a. d. Drau ging's im Schnellzugstempo, von da ab über die Tauern ging's allerdings recht langsam. Um Mitternacht waren wir in Schwarzach. Hier hieß es warten bis ½ 4 Uhr früh. Zum Essen gab es nichts. Nur schwarzen Kaffee ohne Zucker und sündteuren Wein. Hier verzehrte ich mein letztes Brot.

Bis Valentin, wo wir um 4 Uhr ankamen, war nirgends etwas Eßbares aufzutreiben. Hier hatte ich schon einen gewaltigen Hunger, ohne denselben stillen zu können. In dem Gasthaus, wo ich weilte, wurde Kegel geschoben. Die Langeweile trieb mich dazu, daß ich mich ebenfalls daran beteiligte. Es war übrigens nur ein Kreuzerspiel (?).

Während dem bemerkte ich, wie ein junger Zivilist ein Stück Geselchtes und einen halben Laib Brot auspackte. Ich ersuchte ihn, mir gegen ein Packerl Tabak und Zigaretten ein wenig von seinem Überfluß abzutreten. Bereitwillig ging er auf den Handel ein und ich verzehrte mit Heißhunger das schmackhafte Fleisch samt Brot. Ja schließlich ersuchte er mich, ihm noch einige Zigaretten abzutreten, wogegen er mir den Rest des Brotes gab. Ich war ganz glücklich über den gemachten Tausch und mein Gegenüber nicht minder. Nun hielt ich leicht aus bis zu Hause.

Da mein Brief noch nicht angekommen war, so überraschte ich die Meinen abermals. Die mitgebrachten Sachen - Zucker, Rum und Tabak erweckten allgemeine Freude. Ich verzehrte nun noch ein kräftiges Nachtessen, während dessen ich meine jüngsten Erlebnisse erzählte und ging dann zu Bett.

18.6.

Heute mußte ich leider die Wahrnehmung machen, daß diesmal der Zeitpunkt für einen Urlaub schlecht gewählt war; denn die Heuernte ist bereits erledigt, während das Korn infolge ungünstigen Wetters noch bei weitem nicht reif ist. Ich bin zu früh und zu spät gekommen und kann mich den Meinen gar nicht nützlich machen.

22.6.

Es ist nicht so leicht, das verlangte Quantum Butter zusammen zu bringen. Mutter kann nichts dazu beitragen, und so mußte ich denn anderwärts hausieren gehen. Habe jedoch erst ein Kisterl abgesandt, das zweite kommt morgen, das dritte und letzte aber, das muß ich mir noch einige Tage aufsparen, ehe ich das nötige Quantum beisammen habe.

23.6. Sonntag
Tanzunterhaltung in der Waslmühle

24.6. Sonnwendfeier
Während es all die Tage her geregnet hatte, heute zeigte der Wettergott wieder einmal ein freundliches Gesicht. Infolgedessen flammten Abends, bei Einbruch der Dunkelheit überall die Sonnwendfeuer auf, jedoch sind es viel weniger als in früheren Jahren. Auch diesem Volksvergnügen hat der Krieg Abbruch (?) getan.

Auch unser Nachbar hatte ein Feuer angebrannt, bei dem sich alles was jung war, zu fröhlichem Plausch zusammenfand. Erst als das letzte Stück Reisig verbrannt war, trennten wird uns und eilten unseren Kammern zu. Ich hatte bei dieser Gelegenheit ein paar gute Kameraden getroffen, die ich seit Kriegsausbruch nicht mehr gesehen.

27.6.
Heute habe ich auch das letzte Kisterl zur Post gebracht und somit ist meine Aufgabe erledigt. Sie hat mir nicht wenig Scherereien gemacht. Nun ist leider auch mein Urlaub bald abgelaufen. Nur zwei Tage noch.

29.6.
Fest »Peter und Paul«. Ein Feiertag und zugleich mein letzter Urlaubstag. Infolgedessen konnte auch keine rechte Feiertagsstimmung aufkommen.

Abends streifte ich noch eine Zeitlang im Freien herum, kam dabei bis zum Nachbarn. Heute war Niemand da. Nur die Kinder waren noch wach. Ich setzte mich zu ihnen auf die Bank und (wir) zählten hier die wenigen »Petersfeuer« welche zu sehen waren. Das Größte und Schönste flammte kaum 20 Min. von uns entfernt. Dort war jedenfalls das junge Volk aus der Nachbarschaft zahlreich vertreten; und lustig war's auch, das konnte man von Weitem entnehmen. Ich aber lenkte meine Schritte wieder heimwärts, denn noch hatte ich ein trauriges Geschäft zu besorgen, nämlich packen.

30.6.

Schade um diesen Sonntag, den ich so verwursteln mußte! Mein Bruder begleitete mich nach Schwertberg zur Bahn. Der Wortnersepp hatte mir auch versprochen mitzukommen. Doch als wir beide hinkommen, lag alles noch im tiefsten Schlafe. Zum Warten aber war keine Zeit und wir gingen also allein. Beim Bahnhof sagte ich auch dem Bruder Lebewohl und dann ging's zum neuntenmal hinaus in die Fremde – ins Ungewisse. Nur in Badgastein, dem luxuriösen Kurorte der Fürsten und Millionäre sah ich ein Stück Elend, das mich tief erschütterte, aber auch empörte. Wir hatten für zirka eine Viertelstunde Aufenthalt. Während dieser Zeit kamen mehrere zerlumpte, halbverhungerte Kinder an die Waggons, und von einem zum Anderen eilend, baten sie mit aufgehobenen Händen um ein Stück Brot. Der Zug führte viele Urlauber mit, von denen sich doch viele der armen hungernden Kinder erbarmten. Ich schnitt auch jedem ein Stückerl von meinem Brote ab, und erntete dafür ebensoviele warme »Vergeltsgott«.

Hier scheinen auch traurige Zustände zu herrschen, die nicht gerade ein gutes Zeugnis für die Mildtätigkeit der reichen Kurgäste ablegen. Daß doch in unserem lieben Österreich alles faul ist. In Deutschland dürfte derartiges wohl kaum vorkommen.

Juli 1918

1.7.

Mittags war ich bereits wieder in der Klause; gerade als ich die Rampe hinauf ging, rückte auch die Mannschaft ein; alle mit Überschwung u. Gewehr. Ich fragte, was das zu bedeuten habe. Die Antwort war: Wir exerzieren jetzt fleißig. Oblt. Pauler hat eine 14 tägige Übung angeordnet. Also hat man nichts Besseres für die Leute zu tun, als sie durch Exerzieren zu ermüden? Ich glaube doch, daß es besser wäre, vorerst einmal die Bergungsarbeiten zu beenden. Die Leute fluchen und schimpfen durcheinander über diese Wirtschaft.

Nachdem ich mein Gepäck abge... [nicht lesbar] ging ich zu Oblt. Pauler, legte ihm die ... [nicht lesbar] der abgesandten Pakete und die Rechnung vor. Über Erstere äußerte er seine Zufriedenheit; Letztere jedoch schien Ihm, trotzdem er selbst die Preise bestimmt hatte, zu hoch. Er sagte es zwar nicht, doch konnte ich es deutlich aus seiner Miene und dem weniger freundlichen Benehmen beobachten. Der Betrag ist allerdings ziemlich hoch: 222 K; aber wenn der Herr geglaubt hat, daß ich ihm diese Sachen umsonst, oder wie viele Andere zu einem Schleuderpreis liefern werde, so war das eben eine Täuschung. Ich werde mir seine Gunst nicht erkaufen. Schließlich meinte er, ich werde das Geld schon erhalten. Damit war ich nicht einverstanden, doch vorläufig zog ich ab.

Schon in Breth und dann auch hier in der Klause hörte ich, daß viele auf Kriegsanleihe Urlaub gefahren sind, da kam mir gleich die Idee, es auch zu versuchen. Ich ging daher im Laufe des Nachmittages wieder zu Hr. Oblt. und trug ihm mein Anliegen vor; doch fand ich keine freundliche Aufnahme. Der Herr machte mir Vorwürfe über meine Unbescheidenheit, die ja wie ich selbst eingestehen muß, nicht ganz ungerecht waren. Doch ich war ja auch bereit, ein Opfer zu bringen, gewiß eine Entschuldigung für meine Handlungsweise.

Ich ward schließlich gefragt, wie viel ich zeichnen wolle. Zuerst bot ich 300 K., als dies zuwenig war, ging ich bis 500 K., meinem ganzen Ersparten. Damit war man zufrieden. Ich stellte aber gleichzeitig die Bedingung: daß ich noch Ende dieser Woche meinen dreiwöchigen Urlaub antreten könne. Über diesen Punkt konnten wir uns wieder lange nicht einig werden. Schließlich ward wohl dem Herrn dieses Wortgeplänkel zu langweilig. Er sagte mir: »Also gehen sie jetzt mit Herrn Lt. Luszar (?), der diese Zeichnungen über sich hat, zeichnen Sie den genannten Betrag und Ende der Woche kommen Sie wieder zu mir, dann werden wir die Angelegenheit schon ins Reine bringen. Bis dahin aber höchst stramm exerzieren, denn das dürfte Ihnen sehr gut tun.« Damit war diese Sache für heute erledigt. Ich zeichnete in der Kanzlei die 500 K und schrieb dann sofort an die Eltern, um sie von diesem, für mich armen Teufel nicht so einfachen Unternehmen zu verständigen. Mir war innerlich doch nicht ganz wohl bei der Sache. Wie, wenn der Alte sein Wort nicht einlöst? Viel darf man auf sein Wort nicht geben. Übrigens habe ich mir bereits vorgenommen, die Tatsache der vollzogenen Zeichnung für alle Fälle vor den Kameraden geheimzuhalten; es könnte mir sonst …

Die Seiten 58 und 59 des Tagebuchs sind stark beschädigt und zum Großteil nicht leserlich!

Ich habe seit 1914 nicht mehr exerziert, und die Gewehrübungen klappten bei mir absolut nicht. Mein Unstern wollte es, daß ich Zgsf. Albrecht, diesen heimtückischen Buben, als Gliederkomdten. hatte. Er war mir ohnehin schlecht gesinnt, wenn auch ohne entschuldigenden Grund und nun war ihm günstige Gelegenheit geboten, mich zu drangsalieren. Ich mußte eine Maßregelung und Beschimpfung nach der anderen ruhig hinnehmen. Er fragte mich, wann ich das letztemal exerziert habe; auf meine Antwort: »1914« fand er, der erst 1915 od. 16 eingerückt ist, die Dreistigkeit mir zu sagen: »ich auch nicht«. Ich hätte ihm am liebsten ins Gesicht gespuckt. Schließlich ließ er mich sogar austreten, und mich mit zwei Anderen, die ihre Sache bei weitem schlechter machten als ich, allein exerzieren. Diese Schande verzeihe ich nie!

Es dauerte übrigens nicht lange, war »Abtreten« und ½ Stunde Pause. Nach derselben war bis Mittag »Batterieexerzieren«. Ich atmete wie erlöst auf, als wir um 11 Uhr in die Klause zurückmarschierten. Nachmittags mußten wir gleichfalls wieder auf diesen Schinderanger hinaus, doch lief die Sache schon bedeutend glimpflicher ab für mich.

5.7.

Die Übungen nehmen ihren Fortgang, Es geht mir nun schon bedeutend besser. Bin nun schon leidlich in der Übung. Aber ich kann trotz allem diesem Possenspiel keinerlei Simpahtien [sic!] abgewinnen. Es ekelt mich geradezu an, und ich zöge es vor, den ganzen Tag Munition zu schleppen. Ohnedies müssen wir nun täglich nach den Gelenksübungen ein oder mehrere Autos mit Munition beladen, worauf die Übungen fortgesetzt werden.

Die Verpflegung ist schlechter denn je. Unter der Mannschaft herrscht eine derartige Mißstimmung, wie ich solche noch nie und nirgends beobachtet habe. Man könnte es »echt russische Zustände« nennen wie es bei unserer Batterie zugeht.

Nun ist leider auch meine Befürchtung bezüglich des Urlaubs nicht unbegründet gewesen. Heute wollte ich dem Hr. Oblt. das mir gegebene Versprechen in Erinnerung bringen; wurde jedoch nicht angenommen, mit der Begründung daß nun wieder Hr. Oblt. Berginz (?), der dieser Tage vom Urlaub eingerückt, der Sachwalter betreffend Urlaube sei. Nahezu eine halbe Stunde mußte ich alles Mögliche, Vorwürfe u.s.w. anhören, wo mir doch schon das erste Wort von ihm genug ausgedrückt hatte, um zu wissen, daß ich um meinen teuer abgekauften Urlaub betrogen sei. Der Schluß der langen Debatte war, daß mir Herr Oblt. sagte, ich könne bestenfalls im November wieder Urlaub bekommen.

So groß auch meine Enttäuschung ist, so kann ich doch Oblt. Berginz meine Achtung nicht versagen, denn er besitzt das, was Oblt. Pauler gänzlich vermissen läßt: »einen durch und durch ehrenhaften Charakter: fast unnachsichtlich strenge im Dienst, ist er nebstbei bestrebt, peinlich gerecht zu sein. Trotzdem er aus recht armer Familie stammen soll, ist er von unseren Offizieren wohl der Einzige, der seine Stellung nicht zu ungebührlicher Bereicherung mißbraucht. Wäre er Batteriekomdt. so würden solche Verhältnisse wie sie so in der Batterie herrschen, unmöglich sein. So aber sind ihm die Hände gebunden. Ich weiß daß er mir nicht gut gesinnt ist und ich achte ihn trotzdem mehr als irgend einen aus der Batterie.

Auf ausdrückliches Verlangen, hatte mir nun Hr. Oblt. Pauler auch den Preis für die versandten Sachen ausbezahlt. 222 K. Dadurch, daß ich den Betrag direkt von ihm forderte, bin ich in seiner (Wort fehlt!) wiederum ein gut Teil gesunken; ich mußte so handeln, denn wie ich ihn kenne, würde sonst diese Schuld bald in Vergessenheit geraten sein. Ich hatte gehofft, diese Summe zur Zeichnung zu verwenden; da es nun mit dem Urlaub nichts ist, werde ich diesen Betrag sobald als möglich den Eltern übersenden.

7.7. Sonntag

Für heute hatte man uns eine ganz besondere Sekkatur [sic!] zugedacht: 7 Uhr früh marschierten wir auf die Wiese hinaus; jedoch nur 2 Züge. Der erste blieb zurück, ohne daß wir wußten warum.

Um 10 Uhr kam eine Ordonanz hinaus mit dem Befehl: »Der dritte Zug – zu welchem ich eingeteilt war – habe sofort einzurücken.« Bald ward uns auch der Grund dieses sonderbaren Verfahrens klar. Als wir in den Hof einmarschierten war derselbe voll mit Decken, Monturgegenständen u.s.w.

Nun hieß es, sofort sämtliches Gepäck zusammenraffen und damit in den Hof hinunter gehen. Fluchend und schimpfend leisteten wir dem Befehl Folge. Im Hofe unten saß an einem Tisch der R.U.O. mit der Bekleidungskonsignation, in welche nun die Habseligkeiten jedes Einzelnen eingetragen wurden. Dabei waren noch Zgsf. Graffl und Albricht, die beiden Kriecher behilflich. Sie packten alles auseinander, überzählten es und das ihnen oder Hr. Oblt. Pauler, der noch fleißig dazu animierte – überflüssig scheinende wurde beiseite geschafft. Ich war der Ersten einer. Von den 4 Decken wurde mir eine weggenommen, alles übrige – es war ja nicht viel – gelassen. Nicht allen ging es so glimpflich. Manche erlitten beträchtliche Einbußen von ihren Sachen.

Während dies im Hofe vor sich ging, wurde im Zugszimmer alles durchstöbert. Einige hatten einzelne Gegenstände verborgen; doch ward alles gefunden und weggenommen. Das dauerte bis nahezu 12 Uhr.

Dann ward mir das »Vergnügen« zuteil, den 4. Zug hereinzuholen. Der 1. welcher nach beendeter Visite hatte hinaus müssen, mußte noch bleiben. Um ½ (?) Uhr war man auch mit der Visitierung des 4. Zuges fertig; der 1. durfte auch einrücken und nun bekamen wir endlich Menage, viel zu wenig um den großen Hunger stillen zu können.

Für den Rest des Tages war frei. Aber die Stimmung war schon eine so mißliche, daß die Lust zu Vergnügungen gänzlich vergangen war. Ich machte mit noch drei Kameraden ein Tarockspiel. Ich gebe zu, daß die Visite zum Teil notwendig war, doch hätte man bei etwas gutem Willen dieselbe etwas schonender abhalten können, und warum gerade am Sonntag, wo man ohnehin die ganze Woche hindurch geplagt ist. Die ganze Mannschaft ist aufs höchste darüber erbost.

12.7.
Nun sind wir das Exerzieren wieder los. Jetzt gibt es (was ja auch früher der Fall gewesen wäre) Wichtigeres zu tun. Eine ganze Autokolonne ist angekommen, und nun wird emsig an dem Abtransport der Munition und Geschütze gearbeitet. Erstere wird von den Autos nach Breth, von hier mit der Stollenbahn nach Raibl und von da mit der Seilbahn nach Tarvis zum Bahnhof geschafft. Letztere werden durch die schweren Autos nach St. Lucia transportiert.

Die Arbeit ist schwer, aber sie wäre immerhin leicht zu bewältigen, wenn die Verpflegung nur einigermaßen ausreichend wäre; so aber ist von sattwerden überhaupt keine Rede mehr, oder nur in dem Fall, daß man das für zwei Tage gefaßte Brot in einem Atem (?) aufißt. Viele tun dies auch. Ich werde dem nicht mehr lange zusehen können, sondern einfach handeln. Bitten und Beschwerden beim Batt.Kommdt. sind alle erfolglos. Ich habe bereits einen bestimmten Plan gefaßt, und warte nur mehr auf eine passende Gelegenheit ihn auszuführen.

14.7.
Vormittags in Breth laden. Nachmittags frei.

16.7.
Ich ward zur Autokolonne nach Breth in Dienst als »Inspektions-Vormeister« kommandiert. Zu tun gab es dabei soviel wie nichts.

Ich benützte diese Gelegenheit, um den gefaßten Vorsatz auszuführen und mich über die Vorgänge bei der Batterie zu beschweren. Ich schrieb also nachstehenden Brief an das k.u.k Etapp. Grp.Kmdo Görz:

»Nach reiflicher Überlegung – und im vollen Bewußtsein der Tragweite dieser Mitteilung, nachdem ich dies für die einzige Möglichkeit halte zu unserem Recht zu kommen – habe ich mich entschlossen dem k.u.k. Etapp. Grp.Kmdo Görz auf außerdienstlichem Wege nachstehende Mitteilung einzusenden.

Bei der Batterie 6, 6.schw. Feldart.Rgt., Standort Flitschersperre Post Tarvis wird uns das lt.Befehl N° 9000, des k.u.k. 6.A.K. 6. Abtlg. vom 24./III 1918 ab 21./III. 1918 gebührende Menagerelutum zum größten Teil entzogen. Die Sache verhält sich wie folgt: Brotrelutum wurde uns voll ausbezahlt; Weinrelutum erst ab 21. April, Fleischrelutum aber erhielten wir bis heute keinen Heller.

Bei einem durchschnittlichen Verpflegungsstand von 160 - 200 Man, ergibt das in der verhältnismäßig langen Zeit von vier Monaten eine außergewöhnlich hohe Summe von Ersparnissen, aus welchen wir jedoch nicht den geringsten Nutzen ziehen.

Soviel mir bekannt ist, werden diese in den monatlichen Rechnungsakten als »im Handeinkauf verausgabt« ausgewiesen. Es wurde ja auch tatsächlich schon Gemüse gekauft; doch dürfte dies kaum die lt. obigem Befehl gebührende Menge von 40 g. per Mann und Tag überschreiten.

Ich erlaube mir daher, das k.u.k. E.G.K. Görz gehorsamst zu bitten, diesbezüglich einzuschreiten und uns zu unserem Rechte verhelfen zu wollen und sich so auch des Dankes meiner Kameraden, die ich gleichzeitig als Zeugen für die Wahrheit meiner Mitteilung aufrufe, zu versichern.

Falls noch weitere Daten gewünscht werden, bitte ich gehorsamst, mich zur mündlichen Einvernahme vorladen zu wollen.

Zeichnend gehorsamst
Josef Mörwald Vormeister,
k.u.k. Batt, 6/6. s.F.Art.Rgt.

Bis spät am Abend, wo ich der Dunkelheit wegen schließen mußte, hatte ich an der Abfassung dieses Schreibens gearbeitet, ohne ganz fertig zu werden.

17.7.
Kaum hatte ich in der Früh meinen Kaffee getrunken, als ich mich auch schon wieder über den Brief hermachte. Nun war er schnell vollendet und ich ging sofort damit zur Post und gab ihn rek. auf.

Nun ist der gewiß für beide Teile folgenschwere Schritt getan; es gibt kein Zurück mehr. Anfangs war ich fieberhaft erregt. Allmählich ward es jedoch wieder ruhig in mir. Nun sehe ich gespannt dem entgegen, das nun unbedingt kommen muß.

21.7. Sonntag
Heute wurde es doch gar zu arg, nämlich der Hunger! Bretmeister und ich beschlossen also auf gut Glück in die Bausica, einem steinigen Talkessel, eingezwängt zwischen dem Svinjak und Himmelberg, zu gehen.

Die Häusler haben ziemlich viel Käse. Nun eilten wir von Haus zu Haus, ohne irgendwo etwas Eßbares zu bekommen. Erst bei dem letzten trafen wir einen alten Mann, der gut deutsch sprach. Dieser bewirtete uns mit etwas Käse und Kartoffel, was natürlich dankend angenommen wurde. Als wir es bezahlen wollten, nahm der freundliche Alte nichts an. Ich legte dafür eine Zweikronennote unter den Teller.

Die Leute sind ja selbst bitter arm und es dünkte mir ein Unrecht, für umsonst zu essen. Denn so primitiv das Mahl auch gewesen, der Hunger war doch etwas gestillt.

Es begann schon zu dunkeln als wir in die Klause zurück kamen. Ich war müde und obendrein schmerzte mich der linke Fuß. Es hat sich da oberhalb der Ferse ein Geschwür gebildet.

24.7.
Mußte mich marod melden; bin nicht marschfähig, der Fuß ist stark ange-schwollen und schmerzt ganz empfindlich. Da ich keine Fahrgelegenheit nach Flitsch bekam, so ließ ich mir von unserem Sanitäts-Unteroffizier Vaselin auflegen und ordentlich verbinden.

25.7.
War Vormittags in Flitsch bei der Visite. Der Arzt nahm einfach eine große Schere und schnitt mir das Geschwür auf. Der San.Gehilfe gab etwas Jod und Vaselin drauf, dann ward ich verbunden und konnte gehen. Ins Ma-rodenbuch wurden 2 Tage dienstfrei eingetragen. – Es war mir geglückt den Hin- und Rückweg mit einem Lastauto fahren zu können.

27.7.
Nachmittags war Monturrapport. Da ich in meinen vor nicht lange Zeit gefaßten Schuhen absolut nicht marschieren konnte und daher stets meine eigenen gebrauchte, diese aber nun auch schon bald gebrauchsunfähig sind, so trat ich ebenfalls zum Rapport an. In Filzpantoffeln, die Schuhe in der Hand. Anfangs wollte mir Oblt. Pauler den Austausch nicht bewil-ligen, doch meine Erklärung, daß ich so stets marschunfähig sein werde, stimmte ihn doch um und ich bekam ein Paar schöne neue »Goiserer«, die mir gut passen.

Feuerw. Hirnschall und drei Zgsf. sind nach Italien abkommandiert. Sie gehen Morgen ab. Das wäre an und für sich nichts Besonderes, wenn nicht auch Bretmeister darunter wäre. Das tut mir ungemein Leid! Sind wir doch durch eine dreijährige Kameradschaft die besten Freunde ge-worden. Er selbst und auch die Übrigen sind froh von hier fortzukommen. War bis gegen Mitternacht mit Bretmeister zusammen. Es ist ja der letzte Abend, und Morgen heißt es scheiden.-

28.7. Sonntag
Noch vor dem Antreten wurde uns verlautbart, daß wir heute arbeiten müß-ten. Natürlich waren alle darüber unzufrieden und es wurde fest räsoniert.

Helfen tat's freilich nichts. Nahezu 2 Stunden mußten wir auf die Autos warten. So kam es, daß ich Bretmeister noch früher scheiden sah. Er war hochbeglückt darüber, aus diesem Zwinger fortzukommen.

Auch die 3 Übrigen hielten mit Ausdrücken der Befriedigung über dieses Scheiden nicht zurück. Gerade als sie von der Straßenbiegung verschwanden, kamen endlich auch die Autos in Sicht, und hielten ein paar Sekunden später an der Rampe. Nachdem wir aufgestiegen waren, ratterten sie wieder los, nach Blaž, einem zirka 15 km entfernten steinigen Talkessel, in welchem einige, jetzt zerschossene Hütten das Dorf Blaž bilden. Hier ward Munition verladen. Da dieselbe erst zur Straße herbei geschafft werden mußte, so vergingen Stunden, ehe die Wägen vollgeladen waren.

Ich mußte währenddessen mit 4 Anderen die Straße von den vielen Markierungsdrähten und heruntergekollerten Steinen säubern. Das war noch viel weniger anstrengend, als Munition schleppen. Die Menage wurde nachgebracht. Es war leider wenig genug. Unsere Arbeit war kaum beendet, als auch schon die Autos nachkamen. Ich sprang gleich auf das Vordere und die Übrigen folgten meinem Beispiel auf den Nachkommenden.

So war ich doch schon um 4 Uhr zurück und ganz trocken, trotz des strömenden Regens, da ich mich unter der Deckleinwand gut geborgen hatte. Von denen die Munition getragen hatten, mußten viele den Weg zu Fuß machen, und kamen zwei Stunden später ganz durchnäßt an.
Damit war der Sonntag zu Ende.

29.7.
Von Früh bis 2 Uhr Nachmittags in der Nähe von Flitsch. Italienische 15 cm Mun. abtragen. Dabei explodierte – wahrscheinlich durch die Unvorsichtigkeit eines Rauchers – eine ziemlich große Menge Pulver. Wir können wirklich von Glück sagen, daß nicht einige von uns, oder gar alle, dabei in die Luft gingen. Da mit der Beschäftigung hier auch noch ein weiter Marsch verbunden ist, so war der Tag sehr anstrengend.

31.7. Mittwoch
Den heutigen Tag muß ich wohl unterstreichen, denn er ist zu bedeutend für mich und meine nächste militärische Laufbahn.

Was ich lange erwartet, ja mitunter sogar schon bezweifelt hatte, heute ist es gekommen: der vollständige Bruch mit Hr. Oblt. Pauler und damit auch dem übrigen Offz.Korps der Batterie.

Schon als wir von der Beschäftigung zurück kamen, gab es große Aufregung. Die Menage war nämlich so gering, daß gewiß ½ Dutzend solcher Portionen dazu gehört hätten, um einen solchen Hunger wie wir ihn hatten, stillen zu können. Ein Kanonier wollte seine Portion Fleisch mit der Küchenwa(a)ge abwiegen; doch war das kleinste Gewicht im Ausmaß von 25 g noch zu schwer, diese Portion hatte somit höchstens 20 g, während wir doch 200 g Gebühr hätten.

Die Portionen sah auch der Etapp.Stat.Komdt Flitsch, ein Obstlt des I.R. 14. Er gab auch seiner Unzufriedenheit mit einer Behandlung der Mannschaft offen Ausdruck.

Abends ging nun der Krach los. Ich hatte schon die Schuhe ausgezogen und mir's bequem gemacht, als ein Offzd. kam und mich zu Hr.Oblt. rief, ohne zu sagen welchen; ich fragte auch nicht weiter, sondern zog die Schuhe an, band die Wickelgamaschen darüber und eilte so ohne Überschwung hinunter.

Unter der Türe kam mir schon Oblt. Pauler in höchster Aufregung entgegen, rief mir gleich zu: »Sie Schw. Sie, so treten Sie an!« sofort zurück, Überschwung holen, Laufschritt! Ich wußte nun auch, was los sei. Holte das Verlangte und trat hinaus auf den Vorplatz.

Sämtliche Offz., der R.U.O. Zgsf. Jagellowitsch und Albrecht, somit die ganze Garde des Hr. Pauler war hier in dienstlicher Haltung versammelt. Ihre Augen schossen bitterböse Blicke auf mich, durch die ich mich jedoch nicht beirren ließ und mich bei Oblt. Pauler meldete. »Gehen Sie hinein in mein Zimmer, zum Herrn Obstlt. Ich trat ein, meldete mich abermals. Auf dem Tisch lag der von mir am 17. geschriebene Brief, stellenweise mit roten Strichen durchzogen.

Nun begann ein strenges Verhör, das wohl eine Stunde dauerte, und im Verlaufe dessen ich dem Herrn Obstlt. die hiesigen Verpflegsverhältnisse [Wort fehlt!] Andere Vorkommnisse behielt ich für mich. Diese müssen, falls die Sache eine schlimme Wendung für mich nehmen soll, mein letzter Trumpf sein. Über das ganze Verhör ward ein Protokoll aufgenommen, welches ich am Schlusse unterzeichnen mußte. Zum Schluß hatte ich noch Vorm. Schredl zu holen, welchen ich in einem Punkte als Zeugen angeführt hatte. Derselbe hatte nun gleichfalls ein kurzes Verhör zu bestehen, mußte seine Ausführungen auch schriftlich bestätigen.

Der Hr. Obstlt. machte uns noch die Eröffnung, daß Morgen seine Exzellenz der Etapp.Grp.Kmdt. v. Görz, Feldmschlt. (?) in höchst eigener Person hierher kommen werde. Damit wurden wir entlassen. Als wir in den Hof traten, bemerkte ich mit Staunen, daß fast die ganze Mannschaft hier versammelt war. Es herrschte überall die größte Aufregung. Selbst war ich natürlich auch erregt.

Man bestürmte mich mit Fragen, denen ich jedoch so viel wie möglich auswich. Denn es sind zu viele darunter, die um eine Kleinigkeit auch den besten Freund verraten würden.

Um die erregten Nerven zu beschwichtigen, schlug ich eine Tarockpartie vor. Kann. Stipak, der sonst gerne mit mir spielte, schlug heute meine Einladung aus. Ich kann mir wohl denken warum.

Er ist einer der ärgsten Kriecher, die mir bei diesem Verein untergekommen sind, und fürchtet wohl sich durch ein Spiel mit mir zu kompromittieren. Die Partie kam trotzdem zustande und wir spielten ein paar Stunden recht vergnügt.

August 1918

1.8.

Als wir auf dem Wege zu unserem Arbeitsort durch Flitsch kamen, merkten wir schon die Vorbereitungen zum Empfange Seiner Exzellenz. Es war eifrig an der Säuberung der schuttbedeckten Strassen gearbeitet worden.
Als wir um 2 Uhr heimmarschierten, erkundigte ich mich schon unterwegs, ob der hohe Herr schon eingetroffen sei. Das war nicht der Fall.

Nachdem wir in der Klause abmenagiert hatten, ließ ich mir vom Schneider schnell meine defekte Montur in einen etwas besseren Stand setzen, für den Fall, daß ich zum General gerufen werden sollte. Derselbe traf erst gegen 4 Uhr im Auto ein, ohne sich jedoch längere Zeit aufzuhalten. Ich wurde auch nicht gerufen. Was bei dieser Gelegenheit verhandelt wurde, kann man leider nicht erfahren.

Heute zeigte sich übrigens schon ein teilweiser Erfolg meiner Handlungsweise. Erstens war die Menage, wie auch das Nachtmahl um vieles mehr als vordem – und weiters wurden schon einige Leute in ihre Heimat geschickt, um dort Lebensmittel einzukaufen.
Ich hatte, als ich das hörte, gerade noch Zeit, nun meinen Eltern das Vorgefallene in einem Briefe schreiben zu können, welchen ich dann einem Wegfahrenden mitgab, mit der Bitte, ihn irgendwo im Hinterland aufzugeben. Nachdem auch dies geschehen will ich nun zur Ruhe gehn.

4.8. Sonntag.

Das am Mittwoch Vorgefallene bildet noch immer den Hauptgegenstand der meisten hier geführten Gespräche. Im Stillen geben mir wohl alle Recht, einige Wenige ausgenommen. Aber offen für mich einzutreten dazu sind alle, oder doch die Meisten zu feig.

Gestern Abend hatte (ich) in dieser Angelegenheit zum Rapport gemußt. Was ich da alles zu hören bekam, das will ich hier lieber gar nicht niederschreiben. Es waren Ausgüsse eines tödlichen Hasses; mit Schimpfreden gespickt, die hier nicht wiederzugeben sind. Da außer mir noch eine Anzahl U.Offz. und Mannschaften beim Rapport waren, so benützte Oblt. Pauler diese Gelegenheit sich als den unschuldigen Verleumdeten hinzustellen, mich aber vor aller Augen möglichst zu demütigen.

Ob ihm dies bei den Anderen gelungen ist, weiß ich nicht, bezweifle es aber. Was aber meine Person anbelangt, so wurde durch dieses Gerede mein Gleichmut nicht erschüttert. Es wäre für jeden vergebliche Liebesmüh, dies auch nur versuchen zu wollen. Habe ich einmal den Sturm entfesselt, so werde ich auch alle Folgen daran tragen. Schlimmer als es war, kann es kaum noch werden. Trotzdem heute Sonntag ist, mußten wir wiederum arbeiten.

Während es die letzten Tage her sehr heiß war, begann es heute schon im Laufe des Vormittags zu regnen, und zwar allmählich so stark, daß wir auf dem Heimweg unter Blitz und Donner auch noch vollständig durchnäßt wurden.

Von einem kleinen Sonntagsvergnügen unterhalb der Festungsmauern war unter diesen Umständen keine Rede mehr. Ich machte es mir daher auf meiner Pritsche bequem.

5.8.

In der Verbannung!

Es war kaum 6 Uhr vorüber, als der Tagskorporal mir den Befehl überbrachte, daß ich mich sofort fertigmachen und samt Rüstung nach Za Otoke abzugehen habe, um bei dem hier kommandierten Arbeitsdetachement von 6 Mann, den Korpl. Schlamberger abzulösen.

Dem Befehl Folge leistend, packte ich so schnell als möglich zusammen, holte meine Verpflegsdokumente und nachdem ich den besten Kameraden die Hand zum Abschied gedrückt, trat ich leichten Herzens über die

Schwelle dieser unseligen Mauern. Meine Rüstung war recht schwer und so marschierte ich langsam meinem Verbannungsort zu. Der Himmel überzog sich wieder mit grauen Wolken, ein heftiges Gewitter entlud sich und es begann abermals – und geradezu in Strömen zu regnen.

Ich bat bei dem einzigen leidlich erhaltenen Hause des zerschossenen Krsovetz [Kršovec] um ein Obdach, das mir auch bereitwillig gewährt wurde; legte also meinen Rucksack ab und setzte mich neben der Tür auf eine Bank; so geborgen, sah ich eine Zeitlang interessiert dem Toben der entfesselten Elemente zu. Die gute alte Frau teilte mir sogar von dem Nachtessen mit, Graupen und Kartoffel in Milch. Ich nahm die Gabe natürlich mit Dank an.

Eine Stunde war schon über diesem Warten vergangen und das Unwetter hatte nur unmerklich nachgelassen. Ich aber hatte noch einen ziemlich weiten Weg bis hierher und konnte nicht länger warten. So verabschiedete ich mich von meinen freundlichen Wirten und trabte langsam weiter. Um ½ 10 Uhr kam ich ganz durchnäßt, nun schon zum zweitenmal in Za Otoke an.

Nun mußte ich noch ½ Stunde suchen, ehe ich das Quartier meiner Leute fand. Sie lagen alle schon schlafend und waren daher nicht wenig überrascht mich zu so später Stunde und bei solchem Wetter ankommen zu sehen.

Todmüde wie ich schon war, zog ich meine nassen Lumpen aus, und bereitete mir ein notdürftiges Lager auf dem harten Boden. Ich schlief aber schlecht; es fror mich fortwährend. Erst gegen Morgen ward mir wärmer, und ich hielt bis 7 Uhr aus. Schlamberger holte sich unterdes seinen Verpflegszettel in der Kanzlei und gab den Meinigen dort ab. Zurückgekommen packte er seine Sachen und marschierte der Klause zu.

Ich stand nun auch auf und ging zu dem hier vorbeifließenden Isonzo, in dessen grünen Fluten ich nun meine Morgentoilette machte. Darauf spannte ich ein paar Schnüre zwischen den Bäumen und hängte meine nassen Sachen zum Trocknen aus.

Nun trug ich eine Bank hinaus, nahm ein Buch zur Hand und setzte mich in die herrliche Morgensonne. Dabei besah ich mir meine Umgebung, die mir zwar nicht mehr fremd war. Sie hat nichts Schönes an sich, eher das Gegenteil; aber trotzdem ist jetzt ihr Aussehen ein viel freundlicheres als im Februar, wo ich ja gleichfalls hier weilte. Tiefe Stille ist um mich her.

Kein Schimpf, kein Lärmen stört mich in meinem Sinnen. Nur das Rauschen der Isonzofluten tönt ganz leise an mein Ohr. So sitze ich nun hier – ein Verbannter, Geächteter – und sinne über die Wandelgänge des unerforschten Schicksals. In meiner Brust aber werden die früher nur leisen Zweifel von der irdischen Gerechtigkeit groß.

Was habe ich denn getan – womit habe ich diese Behandlung verdient? Weil ich mich vermaß, der Willkür und Ungerechtigkeit eines schrankenlosen habgierigen Egoisten, den jenes Schicksal als Kommandanten über mich gesetzt hat – ein Ziel zu setzen, ihn vielleicht gar der verdienten Strafe zuführen zu wollen. Daß meine Vorgesetzten mich deswegen verurteilen, kränkt mich nicht, das setzte ich ohnehin voraus. Aber daß sich auch unter den Kameraden, die allein aus meiner Handlungsweise Nutzen ziehen, Kreaturen finden, die mich gerne verderben möchten, das tut mir weh. Darum auch bin ich froh, daß man mich in diese Einsamkeit verbannt hat. Ich brauche Ruhe, um mich selbst wieder zu finden.

Des vielen Grübelns überdrüssig legte ich das Buch, in dem ich ohnehin nicht gelesen, auf die Bank und ging in die Hütte zurück. Jetzt erst fiel mir auf, daß dieselbe ein recht unfreundliches Aussehen hatte. Es war wohl schon tagelang nicht gesäubert worden. Unreinlichkeit aber ist mir stets verhaßt. Nun suchte ich mir einen Besen und fegte all den Staub und Unrat hinaus. Hierauf pflückte ich ein paar Blumensträuße, gab sie ins Wasser und dann auf den Tisch. Nun richtete ich noch mein Lager möglichst bequem und sauber,- und siehe: das vordem so düstere Gemach hat nun ein für bescheidene Ansprüche ganz nettes Aussehen.

Bis ich mit allem fertig war, kamen auch die Kameraden von ihrer Arbeit zurück. Nun wurde menagiert. Dörrgemüse ohne jede andere Zugabe. - Nachmittag war wie hier stets, frei.

Gegen Abend ward ich zu Herrn Lt Lutmann unseren hiesigen Kommandanten gerufen. Derselbe sandte mich in dienstlicher Angelegenheit nach Blaž. Zum Kaffee war ich wieder zurück. Der erste Tag im Exil ist somit glücklich vorbei.

6.8.

Heute rückte ich ebenfalls mit zur Beschäftigung aus. Dieselbe ist ganz leicht. Um 7 Uhr früh fuhren wir mit dem hier befindlichen Trainstaffel nach Lepenje, einem von Blaž noch ½ Stunde aufwärts gelegenen

Bergkessel. Wir kamen dort um 9 Uhr an, beluden die Wägen, worauf die Pferde ausgespannt wurden, damit sie weiden konnten. Wir legten uns auch nieder. Der eine in die Sonne, der Andere in den Schatten. Ich suchte eine Zeitlang in dem Gebüsch nach Erdbeeren, ohne jedoch viel zu finden; sie sind hier in dem sonnigen Gelände schon überreif. Die Wenigen welche ich fand, nahm ich mit nach Haus; sie geben ein schmackhaftes Dessert.

Um 11 Uhr wurden die Pferde wieder eingespannt und wir fuhren herunter bis zur Linzer (?) Brücke, welche bei Blaž den Lepenjebach überbrückt. Dort wurde die Munition abgeladen und wir fuhren leer nach Za Otoke zurück; damit war unsere Arbeit beendet und wir hatten für den Rest des Tages – dieser war aber der ganze Nachmittag – gänzlich frei. Es ist somit eine recht leichte Beschäftigung, jedenfalls eine viel leichtere, als wir jemals in der Klause gehabt. Da bleibt mir Zeit genug, um ungestört meinen kleinen Liebhabereien und Träumereien nachhängen zu können.

11.8. Sonntag
Gänzlich dienstfrei. Ich ging nach Soca. Es machte sich das Bedürfnis in mir geltend, wieder einmal eine Kirche zu besuchen. Das habe ich denn auch heute getan und bin hoch befriedigt darüber.

Das kleine, recht schmucke Kirchlein war voll mit Besuchern. Als ich eintrat war gerade Predigt von der ich jedoch da sie in slovenischer Sprache gehalten ward, kein Wort verstand. Dann begann die Messe. Der Chor intonierte- natürlich auf slovenisch – das alte erhabene Lied: »Hier liegt vor deiner Majestät«. Die Klänge drangen mir tief zu Herzen. Es gibt Seelenstimmungen, die sich weder in Tagebüchern beschreiben noch aussprechen lassen. In eine solche Stimmung versetzte mich auch der heutige Kirchenbesuch.

Nach demselben besorgte ich ein paar kleine Einkäufe, trank in dem, dem Bürgermeister Flejs gehörigen Gasthaus ein Viertel Wein, worauf ich hieher zurückkehrte.

Nachmittags schmückte ich unsere Kammer mit frischen Blumen; den Rest des Tages verwandte ich zum Lesen und Schreiben. Ich bin so unaussprechlich froh, dem sinnbetörenden Treiben der Klause entkommen zu sein!

19.8.

Tiefe wahre Freude und bitteres Leid hat mir der heutige Tag gebracht;
die Erstere hat mir ein Brief meines Paten bereitet, und auch bei Letzterem
war ein Brief die eigentliche Ursache, der es entsprungen ist. Noch hatte
ich den soeben von meinem Paten erhaltenen Brief nicht zu Ende gelesen,
als mir Offzd. Meglic den Befehl überbrachte: ich hätte sofort in die Klause
zum Rapport zu gehen. Das drückte meine frohe und recht gehobene
Stimmung bedeutend herab. Ich steckte also den Brief in die Tasche und
ging der Klause zu. Auf dem Weg dorthin begegnete mir eine bekannte
Wirtin. Ich verbrachte kurze Zeit im Gespräch mit ihr und bevor wir
schieden gab sie mir noch ein schon gekochtes Ei, das sie gerade bei sich
trug. So unbedeutend die Spende auch an und für sich war, für meinen
hungrigen Magen war sie wertvoll und daher nahm ich's mit Dank an.
In der Klause angekommen, war der Rapport bereits gestellt. Ich meldete
mich beim Dienstführenden, reinigte hierauf meine Schuhe notdürftig
vom Straßenstaub und trat sodann ein. Ich hatte meinen Platz unmittelbar
vor dem Zimmerfenster d. Hr. Oblt. Pauler, durch dasselbe bemerkte ich
nun wie dieser mit einem Briefe herumhantierte, an dessen Adresse ich die
Handschrift meines Vaters zu erkennen glaubte. Ich hatte mich auch nicht
getäuscht. Denn als der Oblt. heraustrat mit dem Brief in der Hand, da fand
ich meine Vermutung bestätigt. Wenn ich anfangs glaubte, daß man mir
heute die Strafe für mein außerdienstliches Vorgehen bezüglich der Verpflegung zudiktieren (?) werde, so wußte ich nun sofort, daß nicht dieses,
sondern der Brief die Ursache war, daß ich hier beim Rapport stand.

Während ich mir so meine Gedanken darüber machte, diktierte der
Oblt. einem nach dem Anderen der mir zur Linken stehenden die Strafe
zu. Ein paar davon haben allerdings recht schmutzige Sachen ausgeführt.
Schließlich kam die Reihe auch an mich. Aus den Augen des Herrn
sprühte mir ein Haß entgegen und die Art und Weise wie er mich nun
verhörte, ließ erkennen, daß er sich darüber freue mir Unannehmlichkei-
ten bereiten zu können. Es war ein Brief von Vater und eine Karte vom
Bruder. Beide hatten hierin des Briefes Erwähnung getan, worin ich am 1.
August meinen Eltern meine Handlungsweise darlegte, und mich dabei
einiger Äußerungen bediente, die allerdings etwas zensurwidrig waren.
Ein Verbrechen stellten sie jedoch keinesfalls vor, wenngleich sich Herr
Oblt. Pauler nun Mühe gab, sie zu einem solchen zu stempeln. Er ließ

die betreffenden Stellen von Hr. Oblt. Berginz laut vorlesen, wohl um mich möglichst tief kränken zu können. Nun hielt er mir einen saftigen, mit Schimpfworten und Schmähreden gespickten Vortrag, drohte mir dabei mit allem Möglichen, wie daß ich meine Strafe anderswo erhalten werde, u.s.f. Für heute bestand diese in Anbetracht meiner bisherigen Straflosigkeit nur in einem strengen Verweis »wegen Mitteilung interner Batterie-Angelegenheiten – wie er das nannte. Sodann schritt er zu dem Nächstfolgenden.

Der ganze Rapport war nun schnell beendet. Hatte ich Anfangs meine alten guten Freunde aufsuchen wollen, so war mir nun die Lust dazu gründlich verdorben. Nur mit Maier, der gleichfalls beim Rapport war, wechselte ich ein paar Worte, drehte mir dabei eine Zigarette und lenkte meine Schritte wieder nach Za Otoke zu.

Die Gedanken welche unterwegs mein Gehirn durchwogten, waren nichts weniger als freundlich. Habe ich doch soeben wieder erfahren müssen, mit welch teuflischem Hasse man darauf hinarbeitet mich zu verderben. Von den Kameraden aber tritt auch kein Einziger offen für mich ein, wenngleich ich sicher bin, daß im Stillen fast Alle meine Handlungsweise billigen. »Undank ist der Welt Lohn«. Dieses Sprichwort bewahrheitet sich eben immer wieder.

Wissen möcht ich nur, ob Oblt. Pauler selbst auf die Idee gekommen ist meine einlaufenden Briefe zu zensurieren, oder ob sonst Jemand ihm diesen teuflischen Rat gegeben hat. In der ersten Aufregung fürchtete ich auch wirklich, daß den Meinigen im Falle einer Anzeige daraus Unannehmlichkeiten erwachsen konnten. Jedoch bei ruhiger Überlegung sagte ich mir, daß man dies wohlweislich unterlassen werde, und zwar im eigenen Interesse. Denn gerate man vor Gericht, so würden dadurch jedenfalls Dinge laut werden, bei denen gewisse Personen das größte Interesse haben, daß sie nicht zu sehr in die Öffentlichkeit dringen.

25.8. Sonntag

Nun sind gerade Wochen vergangen, seit ich hieher gekommen. Ich bin mit dieser Zeit so ziemlich zufrieden.

Diese drei Wochen haben mich innerlich wieder gefestigt, mir mein früheres Selbstbewußtsein wieder zurückgegeben. Nur der Hunger hat mir auch hier ziemlich zugesetzt. Wohl bekam ich hie und da ein

½ l Milch oder ein paar Kartoffeln von den Häuslern, jedoch das zählte nicht viel. Ein paar Tage habe ich auch an einem verdorbenen Magen herummarodiert. Doch es ging rasch vorüber. Heute früh hörte ich, daß wir von hier weggehn sollten, konnte es aber nicht glauben. Ging daher sogleich zu Hr. Lt. Kulmann, unserm Kmdten. und erkundigte mich. Er sagte mir jedoch, daß ihm nichts bekannt sei. Nun setzte ich beruhigt meinen Weg nach Soca fort. Es wäre sehr unangenehm gewesen, wenn ich so bald schon wieder in die Klause hätte zurück müssen. Gott sei Dank, daß dem nicht so ist.

Als ich von Soca zurückkam, wurde ich sofort zu Hr. Oblt. Balling gerufen. Derselbe machte mir die Eröffnung, daß meine Leute noch heute in die Klause einzurücken hätten, während ich selbst morgen auf Golobar abzugehen habe. Nachdem was ich bis jetzt von Golobar hörte, ist dieser Befehl nicht gerade dazu geeignet freudige Gefühle in mir zu wecken. Meine Leute nahmen ebenfalls diesen Befehl, in die Klause einzurücken mit recht gemischten Gefühlen entgegen. Dahin will nun einmal kein Mensch; so verpönt ist dieses Erdenfleckchen.

Nachmittags ordnete ich meine Sachen, schrieb ein paar Briefe und Karten, und Abends kochte ich meine letzten Kartoffel. Die Kameraden durften mit Erlaubnis d. Hr. Lt Kulmann ebenfalls heute noch hier bleiben.

Schade, schade! Daß ich nun von da fort muß! Noch heute habe ich die Kammer mit frischen Blumensträußen geschmückt. Morgen sind sie verlassen, werden keines Menschen Auge mehr erfreuen. Ein paar Tage, und sie verwelken und sterben, den Weg alles Irdischen wandern.

26.8.
Auf Golobar.

Nachdem ich meinen Kaffee getrunken, ging ich zu Hr. Lt. Kulmann, um mich bei ihm abzumelden. Um ihn tut es mir sehr leid! Er ist einer der besten humansten Offiziere, die ich bis heute kennen gelernt. Auch zu mir war er stets gut und freundlich. Er ließ mich nie fühlen, daß ich hier gewißermaßen ein Sträfling war. Das rechne ich ihm besonders hoch an.

Von ihm weg ging ich ins Verpflegsmagazin, um mich um die Verpflegung zu bekümmern. Das war bald geschehen. Nun ging ich mit Korpl. Gregoritsch und Vormst. Starlhofer von Za Otoke ab. Das Gepäck gab ich zur Seilbahn, dann ging's weiter nach Golobar, meinem neuen Verbannungsort. Der Weg war teilweise sehr beschwerlich und ich war sehr froh darüber, daß ich meine Sachen nicht tragen mußte. Um 11 Uhr waren wir oben. Ich hatte einen Wolfshunger. Das einzig Eßbare, was ich noch hatte, war eine ersparte Konserve. Diese verzehrte ich nun ohne Brot und ging sodann auf Kozji Breg zur Seilbahn, um meinen Rucksack abzuholen.

Der Weg dorthin war schön und eben. Als ich zurück kam mußte ich mir erst ein Quartier suchen. Zwar gab es Baracken genug, doch die Besten waren besetzt, die Übrigen aber in einem recht üblen Zustand.

Hier endet das Tagebuch. Laut Auskunft des Sohnes ist ein weiteres nicht auffindbar

Abkürzungen

A. Korps	Armeekorps
A. R. W.	Artilleriewerkstätte
Baonskmdo.	Bataillonskommando
Batt.	Batterie
Dkg	dag = Deka (1 dag = 10 Gramm)
Dr.M.Gesch	drittes Marinegeschütz ?
Etapp. Grp. Kmdo.	Etappengruppenkommando
fdl.	feindlich
Feuerw. / Feuerwk.	Feuerwerker
Gbg. Kan. / Gb. Kanone	Gebirgskanone
Generalstabsoffz	Generalstabsoffizier
Hbtz. Batt.	Haubitzbatterie
Hptm.	Hauptmann
Inft.Rgmt	Infanterieregiment
Inftr	Infanterie
K. u. K.	kaiserlich und königlich
Kan.	Kanonier
Kmd.	Kommando
Kmdt.	Kommandant
Korp./Korpl.	Korporal
Ldst. Inft. Baon	Landsturminfanterie Bataillon
Ltn.	Leutnant
M.G.A.	Maschinengewehrabteilung
M. Gesch.	Marinegeschütz
Oblt.	Oberleutnant
Obstlt.	Oberstleutnant
Offzd.	Offiziersdiener
R.F.K. Batt. 2/94	Reserve Feldkanonen Batterie
R.U.O. / Rechn. Untoffz.	Rechnungsunteroffizier
rek	rekommandiert (eingeschrieben)
Rep. Anst.	Reparaturanstalt
schw. Feldart.Rgt	Schweres Feldartillerie Regiment
Schw. M.	Schwerer Mörser
St. Kmd.	Stellvertretende Kommandant

Stabsfwk.	Stabsfeuerwerker
Titularkorpl.	Titularkorporal
Vorm.	Vormeister
Zugsf.	Zugsführer

Glossar

Absentierung	sich von der Truppe entfernen, auf Urlaub fahren
Ärarisch	dem Staat gehörend, Staatseigentum
Assentierung	Musterung
Bagage	Gepäck
Bahre, Tragbahre	wird zum Transport von Verwundeten und Toten verwendet
Kommisbrot	ein einfaches, haltbares Brot zur Versorgung von Soldaten
Kracherl	Limonadengetränk
Marodenzimmer	Krankenzimmer
Menage	Verpflegung
Montur	Uniform
Protze	ein einachsiger Karren, der zum Transport eines Geschützes mit der Lafette verbunden wird
Relutum, Reluto	Taschengeld zur Selbstversorgung nach Reduzierung der Verpflegung
Sappeure	Pioniere, die für technische Arbeiten wie Brücken- oder Kavernenbau etc. eingesetzt wurden
Train	zuständig für Nachschub und Versorgung
Trainwagen	ist ein zweispänniger, ungefederter Bauernwagen
Überschwung	Koppel, zur Uniform gehörender Ledergürtel
Windische	im heutigen Österreich eine Bezeichnung für slowenischsprachige Kärntner

DVD
Der Alpenkrieg
Front in Eis und Fels 1915 - 1918
Dokumentation des Bayerischen Fernsehens
auf 3 DVD

Von den Julischen Alpen über die Dolomiten bis zum Ortler reichte die unter riesigen Verlusten gehaltene Front im Ersten Weltkrieg. Die DVD enthält als Bonus den kompletten Spielfilm von 1936 »Standschütze Bruggler«, die Geschichte eines jungen Tirolers, der sich 1915 in den Kämpfen zwischen Italienern und Österreichern um die »geheiligte Erde Tyrols« als Soldat bewährt.

DVD 1 & 2: Der Alpenkrieg - Front in Fels und Eis 1915-1918, Dokumentation von Otomar Birth und Walter A. Franke. 3 Folgen mit insgesamter Laufzeit von 135 Minuten. Extras: Bildergalerie, Porträt Dolomitenfreunde (Umbau ehemaliger Schlachtfelder in Freilichtmuseum - Filmbericht ca. 10 Min)
DVD 3: "Standschütze Bruggler" , Spielfilm unter der Regie von Werner Klingler (Deutschland, 1936, s/w, ca. 90 Min.).
Format: Dolby, HiFi Sound, PAL; Sprache: Deutsch; Bildseitenformat: 4:3; Anzahl Disks: 3; FSK: ab 16 Jahren; Spieldauer: 225 Minuten

Berge in Flammen
Spielfilm von und mit Luis Trenker

Die Verfilmung des Roman-Klassikers über den Minenkrieg am Lagazuoi in den Dolomiten. Dieser unter schwierigsten Bedingungen gedrehte Film - 54 Drehtage bei Schnee und Eis und 20 Grad minus - wurde für Luis Trenker zum internationalen Durchbruch.
Deutschland, 1931, s/w, 93 min.
DVD: Format: Dolby, HiFi Sound, PAL; Sprache: Deutsch; Bildseitenformat: 4:3; FSK: ab 12 Jahren

Erschienen bei Film 101 München
Erhältlich im gut sortierten Fachhandel oder direkt bei **www.film101.de**

Luis Trenker

Berge in Flammen
Der Roman über den Gebirgskrieg in den Dolomiten 1915-17

Luis Trenker, der selbst an der Gebirgsfront kämpfte, beschreibt in seinem Roman die Bedingungen des Stellungskrieges in Fels und Eis. In seiner Erzählung hat er die tatsächlichen Ereignisse des Minenkrieges am Lagazuoi eingearbeitet. Der Roman wurde 1931 mit Luis Trenker als Regisseur und Hauptdarsteller verfilmt und war damals ein internationaler Erfolg.

morisel Verlag, ISBN: 978-3-943915-05-1

Luis Trenker

Sperrfort Verle
Autobiografischer Roman über den Festungskrieg an der Südtiroler Alpenfront im Ersten Weltkrieg

Im „Werk Verle", das in der damaligen Zeit als ein technisches Wunderwerk aus Beton und Stahl gilt, erlebt Trenker die Beschießung durch die italienische Belagerungsartillerie. Überarbeitete Neuauflage des Romans "Sperrfort Rocca Alta" mit einem umfangreichen militärhistorischen Begleittext von Rolf Hentzschel.

morisel Verlag, ISBN: 978-3-943915-11-2

Detlef A. Rose (Hrsg.)

In Schussweite
Grüße aus den Dolomiten
Briefe von der Südtiroler Front
1915 - 1916

Von Köln aus wurde der Rheinländer Carl Rose als Hauptmann einer Artillerie-Einheit an die Front in den Südtiroler Dolomiten geschickt. In den Sextener Dolomiten und der Folgaria-Hochfläche erlebte er den Krieg im Hochgebirge. Der überlieferte Briefwechsel mit seiner Familie gibt einen authentischen Einblick in den Dolomitenkrieg. Erstveröffentlichung mit zahlreichen Dokumenten und erläuternden Hintergrundinformationen.

morisel Verlag, ISBN: 978-3-943915-07-5

Rudolf Büllesbach, Hiltrud Hollich, Elke Tautenhahn

Bollwerk Mainz
Die Selzstellung
in Rheinhessen

Vor und während des Ersten Weltkriegs entstand unter größter Geheimhaltung in Mainz und Rheinhessen eine der wichtigsten Festungen im Westen des Deutschen Reiches. Nach dem Ersten Weltkrieg wurde die Festung geschleift und gesprengt. Was war die Festung Mainz, welchen Auftrag hatte sie und warum war sie lange vergessen?

morisel Verlag, ISBN: 978-3-943915-04-4

Museum 1915-1918 „Vom Ortler bis zur Adria"

Als Mahnung zum Frieden in Europa dokumentiert das Museum die Front vom Ortler bis zum Isonzo, die Geschichte des Weltkrieges anhand der Schicksale einfacher Soldaten und der Zivilbevölkerung auf beiden Seiten mit zahlreichen historischen Fotos, Dokumenten und Exponaten sowie dem Nachbau alpiner Stellungen. Es zeigt die Sinnlosigkeit eines Krieges, aber auch die "Friedenswege" der Dolomitenfreunde vom Col di Lana bis zum Plöckenpass. Das Museum erhielt bereits mehrere Auszeichnungen: Österreichischer Museumspreis, Kulturgüterschutz, Kärntner Museumsgütesiegel, Österreichisches Museumsgütesiegel.

Die Dolomitenfreunde setzen seit 1973 unbegehbar gewordene ehemalige Frontsteige mit Hilfe internationaler Freiwilliger als „Friedenswege" wieder instand. Das von ihnen errichtete **Freilichtmuseum des Gebirgskrieges 1915-17** am Plöckenpass mit rekonstruierten Weg- und Stellungsanlagen, Baracken, Stollen und Postenständen ist die ideale Ergänzung zum Museum im Rathaus; freier Eintritt, Bergwanderungen; Zeitbedarf: 1 Stunde bis Tagestour.

Museum 1915-1918 „Vom Ortler bis zur Adria"
A-9640 Kötschach-Mauthen, Rathaus
Weitere Informationen zu Öffnungszeiten und Sonderausstellungen:
E-mail: museum@dolomitenfreunde.at
Internet: www.dolomitenfreunde.at